本书为教育部人文社会科学研究专项任务项目（高校思想政治工作）辅导员骨干专项课题："新青年下乡与大学生社会主义核心价值观培育研究"（项目批准号：17JDSZ3037）的最终研究成果

本书获得温州大学学术著作出版资助

"新青年下乡"
与大学生成长的实证研究

白炳贵 ○ 著

中国社会科学出版社

图书在版编目（CIP）数据

"新青年下乡"与大学生成长的实证研究/白炳贵著. —北京：中国社会科学出版社，2019.5
ISBN 978 - 7 - 5203 - 4390 - 9

Ⅰ.①新… Ⅱ.①白… Ⅲ.①大学生—社会实践—研究—中国 Ⅳ.①G642.45

中国版本图书馆 CIP 数据核字（2019）第 087186 号

出 版 人	赵剑英
责任编辑	张　林
特约编辑	张艳红
责任校对	石春梅
责任印制	戴　宽

出　　版	中国社会科学出版社
社　　址	北京鼓楼西大街甲 158 号
邮　　编	100720
网　　址	http://www.csspw.cn
发 行 部	010 - 84083685
门 市 部	010 - 84029450
经　　销	新华书店及其他书店
印　　刷	北京明恒达印务有限公司
装　　订	廊坊市广阳区广增装订厂
版　　次	2019 年 5 月第 1 版
印　　次	2019 年 5 月第 1 次印刷
开　　本	710×1000　1/16
印　　张	15.25
插　　页	2
字　　数	235 千字
定　　价	68.00 元

凡购买中国社会科学出版社图书，如有质量问题请与本社营销中心联系调换
电话：010 - 84083683
版权所有　侵权必究

自　　序

　　2002年我作为暑期社会实践指导老师，带领11名大专生去素有"浙江延安"之称的平阳山门下乡支教，当时吃住都在山门中学，伙食由山门中学食堂提供，住在学生宿舍，在下乡队伍里我们的条件已经算比较优越。学生下乡支教的地点在山门上垟小学，支教学校和住处大约4公里左右，在炎热的夏天我们都是步行往返，在与学生同吃同住的半个月时间里，我深深感受到下乡学生思想上的蜕变。在最后座谈会上，有位下乡大学生说出了肺腑之言："我本人也来自农村，经过半个月的下乡支教，我深知农村迫切需要我们带去知识、技术和青春的力量。农村可能是生活最艰难、最辛苦的地方，但也是最能磨砺我们的地方。毕业后我要回农村当教师，希望能为自己家乡教育做点事。"回顾这些支教学生和山区孩子们离别的情景，让我深深感受到：农村的教育质量提升，需要大学生的支持。

　　2015年温州在全市12所高校开展"新青年下乡"活动，我多次带领学生参与"新青年下乡"活动，2016年我有幸带领我们学院瓯剧班学生赴平阳县昆阳镇雅山村进行瓯剧下乡活动，温州市委常委、宣传部部长胡剑谨一行到场观看了这台温州、台州两地以文化走亲形式的"村民春晚"。在演出结束返程的途中，回味村民和大学生其乐融融的一台晚会，我又再次深深感受到：中国传统文化的根在农村，传统文化传承与发展离不开农村，同样农村的文化发展更需要大学生的支持。

　　2017年7月我在温州"新青年下乡"活动的基础上，结合自己的带队下乡经历，主持申报的《"新青年下乡"与大学生社会主义核心价值观培育研究》获得教育部人文社会科学研究专项任务项目（高校思想政治工作）辅导员骨干专项课题立项，2017年9月温州市教育局以横向课题的形式委托我做《"新青年下乡"活动理论与实践研究》，课题组撰写的《"新青年下乡"与大学生社会主义核心价值观培育研究报告》被温州市教育局采纳，执笔完成的《温州高校"新青年下乡"活动调查与思考》获温州教育改革发展专项课题研究优秀成果二等奖。在每次调研的过程中我都会被学生的下乡活动感言所打动："新青年下乡活动让大学生走进农村，将学到的知识传播到基层，既有利大学生自身的实践能力的提高，理论知识的运用能力，又有利于对接地的发展，达到双赢的效果"；"我们这些大学生，仅仅有点书本知识，到基层锻炼的机会是非常少的，但是基层的确可以锻炼人，通过'新青年下乡'活动能将人的优秀品质充分展现出来"。2017年3月武汉市在江汉大学、武汉商学院、武汉软件工程职业学院、武汉城市职业学院四所试点高校开展"新青年下乡"活动，2018年4月新增武汉大学、华中科技大学、华中师范大学、武汉理工大学、中国地质大学、华中农业大学、中南财经政法大学、中南民族大学、湖北大学等9所省部级高校，武汉高校全面开展"新青年下乡"活动。2017年10月，十九大报告提出"乡村振兴战略"，按照"产业兴旺、生态宜居、乡风文明、治理有效、生活富裕"的总要求，加快推进农业农村现代化。我感觉可以深化我的课题研究成果，把《"新青年下乡"与大学生成长的实证研究》作为教育部人文社会科学研究专项任务项目（高校思想政治工作）辅导员骨干专项课题的最终研究成果。

本书《"新青年下乡"与大学生成长的实证研究》主要内容包括四个方面：第一方面，总结归纳了温州、武汉开展的"新青年下乡"活动的常态化、制度化、长效化运作机制和创新模式；第二方面，通过问卷调查、下乡日记分析、学生访谈等研究方法对"新青年下乡"活动与大学生成长进行实证研究；第三方面，对坚持12年之久的温州大学"青春相冯"下乡服务队进行个案研究，总结"青春相冯"下乡服务队助推冯宅村振兴的实践经验；第四方面，根据"新青年下乡"活动开展的现状及存在问题，提出对策建议。本书主要有六章，第一章"导论"。本章首先简要描述了本书的研究缘起、研究现状、研究意义、研究思路，以及本书的主要创新之处。第二章"新青年下乡活动保障机制与创新模式"。本章通过武汉、温州"新青年下乡"活动的"一校一县、一系一乡、一班一村"的班村结对服务模式和志愿服务机制进行分析，提出"新青年下乡"活动常态化、制度化、长效化的基本经验、服务机制和创新模式。第三章"新青年下乡与大学生社会主义核心价值观培育"。通过下乡大学生对社会主义核心价值观认识现状的调查分析，总结"新青年下乡"开展社会主义核心价值观活动的典型做法与基本经验。第四章"新青年下乡与大学生成长的质性研究"。本章首先分析了"新青年下乡"活动与大学生成长的理论基础，然后运用NVIVO11软件对73篇学生下乡日记进行分析，探究"新青年下乡"对学生知识结构、情感发展、能力提升等三方面的影响。在日记分析的基础上，对"青春相冯"下乡服务队的21名学生进行深入访谈，研究下乡活动对大学生心理成长、道德发展、职业能力等三方面的影响。第五章"新青年下乡的个案研究"。本章主要对温州市平阳县万全镇冯宅村进行实地调研，研究温州大学"青春相冯"下乡服务队如何帮助平阳冯宅村从一个偏远、"邋遢"的小村庄变成为全国文明村、全国民主法治村、浙江省森林村庄、浙江省美丽宜居示范村。第六章"新青年下乡存在问题与建议"。本章首先根据"新青年下乡"活动开展的现状，提出活动存在的问题与建议。附录部分还收集了温州、武汉开展"新青年下乡"活动以来的实施计划、实施方案、指导意见等文件，对全国各高校、地方开展的大学生下乡活动起到参考借鉴作用。

　　十多年的实践和思考即将付梓，难免有些激动和兴奋，但由于本人水平和经验有限，本书难免存在一些疏漏和不足，敬请专家、学者和广大读者批评指正。

温州大学　白炳贵
2018年8月15日

目　　录

第一章　导论 …………………………………………………（1）
　第一节　研究缘起 ………………………………………………（1）
　第二节　研究现状 ………………………………………………（6）
　第三节　研究意义 ………………………………………………（11）
　第四节　研究思路 ………………………………………………（18）
　第五节　概念界定和研究创新之处 ……………………………（25）

第二章　"新青年下乡"活动保障机制与创新模式 ……………（28）
　第一节　"新青年下乡"活动保障机制 …………………………（28）
　第二节　"新青年下乡"活动志愿服务机制 ……………………（35）
　第三节　"新青年下乡"活动创新模式 …………………………（43）

第三章　"新青年下乡"与大学生社会主义核心价值观培育 …（52）
　第一节　大学生社会主义核心价值观研究热点和演进 ………（53）
　第二节　下乡大学生对社会主义核心价值观
　　　　　认知现状的调查 ………………………………………（61）
　第三节　"新青年下乡"开展社会主义核心价值观活动的
　　　　　典型做法与建议 ………………………………………（82）

第四章　"新青年下乡"与大学生成长质性研究 ………………（92）
　第一节　"新青年下乡"与大学生成长的理论基础 ……………（92）
　第二节　"新青年下乡"学生日记分析 …………………………（99）

第三节 "新青年下乡"学生成长质性访谈 …………………（120）

第五章 "新青年下乡"助力乡村振兴个案研究 ………………（130）
第一节 "青春相冯"下乡服务内容 ……………………………（131）
第二节 "青春相冯"助推冯宅振兴做法 ………………………（133）
第三节 "青春相冯"下乡服务实践经验 ………………………（141）

第六章 "新青年下乡"活动现状、问题与建议 ………………（145）
第一节 "新青年下乡"活动现状调查 …………………………（145）
第二节 "新青年下乡"活动问题调研 …………………………（158）
第三节 "新青年下乡"活动对策建议 …………………………（163）

附录一 ……………………………………………………………（169）
"新青年下乡"学生调查问卷 ……………………………………（169）
"新青年下乡"村干部调查问卷 …………………………………（177）

附录二 ……………………………………………………………（184）
"新青年下乡"文件汇编 …………………………………………（184）
武汉市"新青年下乡"活动文件汇编 ……………………………（199）

参考文献 …………………………………………………………（226）

后记 ………………………………………………………………（235）

第一章

导 论

2017年10月18日,习近平总书记在党的十九大报告中提出"乡村振兴战略";2018年1月2日,我国公布了2018年中央一号文件,即《中共中央国务院关于实施乡村振兴战略的意见》;2018年3月5日,李克强总理在政府工作报告时提出要大力实施"乡村振兴战略"。在"乡村振兴战略"的背景下,1997年就开始在全国高校普遍开展的大学生"三下乡"活动如何常态化、制度化、长效化开展?如何把社会主义核心价值观教育贯穿于大学生下乡活动的全过程?下乡活动对大学生的成长有什么影响?带着这三个问题,本书总结归纳了温州、武汉开展的"新青年下乡"活动的常态化、制度化、长效化运作机制和创新模式,并对"新青年下乡"活动对大学生成长的影响进行实证研究,希望能对全国开展的大学生"三下乡"活动提供借鉴。

第一节 研究缘起

一 下乡插队对习近平总书记思想的影响

习近平总书记不满16岁的时候主动申请到陕北延川县公安驿公社梁家河下乡插队,在7年的知青岁月里,习近平总书记带领乡亲们建沼气、创办铁业社、缝纫社,对社会、对人民的认识打下了很好的基础。7年的知青岁月,正是习近平总书记从少年到青年成长,确立世界观、人生观、价值观的关键时期,农村下乡的这段生活经历,对习近平总书记一生的影响是巨大的。① 2002年习近平总书记在《我是黄土地的儿子》文章里，提到了下乡插队要过的"四大关"："跳蚤关""饮食关""劳动关""思想关"，梁家河农村插队劳动磨炼经历，是习近平总书记思想、觉悟、感情发展的出发点。2004年8月14日，时任中共浙江省委书记的习近平接受延安广播电视台《我是延安人》栏目记者专访时说道："插队本身，这是一个标志，界定着一个阶段。在插队之前，如果我们有所知所获，我总感觉到了插队以后，是获得了一个升华和净化，个人确实是一种脱胎换骨的感觉。那么在之后，我们如果说有什么真知灼见，如果说我们是走向成熟、获得成功，如果说我们谙熟民情或者说贴近实际，那么都是感觉源于此、获于此。"② 2008年全国"两会"期间，时任中共中央政治局常委国家副主席的习近平在参加陕西代表团审议政府工作报告时说："我1969年1月去的，1975年10月离开陕西，这段时间就成为我人生的一个转折，可以说陕西是根，延安是魂。很多事都历历在目，现在有很多思维行动都和那时候有关联。"③ 习近平总书记曾在记者采访、演讲、中央工作会议等多个场合分享自己的插队经历，在与美国前总统奥巴马会晤中分享了自己青年时下乡插队的经历。2015年法制晚报曾刊发报道《习近平最难忘的经历：至少7次回忆插队往事》：习近平总书记回忆知青岁月，有两点收获最大，第一点懂得了什么是实际，什么是实事求是，什么是群众；第二点是培养了自信心④。

7年的下乡经历，是习近平总书记思想、觉悟、感情的出发点，这个阶段下乡对他的整个成长、成熟、成功起到了至关重要的作用。习近平总书记在十八大之后在不同场合的讲话中多次鼓励广大青年学生到农村、西部、革命老区接受锻炼。2013年习近平总书记在同各界优秀青年代表座谈时鼓励广大青年，"要不怕困难、攻坚克难，勇于到条件艰苦的基层、国家建设的一线，经受锻炼，增长才干。"2016年习近平总书记在知识分子、劳动模范、青年代表座谈会上的讲话中提出："所有知识要转化

---

① 中央党校采访实录编辑室编：《习近平的七年知青岁月》，中共中央党校出版社2017年版。
② 梁家河编写组编：《梁家河》，陕西人民出版社2018年版，第36页。
③ 习近平：《在同各界优秀青年代表座谈时的讲话》，《人民日报》2013年5月5日。
④ 李文姬：《习近平最难忘的经历：至少7次回忆插队往事》，《法制晚报》2015年10月22日。

为能力,都必须躬身实践。要坚持知行合一,注重在实践中学真知、悟真谛,加强磨炼、增长本领。"①2017年习近平总书记给中国第三届"互联网+"大学生创新创业大赛"青年红色筑梦之旅"的大学生回信,"参加走进延安、服务革命老区的'青年红色筑梦之旅',帮助老区人民脱贫致富奔小康,既取得了积极成效,又受到了思想洗礼。""既取得了积极成效,又受到了思想洗礼"这是习近平总书记结合自己的下乡插队经历,对大学生下乡作用最精准地表述。

二 我国大学生下乡活动历史悠久,内容丰富

1955年8月11日,《人民日报》发表社论《必须做好动员组织中、小学毕业生从事生产劳动的工作》:要求各地青年组织,帮助城市中小学毕业生"转到农村参加生产和工作"。虽然当时没有直接提到青年上山下乡,但要求中小学毕业生参加农村的生产和工作。1955年9月毛泽东号召知识青年"一切可以到农村中去工作的这样的知识分子,应当高兴地到那里去。农村是一个广阔的天地,在那里可以大有作为。"第一次提出知识青年"上山下乡"的这个概念是1956年中共中央政治局关于《1956年到1967年全国农业发展纲要(修正草案)》的文件中,其中写道:"城市的中、小学毕业的青年,除了能够在城市升学、就业的以外,应该积极响应国家的号召,下乡上山参加农业生产,参加社会主义建设的伟大事业。"②1968年毛泽东发出"知识青年到农村去,接受贫下中农的再教育,很有必要"的号召,《人民日报》曾为此发表文章《百万知识青年下乡上山成为新型农民》。这场知识青年"上山下乡"一直到十一届三中全会后才逐渐结束。

改革开放后我国开始开展大学生"三下乡"活动,鼓励学生到农村、到社区、到工厂开展志愿服务活动。1996年党中央下发《关于开展文化科技卫生"三下乡"活动的通知》,全国各大高校从1997年开始积极参与"三下乡"活动,教育部、宣传部、全国学联下发《全国大中专学生

---

① 习近平:《在知识分子、劳动模范、青年代表座谈会上的讲话》,《人民日报》2016年4月30日。

② 《1956年到1967年全国农业发展纲要》,人民出版社1956年版。

志愿者暑假文化科技卫生"三下乡"社会实践活动的通知》。进入21世纪，教育部、共青团中央、全国学联连续出台各类文件，鼓励大学生下乡。2004年《关于进一步加强和改进大学生思想政治教育的意义》要求：引导大学生走出校门，到基层去，到工农群众中去。[1] 2005年中宣部、中央文明办、教育部、共青团中央《关于进一步加强和改进大学生社会实践的意见》要求：全面深入开展"三下乡"和"四进社区"活动。[2] 2012年教育部等部门《关于进一步加强高校实践育人工作的若干意见》要求：要积极联系爱国主义教育基地和国防教育基地、城市社区、农村乡镇、工矿企业、驻军部队、社会服务机构等，力争每个学校、每个院系、每个专业都有相对固定的社会实践基地。[3] 2014年中共教育部党组、共青团中央《关于在各级各类学校推动培育和践行社会主义核心价值观长效机制建设的意见》：深化暑期"三下乡"等社会实践活动，推动社会主义核心价值观融入社会实践。[4] 2016年中共教育部党组《关于深入学习贯彻习近平总书记有关教育工作和青年成长成才重要指示精神开展"五四"系列主题教育活动的通知》：要精心组织开展"三下乡"社会实践和"志愿服务西部"等实践活动，引导青年师生深入基层、深入群众、深入西部、深入农村，深入一线。[5] 2018年中央宣传部、中央文明办、教育部、共青团中央、全国学联下发《关于开展2018年全国大中专学生志愿者暑期文化科技卫生"三下乡"社会实践活动的通知》在全国开展了"青春大学习　奋斗新时代"为主题的大中专学生"三下乡"活动，全国有3000支全国重点团队，学生总参与量超过了700万人次，深入乡村、社区、街道、厂矿、军营，尤其是革命老区、贫困地区和少数民族地区，重点开展理论普及宣讲、国情社情观察、依法治国宣讲、科技支农帮扶、

---

[1]《关于进一步加强和改进大学生思想政治教育的意见》，《光明日报》2004年10月15日。

[2]《中宣部、中央文明办、教育部、共青团中央关于进一步加强和改进大学生社会实践的意见》，中青联发〔2005〕3号。

[3]《教育部等部门关于进一步加强高校实践育人工作的若干意见》，教思政〔2012〕1号。

[4]《中共教育部党组、共青团中央关于在各级各类学校推动培育和践行社会主义核心价值观长效机制建设的意见》，教党〔2014〕40号。

[5]《中共教育部党组关于深入学习贯彻习近平总书记有关教育工作和青年成长成才重要指示精神开展"五四"系列主题教育活动的通知》，教党〔2016〕19号。

教育关爱服务、文化艺术服务、爱心医疗服务、美丽中国实践、"彩虹人生"实践服务等实践活动。除了教育部、宣传部、全国学联统一组织的大学生"三下乡"活动外，全国各高校也开展了形式多样的大学生下乡活动。

三 下乡活动有助于学生成长成才

2005年国家启动新农村建设，提出了"生产发展、生活富裕、乡风文明、村容整洁、管理民主"的总要求，国家鼓励各种社会力量参与新农村建设，大学生成为新农村建设不可或缺的方阵。在这样的背景下，大学生"三下乡"活动与学生成长的研究开始受到大家的关注。张彦（2005）：大学生暑期"三下乡"社会实践活动是加速大学生社会化的重要步骤，学生在与社会的接触中，进一步认识了自我、发展自我、完善自我，能进一步提高学生对环境的适应能力、心理成熟度以及各方面的综合素质。[①] 邹元元、柳礼泉（2007）：参加"三下乡"社会实践活动，能够增强大学生的社会责任感，锤炼意志毅力，培养优良品格，有助于引导学生解决理论与实践之间的差距，甚至可以纠正人格上的缺陷。[②] 梁木（2010）：以暑期"三下乡"志愿活动的动机为研究的逻辑起点，分析了大学生志愿活动与成长关系基本逻辑的多维性，参加"三下乡"志愿服务能开阔视野、增长见识；增强处理问题、沟通协调的能力；还能陶冶品德、陶冶性情。[③] 姜秀华（2014）：大学生"三下乡"社会实践活动促进大学生成长成才、加速大学生了解社会、提高大学生就业比例、增强大学生自信心。[④] 李生萍（2015）：大学生暑期"三下乡"活动作为一项重要社会实践活动，是培养大学生实践能力、开拓创新精神的高素质

[①] 张彦：《论大学生暑期"三下乡"社会实践的育人功能》，《西华大学学报》（哲学社会科学版）2005年第12期。

[②] 邹元元：《柳礼泉·论"三下乡"社会实践活动对大学生综合素质的培养》，《湖南人文科技学院学报》2007年第4期。

[③] 梁木：《大学生志愿活动与成长关系的基本逻辑——基于暑期"三下乡"社会实践活动的一个案例》，《西安邮电学院学报》2010年第11期。

[④] 姜秀华：《教书育人视域下的大学生"三下乡"社会实践活动》，《教书育人（高教论坛）》2014年第4期。

应用型人才的重要途径。① 许德雅（2015）：暑期"三下乡"社会实践活动是深受大学生欢迎的一项品牌志愿活动项目，能够增强大学生对志愿精神的认知、对志愿精神的情感、磨炼大学生意志。② 李均凤（2015）：大学生"三下乡"社会实践活动能够历练学生品格，增强奉献精神；促进社会实践能力、独立工作能力和适应能力提升；有力促进大学生正确价值观的形成。对于90后的大学生，能够改变崇尚自我、奉献意识较差的现象；能够增强沟通能力，减少心理疾病；能够内心充实，追求正确价值观。③ 2017年中共中央、国务院频发的《中长期青年发展规划（2016—2025）》要求："科学设计开展实践育人活动，帮助学生开阔视野、了解社会、提升综合素质，广泛开展大中专学生'三下乡'、志愿服务等社会实践活动。"④

从"三下乡"活动与大学生成长的研究现状可以看出，至少在三个方面促进大学生成长成才。第一，完善大学生的人格。大学生下乡活动能够磨炼大学生意志、锻炼意志毅力、增强自信心，甚至可以纠正人格上的缺陷、减少心理疾病、促进心理成熟与发展，帮助大学生树立正确价值观；第二，锻炼大学生的实践能力。大学生下乡活动能够培养大学生开拓创新精神，引导学生解决理论与实践之间的差距，促进社会实践能力，提升就业比例；第三，提升大学生的社会适应能力。大学生下乡活动能够增强学生沟通能力、社会适应能力、帮助大学生开阔视野、增长见识、了解社会，加速社会化。

第二节 研究现状

"大学生下乡"的研究历史可以分为三个部分，第一部分是50年代

---

① 李生萍：《大学生暑期"三下乡"社会实践活动的育人功能探析》，《劳动保障世界》2015年第12期。

② 许德雅：《暑期"三下乡"社会实践活动中大学生志愿精神培育体系构建探析》，《法制与社会》2015年第9期。

③ 李均凤：《大学生"三下乡"在高校思想教育中的作用——以90后大学生为例》，《湖北科技学院学报》2015年第8期。

④ 谭毅：《中长期青年发展规划（2016—2025年）的政策学解读》，《中国青年研究》2017年第9期。

的知识青年"上山下乡"运动;第二部分是1997年中宣办、中央文明办、国家教委联合下发的《关于开展大中学生志愿者暑期文化科技卫生"三下乡"活动的通知》的大学生"三下乡"活动;第三部分是本书的研究主题"新青年下乡"活动。

第一部分,关于知识青年的"上山下乡"运动。学者们从不同的角度对"老三届""知青"问题展开研究。金大陆、刘小萌、方奕、陈小雅、仲维光等人的研究成果从不同角度对"上山下乡"现象及其对"知青"所产生的作用分别作了评介。① 美国学者托马斯·伯恩斯坦(1977)出版的《上山下乡》对上山下乡运动的社会冲突、政治色彩和价值观念作了精细的分析和精辟的讨论。② 美国怀俄明大学社会学系的姜雅容(2000)出版了英文著作《Mao's Children in the New China: Voices from the Red Guard Generation》,探讨20年来中国社会的巨大变迁以及"上山下乡"运动对他们个人生活经历的深刻影响。③ 法国学者潘鸣啸(1989)、加拿大华人学者梁丽芳(1993)等出版外文专著对"上山下乡运动"的历史进行了具体翔实的研究。2014年7月12日知青学术座谈会在上海青年管理干部学院举行,密歇根州立大学、乔治亚理工大学、加州大学以及国内的上海社科院、江西社科院、上海知青历史文化研究会等单位专家学者围绕知青研究资料搜集整理、知青研究现状与发展趋势等问题开展研讨。④

第二部分,关于大中学生志愿者暑期文化科技卫生"三下乡"活动。目前的研究成果主要集中在以下三个方面:一是大学生"三下乡"活动的价值、作用、意义等方面的研究;二是大学生"三下乡"活动的发展历程和趋势研究;三是大学生"三下乡"活动存在的问题、建议对策。第一,关于大学生"三下乡"的价值、作用、意义等方面的研究。顾海良(2009):大学生"三下乡"既能发挥教育的社会功能,又能发挥教育

---

① 徐春夏:《90年代国内关于"知青运动"研究综述》,《当代中国史研究》2000年第4期。
② 托马斯·伯恩斯坦:《上山下乡》,李枫等译,警官教育出版社1993年版。
③ Yarong Jiang and David Ashley, *Mao's Children in the New China: Voices from the Red Guard Generation*, London and New York: Routledge, 2000.
④ 朱文静、毕晓敏:《知青学术研究座谈会综述》,《青年学报》2014年第3期。

的个体功能，是"高等学校思想政治教育的载体"；① 胡树祥（2010）：大学生"三下乡"是实施素质教育，促进人才培养的重要步骤，能够提升大学生的综合素质、锻炼大学生的实践能力、完善大学生的人格。② 第二，关于大学生"三下乡"发展历程和趋势研究。李亚杰（2006）研究了"三下乡"起源和发展，提出高校的服务育人是连接教书育人和管理育人的桥梁和纽带，对提高学生的综合素质和道德情感的升华具有重要作用。③ 冉林（2008）：总结了大学生"三下乡"活动的由来、意义以及大学"三下乡"内容、形式的发展变化。④ 目前比较多的研究集中主要在大学生"三下乡"活动存在问题与对策研究。大部分研究认为，目前"三下乡"活动存在问题主要有：形式大于内容、存在走过场现象；活动内容比较简单，专业性、针对性不强；基地建设不健全，大学生下乡活动的常态化、长效化、制度化很难得到有力保障；学校和社会重视不够，指导性不强，经费不足等。提出的建议对策主要有：推行政府主导、学校参与、基层群众支持的"双赢"模式；实践基地"项目化"运行模式，有偿开展模式等。

第三部分，关于温州、武汉"新青年下乡"活动的研究。2015年温州市政府在全市高校按照"一所高校联系一个县（市、区）、一个学院（系）联系一个乡镇（街道）、一个班级联系一个村居（社区）"的要求，有12所高校107个院系994个班级与各县（市、区）、130个乡镇（街道）、589个村居（社区）进行了结对挂钩开展，有1千多支服务队赴农村开展送理论、送科技、送文艺、送服务等活动。2017年3月武汉市在汉口江滩三阳广场举行武汉市"新青年下乡"活动出征仪式，百余支高校大学生服务队与蔡甸区、江夏区、黄陂区、新洲区等新城区107个村（社区）开展"理论育农、科技支农、文化乐农、爱心助农、生态兴农"的"新青年下乡"结对帮扶活动。"新青年下乡"活动引起了多家主流媒

---

① 顾海良：《高校思想政治理论课程建设研究》，经济科学出版社2009年版。
② 胡树祥：《大学生社会实践教育理论与方法》，人民出版社2010年版。
③ 李亚杰：《全国大中专学生志愿者"三下乡"活动十年巡礼》，《精神文明》2006年第11期。
④ 冉林：《新时期大学生三下乡社会实践活动刍议》，《四川文理学院学报》（社会科学）2008年第3期。

体的关注,《光明日报》连续以《浙江温州：3万大学生下乡"点亮"青春》《温州高校启动"新青年下乡"暖冬行动》《为青年实现人生出彩搭建舞台》《武汉,以最大诚意留人才》等为题,对"新青年下乡"活动进行新闻报道。《中国青年报》《湖北日报》《长江日报》《浙江日报》《温州日报》《温州商报》等媒体分别对武汉、温州地区的"新青年下乡"活动进行了集中报道。

目前关于"新青年下乡"活动的研究主要集中在温州、武汉两地,具有一定的区域性。2018年7月15日在中国知网以"新青年下乡"为主题词进行检索,共检索到9篇文章,主要从两方面的内容进行研究。一方面是"新青年下乡"运行机制、创新模式研究。白炳贵、金海艳等对以农村实际需求为导向,结合高校科研优势,助力新农村建设的硕博下乡模式进行研究。[①] 曲小远、白炳贵等从"新青年下乡"活动开展的现状,来反思高校志愿服务在服务项目、运行机制、培训机制以及评价激励机制等方面存在的问题。[②] 白炳贵结合温州市"新青年下乡"活动开展的现状,总结了"新青年下乡"活动过程中,大学生社会主义核心价值观培育的典型做法与基本经验。[③] 另一方面是"新青年下乡"与思想政治教育结合的实践探索。安保国从高校思想政治理论课开发利用地方文化资源的角度,论述了"新青年下乡"活动不仅解决了高校思想政治理论课地方文化资源利用率不够、参与度不高、相关投入不足等问题,"新青年下乡"活动成为大学生思想政治课理论与实践相结合的新举措。[④] 杨道忠等以温州"新青年下乡"作为研究的案例,探讨"高校与农村"两个舆论场的双赢互补对接模式的运行机制、主要成效以及推广的建议等。[⑤]

[①] 金海艳、白炳贵：《"新青年下乡"活动模式创新实践研究——以温州大学硕博科技服农为例》,《重庆电子工程职业学院学报》2017年第4期。

[②] 曲小远、白炳贵：《基于温州高校"新青年下乡"的志愿服务机制研究》,《教育理论与实践》2017年第30期。

[③] 白炳贵：《"新青年下乡"培育和践行社会主义核心价值观的典型做法与经验启示》,《桂林师范高等专科学校学报》2017年第4期。

[④] 安保国：《高校思想政治理论课开发利用地方文化资源的新举措——以温州"新青年下乡"实践活动为例》,《温州职业技术学院学报》2017年第2期。

[⑤] 杨道忠、洪怡：《高校与农村两个舆论场的双赢对接模式研究与实践——以温州"新青年下乡"为例》,《世纪桥》2017年第5期。

刘懿对武汉市"新青年下乡"活动常态化模式、思想政治教育方式进行实践探索。[①]杨家喜以武汉"新青年下乡"活动为例，从大学生思想政治教育实践活动的立意思想、活动内容、活动形式等三个方面提出建议。[②]

综上所述，我国大学生下乡历史悠久，内容丰富，形式多样，大学生在下乡的过程中深入基层，了解我国的国情、民情、社情，加深农民的感情，能够引导青年学生在服务中受教育、增才干，加速大学生社会化、培养优良品质、增强各项能力、促进学生成长成才，为本书的研究提供借鉴。但已有研究也存在着有待于进一步深化的地方，主要表现为：从社会学、历史学、教育学、管理学的角度来研究大学生下乡的历史发展、价值作用、保障制度比较多，但从大学生成长、成才的视角进行研究比较少。在大学生成长方面的研究主要存在：第一，研究对象代表性相对不足，多数研究只针对某个实践队或者某所高校进行调查，缺乏系统性、全面性；第二，实证研究比较少，基本上采用简单枚举法得出研究结论，深入访谈、调查研究不多；第三，研究结论不够聚焦，研究内容较为宏观，研究不够深入；第四，时代性不强，与社会主义核心价值观结合不紧密等。以上这些研究不足，为本课题的深入研究提供了较大的空间。教育部、中宣部《关于2017年全国大中专学生志愿者暑期文化科技卫生"三下乡"社会实践活动的通知》要求：引导和帮助广大青年学生在社会实践中受教育、长才干、做贡献，努力做到有理想、有追求、有担当、有作为、有品质、有修养。[③] 在大学生下乡的研究过程中除了对经济、社会、历史研究的同时，更要注重对大学生自身成长的研究，尤其在乡村振兴战略的背景下，更要把握大学生下乡实践育人的规律和特点，创新高校思想政治工作的方式和方法。

---

① 刘懿：《新时代新青年下乡：武汉市"新青年下乡"活动的实践探索》，《学习月刊》2018年第4期。

② 杨家喜：《试论大学生思想政治教育实践活动新形式——以武汉"新青年下乡"活动为例》，《开封教育学院学报》2018年第4期。

③ 《关于开展2017年全国大中专学生志愿者暑期文化科技卫生"三下乡"社会实践活动的通知》，2017年6月13日，中国青年网（http：//sxx.youth.cn/zytz/sxxtz/201706/t20170613_10053732.htm）。

第三节 研究意义

一 助推"乡村振兴战略"实施

党的十九大报告提出乡村振兴战略,按照"产业兴旺、生态宜居、乡风文明、治理有效、生活富裕"的总要求,加快推进农业农村现代化。这五句话的政策内涵极其丰富,就是要在繁荣发展农村经济的同时,协调推进农村教育、卫生、科技、文化、治理和生态的全面发展,促进农村全面进步。[①]"新青年下乡"活动开展的理论育农、科技支农、文化乐农、爱心助农、生态兴农五大行动,在治理、产业、乡风、生活、生态等五大方面紧扣我国乡村振兴战略。

第一,"新青年下乡活动"理论育农行动紧扣乡村振兴战略的治理有效。"新青年下乡"活动要求:组织动员高校青年马克思主义者培养工程骨干学生深入农村开展中国特色社会主义和乡村振兴战略的宣传教育活动,全面宣讲党的路线、方针、政策。以专家讲座、座谈讨论、自主学习的方式,组织农村群众深入学习理解三农政策,引导他们坚定信心、认清发展形势、树立机遇意识、用好惠农政策,为实现农业农村现代化的目标做出贡献。"新青年下乡"活动的理论育农行动,通过大学生下乡理论宣讲,让农民了解我国的新农村建设的路线、方针、政策,为乡村有效治理提供理论支持。

第二,"新青年下乡"活动的科技支农行动,紧扣乡村振兴战略的产业兴旺。"新青年下乡"活动要求:组建专业服务团,与农民群众一同在"田间地头"开展生产实践,重点在蔬菜种植、水产养殖、苗木花卉、茶叶种植、农产品加工、农业科技创新示范等方面提供智力支持和骨干队伍。与当地农业部门或农广校合作,开展科技推广、科普宣传、扶贫课堂等活动,推动"互联网+品牌农业"发展。寻访农村发展"领头雁",重点发挥农村致富带头人、大学生村官、杰出乡贤等人才的作用,努力实现"一村一电",推广以特色旅游、民俗文化、农特产品为重点的电子

[①] 韩俊:《农业供给侧结构性改革是乡村振兴战略的重要内容》,《中国经济报告》2017年第12期。

商务服务新模式。"新青年下乡"活动通过"校院+农村实践基地",以校地共建的活动形式支持乡村的产业发展,以高校的人才优势、资源优势发展乡村产业。

第三,"新青年下乡"活动文艺乐农行动,紧扣乡村振兴战略的乡风文明建设。"新青年下乡"活动要求:依托各高校大学生艺术团和文艺社团,传承中华优秀传统文化和革命文化,弘扬社会主义先进文化,充分挖掘和开发当地文化资源和非遗项目,组织开展"田园大舞台""家风宣传进万家"、欢歌乐舞乡村行等活动。以春节、端午、中秋、重阳等传统节日为契机,利用周末及寒暑假,送文体活动、送文化书籍、送电影下乡,丰富农村广大群众的精神文化生活,提升乡村文明水平。

第四,"新青年下乡"活动的爱心助农行动,紧扣乡村振兴战略的生活富裕。"新青年下乡"活动爱心助农行动要求:在各高校师范、艺术、社会工作等院系招募组建专业服务队,以农村留守儿童、残疾人和农村老年等弱势群体为重点服务对象,以基层党员群众服务中心和青少年空间为阵地,开展课业辅导、心理辅导、安全自护教育等服务项目。广泛动员社会组织、爱心人士等力量,通过爱心支教、爱心助学、援建"希望书屋"、"希望厨房"、医疗义诊、微心愿认领、"一对一"结对关爱等帮扶活动,把社会爱心送到农村基层,扩大扶贫帮困工作的覆盖面。"新青年下乡"活动以爱心支教、扶贫帮困、医疗义诊等,帮助农村困难群众脱贫,走向共同富裕。

第五,"新青年下乡"活动开展生态兴农行动紧扣乡村振兴战略的生态宜居建设。"新青年下乡"活动生态兴农行动要求:组织动员高校环保社团开展推进"四水共治"社会调查研究和征集治理"金点子"活动,与地方合作共同开展"饮水思源·不忘初心"水源保护活动,成立"青春护水基地",营造"青年助力四水共治"的良好氛围。定期开展植绿增绿护绿、"美丽乡村·清洁家园"等志愿服务活动,帮助村民养成健康、文明、生态的生活方式和行为习惯。"新青年下乡"活动生态兴农行动从环境保护、生态经济、生态文明等方面,助力乡村生态宜居建设。

二 引导大学生践行社会主义核心价值观

习近平总书记在中央政治局第十三次集体学习时强调:"社会主义核

心价值观要真正发挥作用,必须融入社会生活,让人们在实践中感知它、领悟它。"[1] 同年,在北京大学师生座谈会上指出:"社会主义核心价值观要广泛宣传教育、广泛探索实践,使社会主义核心价值观成为引导人们前进的强大精神动力。"[2] "新青年下乡"是大学生实践的重要方式,有助于推动大学生对社会主义核心价值观的认知理解、认同接受和创造传播。第一,认知理解社会主义核心价值观。习近平总书记把梁家河看成中国社会发展进步的一个缩影,"新青年下乡"活动可以让学生亲身体验和了解中国的国情、社情、民情,感受国家发展所取得的伟大成就,自觉抵制各种错误思潮的影响,在实践中认知理解社会主义核心价值观;第二,认同接受社会主义核心价值观。认同是社会主义核心价值观转化为大学生自觉行为的关键点,在下乡的过程中用鲜活的事例解答了大学生在价值观认同过程中的困惑,深化核心价值观教育的针对性和引领性,并且在实践中提升社会主义核心价值观的教育说服力。第三,创造传播社会主义核心价值观。农村社会主义核心价值观教育相对还是比较薄弱,"新青年下乡"活动发挥了当代大学生引领风气之先的独特优势,把先进文化、文明新风、民主法治带到农村去,以实际行动弘扬和诠释社会主义核心价值观,对于农村群众自觉践行社会主义核心价值观具有很好的模范带头和示范带动作用。因此,在乡村振兴战略的背景下,"新青年下乡"活动在大学生社会主义核心价值观培养中发挥着重要的作用。

第一,农村成为培育大学生社会主义核心价值观的新阵地。目前,我国高校多集中于北上广等大城市及东部沿海地区,县城(含县级市)高校数量不足6%。[3] 农村高校数量更是寥寥无几,教育资源分布极不均衡。高校教育资源的分布现状导致大学生的上课教学、社会实践、核心价值观教育等各项活动都集中发生在城市里,无形中割裂了大学生与农村之间的联系。根据2013年12月中共中央办公厅印发的《关于培育和

---

[1] 习近平:《把培育和弘扬社会主义核心价值观作为凝神聚气强基固本的基础工程》,《人民日报》2014年2月26日。

[2] 习近平:《青年要自觉践行社会主义核心价值观——在北京大学师生座谈会上的讲话》,《人民日报》2014年5月5日。

[3] 石猛、蔡云、王一涛:《市级行政区域高校分布的基本特征和规律》,《教育评论》2016年第11期。

践行社会主义核心价值观的意见》的文件精神①，要把培育和践行社会主义核心价值观融入国民教育的全过程，要注重发挥社会实践的养成作用，加强实践育人的基地建设。在该纲领性文件的指导下，许多高校纷纷将目光从城市转向农村，通过开展"三支一扶""大学生三下乡"等活动，搭建大学生在农村开展活动的新平台，探索高校实践基地建设的新模式，在"农村"这本无字之书中对高校大学生进行社会主义核心价值观的培育和养成。此外，农村蕴藏着许多优秀的风俗习惯、传统文化、乡贤文化、家风家训等，它们与社会主义核心价值观所倡导的精神追求相一致，是培育大学生社会主义核心价值观过程中一股不可小觑的重要资源。例如在江汉大学的"新青年下乡"活动中，一支由农村老党员、老支书以及下乡扶贫人员组成的"思政导师团"不定期给来下乡的大学生们讲课，通过理论与实践相结合的方式将大学生思想政治课开到田间地头，身临其境地对大学生进行社会主义核心价值观教育。而在温州市永嘉县，来自温州医科大学的学生们在开展"家风家训与社会主义核心价值观"调研的过程中，不仅得到了实践锻炼，也收获了"家和""积善""诚信"等家风和家训的心灵启迪和精神熏陶。

第二，大学生成为建设农村社会主义核心价值观的新力量。2017年10月，习近平总书记在十九大报告中提出"乡村振兴战略"，该战略按照"产业兴旺、生态宜居、乡风文明、治理有效、生活富裕"的要求，不断促进农村在经济、教育、卫生、科技、文化、治理和生态的全面发展。②十九大报告还提出要发挥社会主义核心价值观的引领作用，将社会主义核心价值观融入社会发展的各个方面、各个领域，转化为人们的情感认同和行为习惯。目前，农村民情社情还比较复杂，在社会主义核心价值观建设方面还存在力量比较薄弱、内容不够丰富、阵地建设不健全等问题，是我国进行社会主义核心价值观建设较为薄弱的场所。高等学校作为我国国民教育体系的龙头，既是塑造民族精神、维系价值认同的引领

---

① 中共中央办公厅：《关于培育和践行社会主义核心价值观的意见》，《党建》2014年第1期。

② 韩俊：《农业供给侧结构性改革是乡村振兴战略的重要内容》，《中国经济报告》2017年第12期。

示范机构,又是研究诠释、涵育弘扬核心价值观的重要思想阵地,在实施乡村振兴战略的背景下,大学生应当责无旁贷地肩负起农村培育和践行社会主义核心价值观的光荣使命。

第三,"新青年下乡"成为大学生培育和践行社会主义核心价值观的新途径。目前高校社会主义核心价值观的培育路径,课堂教学所占的比例依旧最大,活动范围也基本局限于大学校园内。然而传统的课堂教学对于培育大学生社会主义核心价值观的成效有限,重复的、古板的"说教式"教学甚至可能引起大学生的反感和抵触心理。在传统课堂教学中植入实践环节,不仅成为高校教师的共识,而且得到了普遍的践行。[①] 正如"新青年下乡"活动,它不仅可以弥补传统课堂教学难以做到"内化于心"的不足,提供一个优良的社会主义核心价值观教学平台,还能在给农村群众服务的劳作过程中认知、认同、理解社会主义核心价值观,进而在以后的学习、生活、工作中更好地践行社会主义核心价值观,做到"外化于行"。温州、武汉等地开展的"新青年下乡"活动,很好地搭建了"高等院校+农村实践基地"的教学平台,正是一种对于大学生培育和践行社会主义核心价值观新途径、新载体的有力探索。

三 推广"新青年下乡"活动的模式

我国虽然开展了形式多样的大学生下乡活动,但当前大学生下乡活动存在基础保障缺乏、管理不够规范、形式单一、内容浮浅、时间过短等问题,使得大学生下乡活动流于形式、走过场,严重阻碍了大学生下乡活动的深入开展。[②] 温州、武汉开展"新青年下乡"活动采用"党委领导、团委牵头、高校主导,市区联动、青年参与"组织领导和运行机制,采取"一校一县、一系一乡、一班一村"结对联系制度,搭建"校院+农村实践基地"共建教育平台,形成"集中活动+常态服务"模式,在实践中充分调动了高校、学生、地方的积极性。2015 年温州"新青年

[①] 安保国:《高校思想政治理论课开发利用地方文化资源的新举措——以温州"新青年下乡"实践活动为例》,《温州职业技术学院学报》2017 年第 5 期。

[②] 官翠娥:《论社会实践在推进大学生社会主义核心价值观教育中的作用》,《湖北省社会主义学院学报》2017 年第 2 期。

下乡"活动入选浙江省基层宣传思想文化工作"三贴近"优秀案例,得到时任浙江省委书记夏宝龙的重要批示,要求省级媒体对温州"新青年下乡"进行挖掘宣传,浙江省委宣传部、浙江省教育厅、浙江团省委也专门发文要求推广温州"新青年下乡"的做法。2015年9月,"新青年下乡"活动在中宣部组织的全国宣传思想文化工作创新研讨活动中作为典型活动交流。2016年1月,"新青年下乡"以地市第一的成绩荣获第四届浙江省"全省宣传思想文化工作创新奖"。[①] 2018年武汉市在"新青年下乡"进农村的基础上,提出了"新青年下乡"活动进社区、进企业活动。(1)进农村。重点围绕乡村振兴战略,开展"理论育农、科技支农、文化乐农、爱心助农、生态兴农"五大行动,助力"三乡工程"和精准脱贫工作。(2)进社区。要求充分利用区校共建基础,中心城区(功能区)与武汉省部属高校结对,重点围绕"红色引擎工程",引导"新青年"参与"红色物业",争当"红色细胞"。各高校组建不少于5支大学生服务队深入各结对社区和"两新"基层党组织,入户调查、了解民生、宣传政策,利用自己所学所长,结合基层所需所急,在便民服务、助残敬老、社区青少年假期托管、社会调查研究等领域设计项目,开展活动,打通联系服务群众"最后一百米"。同时,助力文化强市建设,进一步丰富基层群众精神文化需求,组织开展"进社区(村)文艺演出活动"。引导大学生正确认识时代责任和使命,树立扎根基层、服务社会的人生志向,更好地服务和联系基层群众,促进社区治理创新。(3)进企业。要求围绕创新型城市建设,深化"大学+"发展新模式,促进先进制造业和现代服务业发展,重点在东湖新技术开发区、武汉开发区、临空港经开区,每校组建不少于5支大学生服务队,深入技术先进、制度完善、成长性好、前景广阔的大型企业或独角兽企业等开展课题调研、就业见习、创业实践。结合各高校的学科优势与专业特长,积极搭建人才培养平台,提升大学生社会实践能力,不断激发大学生留汉创业、就业热情,积极为企业发展出力献策,为城市创新驱动注入新活力。

通过"新青年下乡"活动运作机制和创新模式的研究,能够凝练

---

① 袁满:《温州:三万新青年志愿者常态化服务农村》,2016年3月15日,中国文明网 (http://www.wenming.cn/syjj/dfcz/zj/201603/t20160315_3211507.shtml)。

"新青年下乡"的经验和智慧，借鉴参考创新工作思路和经验成果，形成可示范推广的实践模式。活动过程中形成的领导组织机制、经费保障机制、考核激励机制、宣传典型机制、班村结对机制对于全国各高校、地方开展大学生下乡活动具有重要借鉴意义。

四 推进农村志愿服务创新

2008年12月，党的十七届三中全会首次提出"发展农村志愿服务"的任务，开展了扶贫解困、发展生产、环境保护、倡导文明等形式多样的农村志愿服务项目，[①] 但是目前关于农村的志愿服务研究并不多。2018年3月1日在中国知网以"农村"+"志愿"为篇名，时间从1990年至2018年进行检索，检索发现我国从1993年就在全国开展的中国青年志愿者行动，1999年才有文献研究农村的志愿服务，而且只检索到69篇文章，最多每年发表论文不超过10篇，说明我国在农村志愿服务模式推广方面做得还略显不足，历年论文发表数量见图1—1。另外，论文关键词基本反映了农村志愿服务的开展现状。第一，参加农村志愿活动的主体是地方高校、大学生，大学生成为农村志愿服务的主力军；第二，农村志愿服务的对象主要是留守儿童和空巢老人；第三，支教是农村志愿服务的主要方式；第四，农村和谐发展、文化帮扶、道德建设成为农村志愿服务的新趋势，见图1—2。从关键词内容、论文发表数量我们可以看出，我国高校在农村志愿者活动方面存在：内容比较简单，对象比较单一，推广不足等问题。在乡村振兴战略的背景下，农村成为广大学生开展志愿服务的新阵地，温州、武汉在"新青年下乡"活动过程中形成的"互联网+"思维"主题实践+志愿结对""青年入驻志愿站""志愿服务+农村实践基地"等志愿服务模式，对于推进农村志愿服务形式创新具有一定的意义。

[①] 《中共中央关于推进农村改革发展若干重大问题的决定》，《人民日报》2008年10月12日。

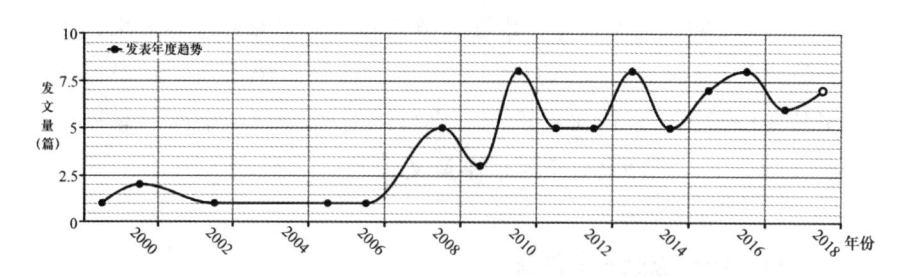

图 1—1　以"农村志愿服务"为主题论文发表数量趋势图

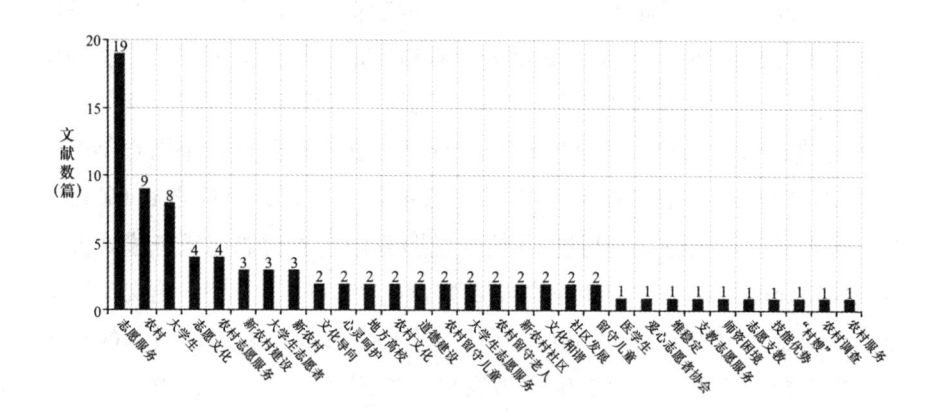

图 1—2　"农村志愿服务"为主题论文关键词

第四节　研究思路

一　逻辑结构

本书的研究工作，沿着"新青年下乡活动如何常态化、制度化、长效化开展"——"新青年下乡活动对学生成长有什么影响"——"新青年下乡活动对乡村有什么影响"——"新青年下乡活动存在哪些问题"的基本逻辑思路来进行。

在"新青年下乡活动如何常态化、制度化、长效化开展"环节，课题组对温州市、武汉市关于"新青年下乡"的实施方案、会议纪要、媒体报道等文本进行分析，研究"新青年下乡"活动保障机制、"一校一县、一系一乡、一班一村"的班村结对服务模式以及"新青年下乡"活动的服务机制与创新模式。

在"新青年下乡活动对学生成长有什么影响"环节,课题组将讨论的主题分成"新青年下乡与大学生社会主义核心价值观培育"和"新青年下乡与大学生成长"两个部分。在"新青年下乡与大学生社会主义核心价值观培育"部分,对下乡大学生社会主义核心价值观认识的现状进行问卷调查,研究"新青年下乡"活动开展社会主义核心价值观活动的典型做法与基本经验。在"新青年下乡与大学生成长"部分,课题组一方面对收集到的 73 篇"新青年下乡"活动日记进行文本分析,了解"新青年下乡"活动对大学生知识学习、情感发展、能力提升等方面的影响;另一方面,在学生访谈的基础上,分析"新青年下乡"活动对大学生心理成长、道德发展、职业能力等方面的影响。

在"新青年下乡活动对乡村有什么影响"环节,课题组对与温州大学"青春相冯"下乡服务队结对 12 年之久的温州平阳冯宅村进行实地调研,了解"青春相冯"下乡服务队如何助推平阳冯宅村从一个偏远、"邋遢"的小村庄成为全国文明村、全国民主法治村,分析"青春相冯"服务队的做法和经验,总结"新青年下乡"活动对乡村振兴的影响和作用。

在"新青年下乡活动存在哪些问题"环节,通过对下乡学生、带队老师、指导老师、村干部进行问卷调查和访谈,了解"新青年下乡"活动在保障机制、对接模式、基地建设等方面存在的问题,并提出建议。

二 研究方法

(一) 文献研究法

本研究收集的文献涉及三个方面:一是马克思关于人的全面发展理论、马克思主义社会意识形态理论、社会主义核心价值观理论等;二是国家颁布的与社会主义核心价值观、大学生思想政治教育以及新农村建设、乡村振兴战略等相关的政策文本;三是有关学者对这些方面的已有研究成果,主要来源于中国学术期刊网、中国优秀博士学位论文全文数据库、中国优秀硕士学位论文全文数据库等。

(二) 文本研究法

课题组收集温州市、武汉市各高校、县(市、区)、乡镇(街道)、村(社区)等部门的"新青年下乡"活动实施方案、工作总结、交流会、推进会等会议纪要、文件，以及新闻媒体宣传报道等，共计30余万字。温州市"新青年下乡"活动的文本材料主要有：《温州市"新青年下乡"活动2015年度实施计划》（温委办发〔2015〕83号）、《陈一新同志在全市"新青年下乡"活动工作汇报会上的讲话》（温办通报〔2015〕第53期）、《温州市关于开展"新青年下乡"暖冬行动的通知》（团温办〔2016〕2号）、《温州市各高校"新青年下乡"活动实施计划》《温州鹿城区、龙湾区、瓯海区"新青年下乡"活动实施计划》《温州鹿城区、龙湾区、瓯海区"新青年下乡"活动工作总结》、温州市委宣传部办公室印发的与"新青年下乡"活动有关的《温州宣传工作》等。武汉市"新青年下乡"活动的文本材料主要有：《2017年武汉市"新青年下乡"活动方案》（武办文〔2017〕4号）、《2018年武汉市"新青年下乡"活动方案》、《百万大学生留汉创业就业计划实施方案》（武办文〔2017〕17号）、《武汉市"新青年下乡"活动结对班级进村入户工作指导意见》《武汉市"新青年下乡"活动工作制度》《武汉市"新青年下乡"活动暑期集中行动指导意见》《武汉市"新青年下乡"活动简报》。

（三）问卷调查法

1. 问卷设计

课题组在2017年暑期从"新青年下乡"活动开展状况、社会主义核心价值观的认识情况、对大学生成长影响等三个维度收集、编写问卷条目。问卷条目完成后，请教育学、社会学、管理学相关专家及实务工作者，大家评议、讨论问卷设计的条目是否表达清楚、易于理解，条目是否符合测量指标要求，反复修改后各形成40个条目的初始问卷。初测问卷采用整群抽样的方式发放，对温州大学158名下乡大学生，平阳、苍南两县80名参与活动的村干部进行初测，全部收回，经过修订，最后形成学生和村干部两份问卷。

学生的最终调查问卷分为四个部分29个题目：一是个人基本情况，这部分了解被调查者的性别、受教育程度、政治面貌、专业类型、生源地、就读学校、是否担任学生干部等方面的基本情况。二是了解学生参考与"新青年下乡"活动的情况。这部分了解大学生对"新青年下乡"活动了解情况、认知情况、参加活动主题、参加原因、参加次数等。三是大学生对社会主义核心价值观的认知情况。这部分了解大学生对社会主义核心价值观的总体关注程度、熟悉程度、了解程度、了解方式、与个人价值观以及日常生活的联系程度等。四是"新青年下乡"活动对大学生成长影响的调查。这部分是本次调查的重点，主要了解大学生参加"新青年下乡"活动有什么作用和价值，"新青年下乡"活动对学生的成长有哪些影响等。

村干部的最终调查问卷主要分成四个部分26个题目：一是个人基本情况，这部分了解参与"新青年下乡"活动村干部性别、受教育程度、政治面貌、出生地等方面的基本情况。二是农村"新青年下乡"活动开展的情况，这部分了解村干部对"新青年下乡"活动了解认识程度、参与情况、评价建议以及农村开展"新青年下乡"的次数、活动类型、欢迎程度等。三是村干部对社会主义核心价值观的认知情况，这部分了解村干部对社会主义核心价值观的总体关注程度、熟悉程度、了解程度、了解方式、与个人价值观以及日常生活的联系程度等。四是"新青年下乡"活动对大学生成长影响的调查。这部分主要了解大学生参加"新青年下乡"活动有什么作用和价值，"新青年下乡"活动对学生的成长有哪些影响等。对于所提问题的回答，涉及调查者的观点态度的问题，采用"非常了解""比较了解""了解一些""不太了解""不了解"，这样几个层次的选项。对于多项选择，以调查者所认为的重要性的不同而依次排序。

2. 问卷实施

问卷调查以问卷星（电子问卷）的形式对在温州高校的温州大学、温州医科大学、温州商学院、温州职业技术学院、浙江工贸职业技术学院等12所学校参与"新青年下乡"活动的学生进行整群抽样问卷调查，调查的学校有硕、博士点学校、地方本科院校、职业技术学院、中外合作办学高校、民办高校等，调查样本分布情况见表1—1。村干部则采用分层随机调查方式，以问卷星（电子问卷）的形式让下乡学生入户指导完成，调查范围涉及温州市11个县市区，调查样本分布情况见图1—3。课题组共发放学生2000份，收回有效问卷1883份，回收率94.15%；村干部问卷发放400份，收回有效问卷395份，回收率98.75%。由于武汉市在2017年才开始在武汉商学院、江汉大学、武汉城市职业学院、武汉软件工程职业学院等四所高校进行首批试点，考虑到学生和村干部对"新青年下乡"活动的了解还不够深入，课题组没有进行问卷调查。

表1—1　　　　　　　　　学生调查样本分布表

选项	小计	比例（%）
A. 温州大学	229	12.16
B. 温州医科大学	445	23.63
C. 温州肯恩大学	31	1.65
D. 温州商学院	400	21.24
E. 温州大学瓯江学院	94	4.99
F. 温州医科大学仁济学院	106	5.63
G. 温州职业技术学院	137	7.28
H. 浙江工贸职业技术学院	88	4.67
I. 温州科技职业学院	119	6.32
J. 浙江东方职业技术学院	119	6.32
K. 浙江安防职业技术学院	59	3.13
L. 温州城市大学	48	2.55
M. 其他	8	0.43
有效填写人次	1883	100

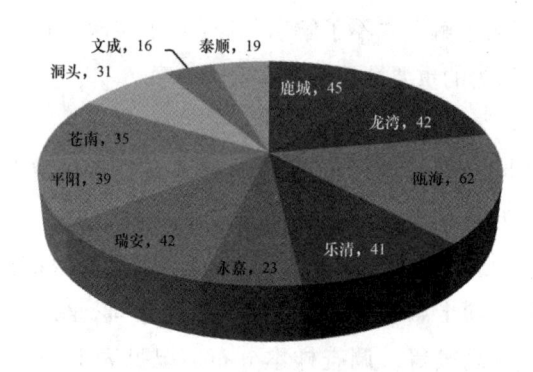

图1—3　村干部调查样本分布图

3. 样本基本情况

根据问卷调查学生基本信息表（见表1—2），我们大致能了解参加"新青年下乡"学生的基本情况：第一，参加"新青年下乡"活动的女生人数要多于男生，说明女生参加"新青年下乡"活动的积极性要高于男生；第二，参加"新青年下乡"活动主要以本科生为主，研究生下乡人数明显过少,研究生的比例只有4.57%;第三,参加"新青年下乡"活动的学生以共青团员为主,共青团的比例为82.53%;第四,专业类型以理工科、文科、医科三大类型为主;第五,来自农村的大学生比城镇的大学生更乐于回到农村参加"新青年下乡"活动;第六,学生干部更愿意通过"新青年下乡"活动,锻炼自己的能力。从表1—3我们可以看出参与"新青年下乡"活动村干部的样本情况:第一,男性的比例为67.34%,要大于参与活动的女性比例;第二,受教育程度以本科为主,本科学历占40.25%;第三,村干部政治面貌主要以党员为主。从表1—3我们可以看出:地方政府基本上都是安排高学历,出生地在农村的男性中共党员参与、对接"新青年下乡"活动,说明地方政府重视、欢迎"新青年下乡"活动。

表1—2　　　　　　　正式调查问卷对象基本信息(学生)

类别	名称	人数	百分比(%)
性别	男	807	42.86
	女	1076	57.14
教育程度	专科生	628	33.35
	本科生	1169	62.08
	研究生	86	4.57
政治面貌	中共党员	259	13.75
	共青团员	1554	82.53
	群众	64	3.40
	其他	6	0.32
专业类型	理工科	615	32.66
	文科	481	25.54
	医科	420	22.31
	农科	52	2.76
	其他	315	16.73
家乡所在地	城镇	614	32.61
	农村	1269	67.39
学生干部	是	1586	84.23
	否	297	15.77

表1—3　　　　　　　正式调查问卷对象基本信息（村干部）

类别	名称	人数	百分比（%）
性别	男	266	67.34
	女	129	32.66
教育程度	高中及以下	118	29.87
	专科生	95	24.05
	本科生	159	40.25
	研究生	23	5.83
政治面貌	中共党员	295	74.68
	共青团员	32	8.10
	群众	61	15.44
	其他	7	1.78
家乡所在地	城镇	88	22.28
	农村	307	77.72

（四）访谈法

课题组成员基本上都是来自温州各个高校组织、参与"新青年下乡"活动的指导老师或者带队老师，多次利用下乡带队的机会对参与"新青年下乡"活动的学生、村干部、群众进行访谈，了解"新青年下乡"活动对学生成长、乡村振兴的作用。2017年暑假在温州大学"新青年下乡"111支队伍中选择：送廉下乡服务队、青春相冯服务队、精准扶贫服务队、乡瓯·韵文化服务队、助力治水剿劣服务队等五支下乡服务队骨干队员进行访谈，初步了解大学生参与"新青年下乡"活动的价值、作用和意义。2018年暑假对温州大学"青春相冯"下乡服务队的21名学生以及实践基地的村干部进行正式访谈，了解"新青年下乡"活动对于大学生成长的影响。2017、2018年课题组在"新青年下乡"活动暑假集中下乡期间，对参与"新青年下乡"活动的村干部、带队老师、指导老师、团县委专职工作人员、各镇（街）团（工）委书记、各村（社区）联络员等进行访谈，了解"新青年下乡"活动对新农村建设的作用以及活动开展过程中存在的问题等。

（五）个案研究法

个案研究具有"到实地、到现场、重情景、重关联、重意义、重主观"等基本特征,是定性研究方式中最重要的一种研究方法。① 个案研究从另一种视角进一步认识"新青年下乡"助推乡村振兴的价值和意义。课题组对与温州大学"青春相冯"下乡服务队结对的平阳万全冯宅村进行实地调研,通过召开座谈会,走街串巷访谈农户等形式,了解冯宅村的村史村貌、发展变化以及"青春相冯"下乡服务队在助推冯宅振兴的经验、做法与作用。

第五节 概念界定和研究创新之处

一 概念界定

书中有四个核心概念分别是"新青年""下乡""成长""社会主义核心价值观"等,根据本书研究的需要,对它们作如下界定:

新青年:1916 年 9 月 1 日,陈独秀在改刊后的《新青年》第一期上发表《新青年》一文,号召青年做"新青年"。他提出"新青年"的标准是:生理上身体强壮;心理上是"斩尽涤绝做官发财思想",而"内图个性之发展,外图贡献于其群",以自力创造幸福,而"不以个人幸福损害国家社会"。陈独秀号召的"新青年"主要是指能承担"救亡图存"角色使命的年轻人,本书的"新青年"指当代在校大学生。

下乡:"下乡"最早见于 1956 年 10 月 25 日中共中央政治局关于《1956 年到 1967 年全国农业发展纲要(修正草案)》的文件中,第一次提出知识青年"上山下乡"的这个概念,"上山下乡"指大量城市"知识青年"离开城市,在农村定居和劳动的群众路线运动。1996 年教育部、科技部、文化部等 14 部委联合开展了"文化、科技、卫生"三下乡的暑期大学生下乡活动。"下乡"在百度百科词语概念里有三种意思:第一种是去偏远的乡间;第二种是到乡下去;第三种是指知识青年到农村进行劳动锻炼。本课题"下乡"指大学生到农村进行的社会实践活动。

成长:在现代汉语词典"成长"有三种含义,第一生长而成熟;第二向成熟的阶段发展;第三发展、增长。②《习近平的七年知青岁月》采

---

① 风笑天:《定性研究:本质特征与方法论意义》,《东南学术》2017 年第 3 期。
② 中国社会科学院语言研究所:《现代汉语词典》,商务印书馆 1997 年版,第 160 页。

访组在采访与习近平总书记一起到延川县公安驿公社插队的雷平生的过程中，雷平生认为："在农村的这7年，是习近平人生道路中最重要的阶段，这个阶段对他的整个人成长、成熟、成功起到了至关重要的作用。"[1]成长有三个内涵，一是成长即生长，摆脱稚嫩，逐步走向成熟的过程；二是成长即发展，不断生长的过程；三是成长即创造，自我变革的过程。[2] 本书的"成长"主要包括三方面含义：第一情感的丰富；第二智慧的生长；第三道德的提升。

　　社会主义核心价值观：关于社会主义核心价值观依照学者观点的侧重倾向，大体上可划分为三大类。第一类观点是侧重马克思主义核心价值观的"实现人的自由、解放和全面发展"。主要代表作者有：宋萌荣（2007）提出，现阶段中国特色社会主义的核心价值体现在人的全面而自由的发展，是人的发展与自然、生产发展、生产关系、社会关系发展的有机统一；[3] 张利华（2007）提出，实现人的全面和谐发展是中国社会主义核心价值体系中的内核。[4] 第二类观点是强调社会主义现代化建设和人民共同富裕的历史使命。主要代表作者有：孙武安（2006）提出，在正确理解和使用"价值"和"核心价值"这两个概念的基础上，根据当前中国社会经济的发展实际，提出共同富裕是现阶段中国特色社会主义的核心价值；[5] 范强威（2006）提出，在关于社会主义价值与核心价值讨论的基础上，提出共同富裕是现阶段中国特色社会主义的核心价值；[6] 任玉秋（2005）提出，价值观或者价值观念是一个由经济学的"价值"概念引申出来的哲学词汇，社会主义社会中最具有价值意义的是人民群众的

---

[1] 中央党校采访实录编辑室：《习近平的七年知青岁月》，中共中央党校出版社2017年版，第38页。

[2] 李建成：《成长，教育的一种定义》，《人民教育》2010年第8期。

[3] 宋萌荣：《科学社会主义的核心价值与人的全面发展》，《当代世界与社会主义》2007年第4期。

[4] 张利华：《试析中国特色社会主义核心价值体系的结构与内涵》，《中国特色社会主义研究》2007年第8期。

[5] 孙武安：《共同富裕是现阶段中国特色社会主义的核心价值》，《毛泽东邓小平理论研究》2006年第6期。

[6] 范强威：《论"中国模式"的社会主义价值核心》，《马克思主义研究》2006年第2期。

共同富裕。① 第三类观点是主张是把众多范畴并列为中国特色社会主义核心价值观，大多数学者主张第三种观点，例如：李忠杰（2005）②、吴向东（2005）③ 等。本课题研究的社会主义核心价值观采用多数学者的观点，是把"民主""平等""自由""正义""友爱""安定""和谐""共同富裕""新集体主义"等众多范畴作为核心价值观来研究。

二 研究创新之处

第一，研究视角创新。在"乡村振兴战略"的背景下，从学生需求出发，探索学生成长成才与联系服务农村群众相结合的新形式；在全社会倡导社会主义核心价值观的背景下，从社会主义核心价值观培育的路径出发，探索"新青年下乡"活动与大学生社会主义核心价值观培育的新途径；在立德树人的背景下，从实践育人的角度出发，探索新时期高校思想政治建设与新农村建设相结合的新举措。

第二，材料来源丰富翔实。课题组借助下乡调研、访谈的机会，大量收集了温州市、武汉市关于"新青年下乡"活动的规章制度、活动方案、会议纪要、媒体报道等文本材料，全面总结"新青年下乡"活动的常态化、制度化、长效化的基本经验和创新模式，收集的各种规章制度、活动方案、活动文件等文本材料，对于全国各高校、地方开展大学生"三下乡"活动具有重要的借鉴意义和参考价值。

第三，研究方法创新。本书综合运用量化研究和质性研究方法，使所探讨的问题得以全面而深入的分析。首先，本研究对参与"新青年下乡"活动的1883名学生，395名村干部进行问卷调查，了解"新青年下乡"活动开展情况、下乡大学生对社会主义核心价值观的认识现状、了解方式、存在问题等。其次，结合学生的下乡日记分析、质性访谈研究"新青年下乡"活动对大学生成长的影响。最后，用个案研究法，进一步探讨"新青年下乡"活动对乡村振兴的作用。

---

① 任玉秋：《社会主义价值观的历史唯物主义考究》，《科学社会主义》2005年第4期。
② 李忠杰：《构建中国特色社会主义核心价值观》，《科学社会主义》2005年第2期。
③ 吴向东：《社会主义价值观的当代建构》，《科学社会主义》2005年第4期。

第二章

"新青年下乡"活动保障机制与创新模式

温州、武汉开展"新青年下乡"活动采用"党委领导、团委牵头、高校主导、市区联动、青年参与"组织领导和运行机制，采取"一校一县、一系一乡、一班一村"结对联系制度，搭建"校院+农村实践基地"共建教育平台，形成"集中活动+常态服务"模式，是集政府、高校、农村三方力量共同开展的大学生下乡活动，与传统的暑期大学生"三下乡"实践活动模式相比，在管理体制、运行机制、服务模式等方面进行了设计创新，确保"新青年下乡"活动常态化、制度化、长效化开展。

第一节 "新青年下乡"活动保障机制

一 领导组织机制

"新青年下乡"活动采取"党委领导、宣传部门牵头、高校主导、市县联动、社会参与"的组织领导和运行机制。市委、市政府成立"新青年下乡"活动推进工作领导小组，由市委分管副秘书长任组长，团市委主要负责人任副组长，市委宣传部、市委文明办、团市委、市农委、市教育局、市财政局、各城区、市属高校等单位分管领导为成员。领导小组下设办公室，在团市委办公，由团市委分管书记兼任办公室主任，成立工作专班，加强对"新青年下乡"活动的领导、指导、督促和协调。各县（市、区）相应成立专门领导小组，加强与高校的联动协作，配合做好"新青年下乡"活动的实施工作。各高校作为实施主体，党委书记作为第一责任人,把"新青年下乡"活动纳入立德育人的整体工作之中。以武汉市"新青年下乡"活动为例,各部门互相协调、共同推进,确保活动的有效、持久开展。

★ 市委办公厅、市政府:制定《武汉市"新青年下乡"活动方案》(武办文〔2017〕4号),召开武汉市"新青年下乡"活动部署会,并先后出台《武汉市"新青年下乡"活动结对班级进村入户工作指导意见》、《关于深入推进武汉市"新青年下乡"活动的工作通知》等文件,加强"新青年下乡"活动的组织领导。采取分级分类培训方式,邀请市委党校专家教授和市农委业务骨干等,面向高校大学生宣讲武汉市第十三次党代会精神、解读社会主义新农村建设政策形势,讲授农村基层群众工作方式方法,为百支大学生服务队出征提供理论基础与思想动力。

★ 市委宣传部:重点做好以下三方面工作:一是强化宣传报道,在市属新闻媒体、网站上及时跟踪报道"新青年下乡"活动信息,加大专题宣传力度。二是注重宣讲引领,在百姓宣讲中融入"新青年下乡"活动政策宣传,开展"百万大学生留汉创业就业计划"宣讲进高校系列活动。三是做好"三个结合",一是将"新青年下乡"活动与意识形态工作责任制相结合,指导各市属高校注意把握热点舆情动态;二是将"新青年下乡"活动与贯彻落实中共中央、国务院印发的《关于加强和改进新形势下高校思想政治工作的意见》相结合;三是启动市属高校思想政治工作调研活动,将"新青年下乡"活动与全市基层思想政治工作创新试点和农村思想政治工作试点工作相结合,并将江汉大学、武汉城市职业学院纳入全市29个基层思想政治工作创新试点单位,着力推进"新青年下乡"活动深入开展。

★ 团市委:负责"新青年下乡"活动的牵头抓总,具体负责团学组织发动、集中活动开展、培训指导、志愿者派遣和日常管理。

★ 市教育局:负责相关政策保障、荣誉奖励建设、评价激励等。

★ 市委文明办:一方面,做好网络宣传工作,依托武汉文明网、文明武汉、志愿武汉等新媒体平台,加大宣传力度,烘托活动氛围。另一方面,在年度精神文明战线工作安排中,明确要求以"新青年下乡"活动为抓手,助力农村精神文明建设。

★ 市农委:武汉市"新青年下乡"活动出征仪式后,为确保大学生服务队在农村顺利开展工作、有序推进各项活动，武汉市扶贫攻坚领导小组办公室专门下发了《关于做好"新青年下乡"活动对接工作的通知》。通知要求：一是高度重视，主动做好对接工作；二是密切配合，精准细化帮扶措施；三是落实责任，确保活动取得实效。

★ 市财政局：主动召集市属高校商议"新青年下乡"活动经费问题，切实落实资金保障工作职责。

★ 县（市、区）：组建领导小组和工作专班，制订工作方案，明确工作目标和任务，做好组织协调、沟通协商、服务协作等工作，合力推进"新青年下乡"活动向纵深发展。宣传部高度重视，整体推进活动宣传教育工作；文明办明确"新青年下乡"活动为农村精神文明建设重要内容；教育局将协调各街道中小学校，为"新青年下乡"暑期集中行动提供吃、住、行全方位保障服务；各街道积极协调活动开展、搭建平台，提供保障和支持；各结对村安排专人陪同走村入户、联系各类导师开展教育活动。

★ 高校：全校动员，有力推进。按照"吃透精神、借鉴经验、加紧对接、重在实效"的工作要求，迅速成立了活动领导小组及工作专班，由分管校领导任组长，校办公室、党委宣传部、教务处、财务处、思想政治理论课部、学生工作处、校团委负责人和各学院党总支书记为成员。采用"集中化实践＋常态性服务"与"相对固定＋适当流动"相结合的模式，既利用暑假等开展集中化的实践活动，又利用周末等业余时间开展小型多频次的实践活动；即使系镇结对地点相对固定，又使各系服务项目适当灵活流动。

二 经费保障机制

第一，市财政局落实"新青年下乡"活动相应经费，各县（市、区）要根据地方工作实际，安排配套经费给予支持，并根据各高校结对情况、活动成效以及评价考核结果，进行相应的资金补助。第二，各高校将此项活动作为实践育人、实施学生成长成才助推工程的重要内容，纳入学校、学院及各部门的年度计划，制定工作预算和相关经费使用管理办法，为"新青年下乡"活动顺利开展提供强有力的资金保障。第三，各县（市、区）、乡镇（街道）、村（社区）积极动员社会力量，多渠道吸纳民间资金，通过成立基金会等方式，支持并组织社会力量广泛参与"新青年下乡"活动，通过财政配套一点、村道德基金支取一点、文化礼堂补助一点、学校支持一点、民间赞助一点等形式，构建多渠道的资金保障机制。例如，温州瓯海区在全市率先成立了"新青年下乡"活动基金，并由瓯海区青年企业家协会注入启动资金10万余元。此外，该区还申请了"新青年下乡"活动专项经费，并在全区开展"十佳学生""十佳指导师""十佳团队""十佳单位""十佳个人"等优秀评比活动，给先进单位和个人予以奖励。第四，采用服务项目招标的方式，由班级或社团认领项目，并配备一定活动资金。

三 考核激励机制

为了准确及时掌握共青团员系统每月"新青年下乡"活动进展情况，加强过程督导、强化工作落实，团市委出台《关于实行"新青年下乡"常态服务共青团员系统月报制度的通知》要求：高校、县（市、区）团委严格执行月报制度，将其作为"新青年下乡"常态服务的重要工作来抓，指定专人负责报送工作。第一，高校思想政治工作联席会议以日常检查、专项督查、突击抽查等方式，定期不定期地对各高校"新青年下乡"活动开展情况进行督查指导。第二，制定"双向"考核评价体系，在高校思想政治工作联席会议开展评价评估的同时，把"老百姓满意不满意"作为重要考核内容，在此基础上评优评先，及时总结表彰，形成互学互比、先进示范的良好局面。第三，各县（市、区）由结对学校和区农村文化礼堂领导小组办公室、团区委共同组成督察小组，通过日常检查、专项督查、突击抽查等方式，不定期开展督查指导，实时掌握"新青年下乡"的动态。第四，制定"周周有活动、月月有主题"的信息报送机制、每周实地考核督查制度、移动考勤信息管理制度以及大学生"最美服务之星"成长激励机制等举措，强化活动的监督、管理。例如：温州市鹿城区采取"过程化＋长效化"的考核机制。一是完善督导考核机制。以日常检查、专项督查、突击抽查等方式，定期不定期地对"新青年下乡"活动开展情况进行督查指导，并全力协调解决服务队提出的具体要求和问题。二是完善激励表彰机制。组织开展评优评先活动，及时总结表彰，并适时组织观摩，形成互学互比、先进示范的良好局面。

三是完善绩效评估机制。根据活动成效，引入群众评议机制和效果评价机制，给予资金补助，支持并组织社会力量广泛参与"新青年下乡"活动。

四　宣传典型机制

高校、地方政府、各镇（街）、各村（社区）利用电视、报刊、网站等传统媒体及微博、微信等新媒体，大力宣传报道"新青年下乡"活动的重要举措、开展情况、亮点成效，扩大活动影响。总结挖掘活动过程中的典型经验和典型人物，上下联动、合力推进，共同推出一批"叫得响、立得住、推得开"的以实践育人促进高校思想政治工作的新成果、新经验。例如，温州市龙湾区"新青年下乡"融合新媒体进行宣传，强化典型引领。一是强化新媒体融合。充分利用龙湾新闻网、龙湾团属门户网站等媒体渠道进行活动宣传，注重利用新媒体调动青年学生参与服务的积极性，"为环卫工人送热奶""新青年到农田里去""红阳幸福志愿站"等特色活动受到"今日龙湾"、龙湾新闻网、中国青年网的广泛报道，活动受到人民群众的热烈追捧。积极组建"新青年下乡""一班一村"微信群、QQ群，解决项目对接、后勤保障等事宜，实时交流分享最新活动进展。二是强化品牌宣传。龙湾团区委联合区委宣传部、温州城市大学共同打造全市首家"新青年下乡"的专属微信宣传平台——"青春速递服务联盟"。在平台上推出自选菜单＋定制服务菜单，龙湾各街道、村居通过公众平台选择获得核心价值观宣讲、爱心餐配送等自选服务，"预防艾滋病宣传""绘彩衣"等定制服务，通过"青年速递"服务联盟的有效运作，实时对接基层需求，切实为群众提供周到、全面、快速、个性的服务，及时传播城市大学"新青年下乡"最新动态和服务内容，及时发布上级文件，切实做到联系"无障碍"、沟通"零距离"、信息"秒发布"、志愿服务"常叫常到"。三是强化典型引领。举办"新青年下乡"典型交流会，提炼"新青年下乡"实践团队的先进做法，加强对活动过程中涌现出来的先进集体和个人的评选表彰力度，树立龙湾"下乡好青年"榜样。

五 "班村结对"机制

"新青年下乡"活动采用"一校一区、一院（系）一街道（乡镇）、一班一村（社区）"的班村结对联系制度，"一班一村"的班村结对形式是"新青年下乡"活动的最大特色，见图2—1。"班村结对"采用的是自上向下、层层落实的校地共建模式，由"新青年下乡"活动领导小组确定"一校一区"，形成校（区）级活动领导小组专班，再根据学院的专业和农村的实际，形成院（系）街（乡）工作队伍。院（系）街（乡）工作队伍要求：第一，有固定团队。明确学院院学工办主任、分团委书记、辅导员或思想政治老师担任带队老师，挑选1—2名学生骨干，建立工作交流微信群、QQ群，每周召开工作推进会、提升促进会和成果分享会。第二，优化方案。根据结对村的具体实际及需求，尤其是持续做好带队老师及学生骨干的指导培训、能力提升，明确"下乡为什么，下乡干什么，怎么进村入户"。第三，精细实施。落实入户有重点、帮扶有项目等核心环节，特别是做实做足班级结对和分组。根据班级实际学生数，建立班级和小分队花名册，原则上5—6名学生为一小分队，每分队最好有懂对接村方言的学生。带队老师与街道、村干部充分沟通后，以村贫困户、老党员、农村致富带头人等重点人群为对象，分解到每个小队，每月持续、定点开展常态化结对活动。第四，活动开展。原则上每个结对班每月至少开展2—3次活动。条件允许的情况下，固定活动周期、时间。每周一上午，各学院团委将活动周安排提交给校级活动领导小组，汇总后报送市级活动领导小组办公室。每月最后一天，自觉总结梳理当月活动汇总表上报校级活动领导小组办公室，汇总后报送市级活动领导小组办公室。下乡发车后，带队老师要充分利用课程时间，进一步做好思想动员，解析前期活动不足及改进之处，部署演练本次下乡活动具体内容等。活动中，协调学生进农家、访民情、干农活，参与村务管理、"美丽乡村"建设、丰富农村精神家园建设，以及结合院系专业特色，推进"五大行动"等；适时引导学生接受社情民情教育。返程及回校期间，及时查找不足与疏漏，积极引导学生认识分享当天收获、感悟，同时做好答疑解惑，每次活动回校两天内完成日记评比报送工作。通过阶段性的青春朗诵会、演讲比赛、青春分享会等形式，做好青年学生思想引领工作，引导其受教育、增才干、做贡献，激发学生干事创业的热情和积极性。

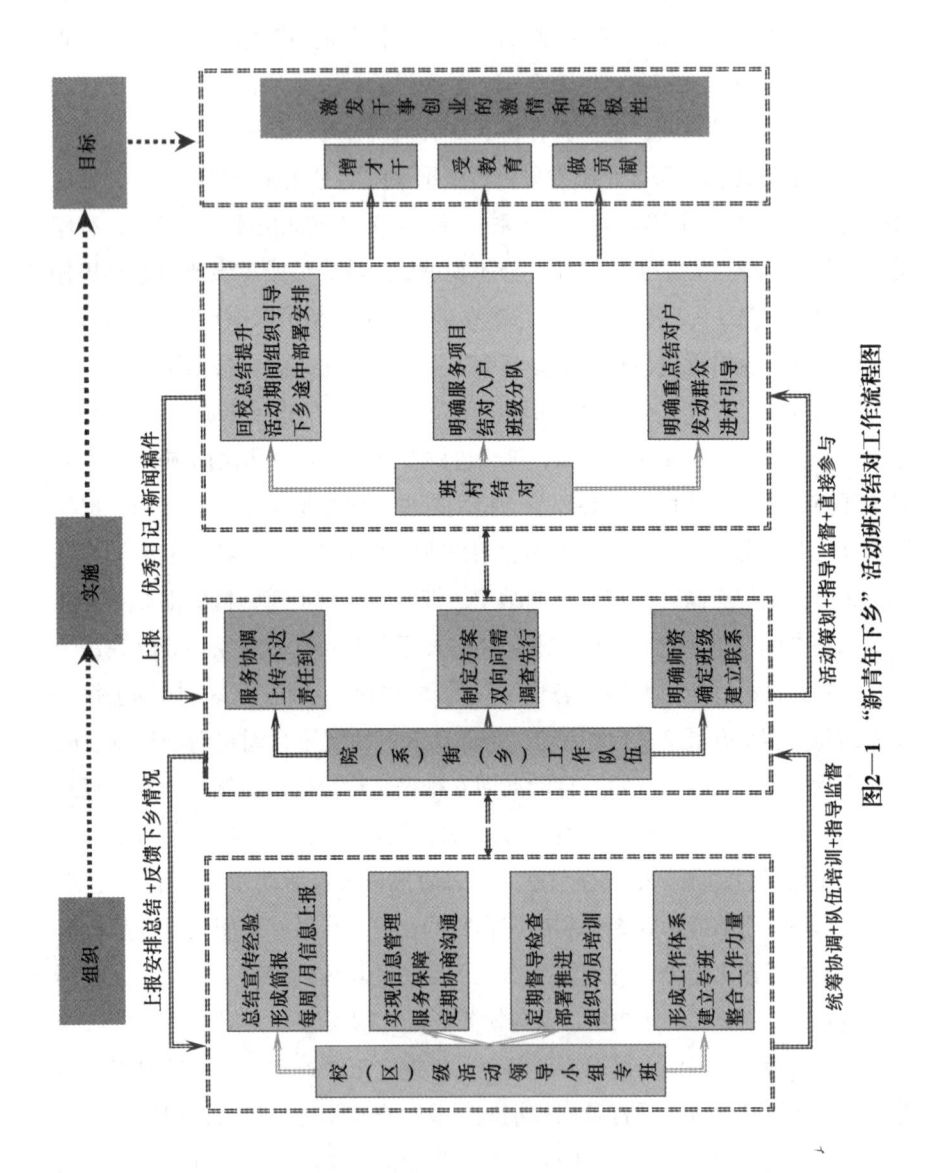

34 / "新青年下乡"与大学生成长的实证研究

图2—1 "新青年下乡"活动班村结对工作流程图

"班村结对"结对模式,让"新青年下乡"活动切实做到"结对有方案、进村有队伍、入户有重点、帮扶有项目、下乡有收获"。第一,结对有方案。"新青年下乡"大学生服务队在村(社区)党员干部的指导下,结合所在村(社区)基本情况(常住人口、村级经济、重点困难户、自然地理条件等),科学制定涵盖重点联系对象、走访安排、特色服务项目、管理激励制度等内容的工作计划。第二,进村有队伍。每支大学生服务队以班级学生为主要成员,进村入户开展活动,并指定1名带队教师(辅导员)和1—2名学生干部作为联络员,加强日常与村干部沟通联系,形成村班衔接、协同共赢的工作合力。注重做好大学生服务队进村入户工作的相关培训,在思想认识、理论政策、群众工作方式方法等方面符合下乡要求。第三,入户有重点。在村(社区)委会的指导下,确定贫困户、残疾人、五保户、留守青少年、老党员、老干部、返乡农民工、农村致富带头人等为重点联系对象,建立重点联系帮扶花名册,走访任务细化到每月、每周,落实到每个村民小组(片区、网格),分解到每班数个小组学生中。主要围绕家庭情况、思想状况、困难诉求、邻里情况、对村级管理和发展稳定的意见建议、对大学生下乡服务队的希望等方面深入细致访民情,力所能及帮助打扫卫生、做农活等。第四,帮扶有项目。做到调研先行,供需对接,根据实地走访了解掌握的农村需要什么,明确青年下乡可干什么、能干什么,发挥青年学生主体地位,引导学生党员(预备党员)参加每月一次的村党支部组织生活,鼓励大学生配合参与村务信息化管理,开展"美丽乡村"村容村貌美化整治,协助组建村腰鼓队、广场舞、老年操队伍,丰富村民业务文化生活等。同时,鼓励支持结合院系专业资源优势,围绕理论育农、科技支农、文艺乐农、爱心助农、生态兴农等方面开展特色服务项目。第五,下乡有收获。活动领导小组加强大学生思想引领工作,每次下乡后,班级开展"下乡好日记"互评互学、交流分享会、经验总结会等活动。

第二节 "新青年下乡"活动志愿服务机制

十八大以来习近平总书记多次给青年志愿者回信,2013年在中国青年志愿者行动实施20周年暨第28个国际志愿者日,习近平总书记给华中农业大学的"本禹志愿服务队"回信,希望青年志愿者弘扬"奉献、友爱、互相、进步"的志愿精神;2014年3月5日"学雷锋日"习近平总书记给"郭明义爱心团队"回信,希望青年志愿者在服务社会、助人为乐、爱岗敬业中提升人生境界;2014年7月习近平总书记给"南京青奥会志愿者"回信,希望志愿者们弘扬奥林匹克精神和志愿服务精神,热情参与、真情奉献,提供细致周到的服务,积极传播中华文化、讲好中国故事。我国志愿服务是在20世纪80年代后期随着改革开放而产生的新生事物,1993年共青团中央决定实施中国青年志愿者行动,1998年8月,团中央青年志愿者行动指导中心正式成立,成为指导、组织、规划青年志愿者行动的专门机构。共青团中央组织开展的青年志愿服务活动在我国开展已有二十余年时间,建立了一套完整的志愿服务管理系统,形成了一支由青年组成的志愿团队,并开展一系列具有社会影响力的志愿服务品牌活动,大中专学生志愿者暑期文化科技卫生"三下乡"活动是其中一项范围广、人数多、影响力大的志愿服务品牌活动。

2009年教育部颁布了《关于深入推进学生志愿服务活动的意见》[教思政〔2009〕9号],要求各级各类学校把志愿精神作为进一步加强和改进大学生思想政治教育和未成年人思想道德建设的重要内容,充分发挥志愿服务活动的育人作用。[1]高校大学生作为青年志愿服务的主要参与主体,在推动青年志愿服务的发展进程中具有重要作用,虽然取得了很大的成绩,但当前大学生志愿活动依然存在:主动参与意识淡薄、志愿服务认同低、活动经费受限、服务能力不足、志愿服务队伍建设不稳定等问题。[2]而"新青年下乡"活动创新高校志愿服务形式,丰富高校志愿服务内容,提出"院校+农村实践基地"的志愿服务活动,对如何构建高校新青年下乡志愿服务社会支持体系,推动高校志愿服务向规范化、专业化、常态化方向发展具有重要的意义。

一 "新青年下乡"活动志愿服务的内涵分析

志愿服务活动发源于19世纪初西方国家宗教性慈善服务活动,已经

---

[1] 《教育部关于深入推进学生志愿服务活动的意见》,教思政〔2009〕9号。
[2] 董玉刚:《大学生志愿活动中存在的问题与对策》,《沈阳大学学报》(社会科学版)2012年第4期。

在世界上存在和发展了 200 余年，成为现代社会治理的重要实践形式之一。正如美国约翰·霍布金斯大学公共政策研究所所长莱斯特·萨拉蒙教授所称道："全球正在兴起'全球性结社革命'，在世界的每个角落，各种形式的志愿服务活动方兴未艾。"[①] 高校青年志愿服务可以界定为"参与者为了帮助受助对象而让渡自己的时间精力且不以物质报酬为目的的持续性助人行为"，具有计划性、组织性、公益性、自愿性以及利他性等特征。随着社会的发展，志愿服务活动覆盖面越来越广，主要包括扶贫、环保、慈善、医疗、教育等各个方面。

温州、武汉开展的"新青年下乡"活动志愿服务活动是充分发挥"志愿＋专业"的服务特点，结合基层需要，有计划、有组织的自上而下的高校青年志愿服务活动。从当前"新青年下乡"活动的服务类型看，大致有扶贫助困、社区公益服务、重大活动服务、帮教服务、生产服务以及环保服务等。新青年下乡是高校开展志愿服务活动的新方式，也是高校志愿服务走向社会的新形式，与其他志愿服务活动相比，"新青年下乡"活动具有专业实践性、组织计划性、服务持续性等特点。第一，志愿服务融合专业实践。"院校＋实践基地"是"新青年下乡"的主要形式，通过搭建"实践＋教学"平台，鼓励大学生志愿者组建专业实践队，在发挥自身专业特长的同时，服务新农村建设。比如，温州医科大学药学院的学生组建送医疗下乡志愿服务队，利用自己的专业知识，为留守老人和村民量血压等，教给村民急救小知识。第二，具有较强的组织性和计划性。"新青年下乡"活动是由市委市政府统一部署，自上而下推动的活动。按照"点对点""一对一"的方式长期结对，在全市范围采取"一所高校联系一个县（市、区）、一个学院（系）联系一个乡镇（街道）、一个班级联系一个村居（社区）"的结对方式进行，避免了志愿服务活动的盲目性和随意性。第三，志愿服务内容丰富，持续性强。温州、武汉开展的"新青年下乡"活动，已经有数十万名大学生参与其中，重点开展理论育农、科技支农、文化乐农、爱心助农、生态兴农等服务项目。同时实行"集中活动＋常态服务"的服务模式，除了寒暑假集中统一开展外，服务队在节假日、周末也深入结对农村开展服务活动，确保

---

① Lester M. Salamon, "*The Rise of Non profit Sector*". Foreign Affairs, Vol. 74, No. 3, 1994.

"新青年下乡"活动的常态化。

二 高校志愿服务存在问题

高校作为区域文化社会发展的创新主体之一,主要有两方面的工作职能:一方面是人才培养;另一方面就是为社会服务。开展高校志愿服务活动,培养大学生志愿服务精神,体现了大学服务社会的主要职能。但目前高校志愿服务活动仍存在:内容与专业结合不紧密、运行机制不顺畅、保障制度不健全等问题。

(一)高校志愿服务内容单一,专业性有待加强

第一,重视志愿服务活动重视利他行为,忽视学生的利己行为。大多数志愿服务只重视志愿者完成志愿服务的情况,而很少去关注志愿者的主观感受和志愿服务的社会效应,大学生成为志愿服务简单的"执行者",而不是"感受者"和"收获者"。第二,高校志愿服务内容与专业课程学习结合不紧密、重视志愿活动数量而忽视志愿活动质量等现象比较普遍。第三,高校志愿服务缺乏具有特色的自主品牌项目。当前高校志愿服务主要集中于对老、弱、病、残、幼等社会弱势群体的帮扶,形式内容都比较单一,而且志愿服务过程中呈现短期化、碎片化、简单化趋势,很难持续推进开展,更难以形成特色品牌项目。

(二)缺乏对高校志愿服务活动内容、效果的反思

第一,高校志愿服务活动的开展,忽视客观内容和实质效果。志愿服务作为一个系统的社会服务体系,应包括思想动机、客观内容以及实质效果三个要素,但长期以来,人们在对志愿服务的评价与理解过程中过多注重于主观的道德动机,而忽略了客观内容和实质效果,这就使得高校志愿服务项目在单一的模式中运行,传统的志愿服务项目简单重复的进行,替代性比较强。第二,简单地将志愿服务活动总结替代反思环节。目前,我国高校志愿服务注重服务开展之前的动员准备环节以及服务过程中达到的社会效应,并未安排特定的反思交流环节。再加上指导不够、师生交流互动不足等问题,一直以来学生的志愿服务活动改进和提升效果不明显。第三,服务活动成为高校志愿服务参与者的"独角戏",忽视服务对象的感受。高校志愿活动的组织方、参与方以及服务对象构成了活动的直接相关的利益群体,这三者对志愿活动的主观态度基

本上决定了活动的实质成效以及社会影响力。但是,在高校志愿活动开展的过程,大家都把关注点集中在服务项目是否顺利进行,而忽视志愿者和服务对象对项目的态度和自身的感受。

(三) 缺乏有效的运行机制、培训机制以及评价激励机制

第一,高校志愿服务开展存在随意性、盲目性、碎片化的现象。目前高校参与志愿服务的组织单位众多,主要有学校、院系、党支部以及学生社团等,这些团体组织的志愿服务队之间缺乏互相沟通交流互动机制,往往出现服务项目内容简单重复,甚至有时还出现服务内容和地点都重复的现象,加之志愿服务活动都是学生自行组织,老师指导不足等问题,经常会出现服务目的不明、周期过短、质量不佳等现象。第二,未形成一套行之有效的培训机制。高校志愿服务组队方式比较简单,一些单位承接项目后,选拔责任心强、能吃苦耐劳、具有奉献意识的学生成为志愿者,立刻开展志愿活动,很少有进行系统性、针对性的专业志愿服务培训。第三,未制定统一的评价标准和激励体系。目前高校大学生的志愿服务评价体系不规范,而且还具有较强的随意性,大部分将工作总结或者优秀表彰作为对志愿服务的象征性评价,在评价激励的过程中往往只注重对活动成果的展示,忽略对志愿者综合素质的考量以及活动效果的有效评价。

(四) 单向输出特征明显,缺乏服务保障

第一,校地互动机制不完善,高校志愿服务项目与地方需求之间存在脱节现象。大多数高校志愿服务项目为学校单方面组织、策划以及实施,在项目实施之前很少与地方进行有效沟通,有些高校志愿服务项目内容传统、单一,不能很好地适应地方群众的社会需求,有些服务项目在推进过程中受到服务群众排斥的现象也经常发生。第二,高校志愿服务资源不足限制了志愿服务项目的推广。高校开展的志愿服务项目经费主要来源于学生工作经费,由于经费有限,在策划活动项目时一般会重点选择活动范围小、服务距离近、资金消耗小的志愿服务项目来进行,这就使得志愿服务项目只能局限于传统的活动项目,一些有特色的志愿活动项目很难开展。第三,高校志愿服务被视为单向度输出活动,社会认同价值观有待加强。志愿精神是当前社会主义核心价值观提倡的"文明、和谐、爱国、友善"的有机统一整体,但在实践中有些人认为志愿服务是个人道德、精神、理想的体现,是志愿者本身自愿对社会的单向

付出，而忽略了服务对象和志愿者之间的双向互动。

三 "新青年下乡"活动启示

（一）创新服务形式，促进专业融合

第一，充分利用志愿服务活动，注重志愿活动双方的互动学习。"新青年下乡"志愿服务注重利益相关方的互动，鼓励学生组建专业志愿服务队，即具有相同专业背景的学生组成志愿服务群，开展专业志愿服务活动。例如：温州科技职业学院园林与水利工程学院园林专业的"嫁接助农、惠农志愿队"，在龙湾雅林现代农业园传授专业嫁接技术的同时，也向园区农民学习传统的嫁接技术以及嫁接后如何养护的方法，通过这个活动志愿者在实现"利他"的同时，也达到"利己"的目的。第二，促进志愿服务与专业教学的融合互动，搭建实践教学平台。20世纪80年代中后期，美国兴起了一种课堂学习与社区服务相结合的服务学习教育方法，广泛应用于各层次教育的各门学科并迅速走向国际。与一般的志愿服务相比较，服务学习主要体现为"政府重视、社会参与、学校组织、家庭支持、个人实践"的全社会网络化运作。"新青年下乡"活动类似"服务学习"的志愿模式，以"党委领导、宣传部门牵头、高校主导、市县联动、社会参与"的工作机制，搭建"校院＋农村实践基地"共建教育平台，促进志愿服务与专业教学的融合互动。[①] 第三，建设志愿活动自主品牌项目，发扬品牌项目的示范性作用。"新青年下乡"活动，实行"一对一""点对点"的下乡模式，在下乡之前，通过前期的交流沟通，以当地群众实际需求为导向，引进群众需要的志愿服务项目，通过长期合作，逐渐形成特色鲜明的品牌服务项目。

（二）注重活动反思，创新服务内容

第一，注重志愿服务的实质效果，创新志愿服务内容。传统的志愿服务项目往往将服务核心集中于社会影响、道德动机，而忽略了志愿服务利益相关方的直接体验，这就导致某些志愿服务项目短期逐渐萎缩。而"新青年下乡"活动通过监督、检查、反馈机制，不断创新传统志愿服务内容，关注志愿服务活动的参与主体的收获。第二，坚持持续性、

---

① 赵希斌、邹泓：《美国服务学习实践及研究综述》，《比较教育研究》2001年第8期。

互动性的反思原则。高校大学生在志愿服务过程中的学习收获取决于在活动过程中对周围环境以及周围群体对活动的反应态度，因此，要关注大学生志愿者在服务过程中以及项目结束后的想法，坚持持续性、互动性的反思。"新青年下乡"活动在项目开展的各个阶段，都会组织下乡学生以座谈会、讨论会、下乡日记等方式，及时对下乡活动进展情况进行交流反思，避免了服务活动流于形式，不断提升大学生对下乡服务的认知。第三，注重对下乡服务的后期跟踪调研。"新青年下乡"活动要求在志愿服务过程中，不仅重视志愿服务活动前期策划、中期组织，而且重视活动结束后，组织者、参与者以及服务对象的意见，根据反馈结果，不断调整活动内容，创新活动形式，以期达到更加理想的效果。

（三）强化规范管理，完善运行机制

第一，建立宏观与微观相结合的志愿服务体系，加强对高校志愿服务的整体把握。温州、武汉高校在推行"新青年下乡"志愿服务过程中，立足于各院系的专业，建立一支具有专业特色的志愿服务队，实行校团委统一管理与各学院团总支具体操作相结合的模式，且经常就项目内容和效果进行交流，这就使得各院系志愿服务项目内容独特，尽可能地覆盖到志愿服务的各个领域。第二，聘请专业指导老师，创新志愿服务培训形式。通过聘请专业教师担任下乡服务指导教师，在前期对高校志愿者的基础文化知识、工作技能和基本礼仪、能力进行专门培训，从而提高志愿者的专业综合素质。同时，创新志愿服务培训形式，在传统的知识讲座、理论培训的基础上，结合社会工作的专业学科知识，进行志愿服务素质拓展以及情景模拟等培训方式。第三，建设高校志愿服务评价激励机制。"新青年下乡"活动加强对高校志愿活动的评价机制建设，将活动内容、时长、社会效应以及参与者的综合素质等都作为高校志愿服务活动评价的主要内容。第四，建立信息管理平台。设置"新青年下乡"活动信息平台，通过"志青春"信息化管理平台实现学生招募、排班、每日签到、评价考核、交流等功能。通过手机端微信登录，点击考勤二维码，将二维码交给学生进行扫描记录考勤时间。学生服务通过扫码进行签到和签退，二者时间差即为该学生的当日服务时长。组织方填写项目记载表、学生参与情况信息统计表，并对活动开展情况进行书面记录。

（四）整合社会资源，构建社会支持体系

第一，发挥政府的主导作用，建立校地合作机制。温州、武汉开展的"新青年下乡"活动是由政府统一部署，采用"一校一县、一系一乡、一班一村"的班村结对服务模式和志愿服务机制进行，每个功能区、乡镇街道设一名新青年下乡志愿服务活动联络员，与高校相应的院系新青年下乡负责人进行对接，为校地就志愿项目内容、效果交流建立良好的合作机制。第二，经费来源多元化。志愿服务无疑是社会治理道德外化过程中的最佳载体和行为选择，在一定程度上弥补了政府公共服务职能的缺失。[1]"新青年下乡"活动从经费、机构设置以及基础设施建设等方面支持和推动志愿服务活动。第三，加大媒体对高校志愿服务的社会宣传，营造全民志愿的社会文化环境。加强媒体对志愿文化的宣传，有利于提高全民对志愿文化的认同，对建设社会主义和谐社会具有重要意义。温州、武汉市政府高度重视对"新青年下乡"活动的宣传，各高校、地方充分利用论坛、微博、微信公众号等自媒体进行新青年下乡志愿服务活动的宣传，打造志愿服务自主品牌。

（五）运用"互联网+"，提升服务水平

在"新青年下乡"志愿服务过程中，运用"互联网+"思维，着力打造"青春速递"服务联盟，通过"微信平台+文化礼堂"，创新开展"新青年下乡"志愿工作。（1）建立订单配送机制。文化礼堂及村民个人将需求以订单形式提交到"青春速递"服务联盟微信平台，平台根据学生特长和服务队功能统一安排配送。（2）建立考核评价机制。总干事定期将学生开展服务情况、村民反馈意见等汇总提交到微信平台，作为学校对服务队及学生个人考评的依据。（3）引进O2O服务模式。采用线上点单、线下服务的方式，以文化礼堂为定点场所开展志愿活动。通过微信平台对接信息，充分发挥互联网、云平台、大数据作用，提升"点单—接单—配送"的速度，使志愿服务速度更快，服务受众关注度和好评率明显提升。

---

[1] Ajzen, Icek. "From Intentions to Actions: A Theory of Planned Behavior", In Kuhl, J., and Beckman, J., (Eds.). Action Control: From Cognition to Behavior, Heidelberg: Springer, 1985, pp. 11–39.

第三节 "新青年下乡"活动创新模式

一 武汉校地联动模式

江汉大学、武汉商学院、武汉软件工程学院、武汉城市职业学院作为武汉市首批"新青年下乡"活动高校,重点开展理论育农、科技支农、文艺乐农、爱心助农、生态兴农五大行动,组织青年大学生走出"象牙塔",进农家、体民情、干农活、受教育、长才干、做贡献,活动形式丰富多彩、各具特色、初见成效。武汉江汉大学"新青年下乡"服务队深入黄陂区蔡店、姚家集等7个街道,结合医学、法学、商学等学科优势,开展爱心义诊、健康讲座、谨防金融诈骗宣传、法律咨询等专业化服务;创新思想政治教育新路径,将思想政治理论课、形势政策课开到村党员群众服务中心、老党员家中和田间地头。武汉商学院"新青年下乡"服务队深入蔡甸区消泗乡,开展生态旅游景区志愿服务,形成了农产品电子商务、乡村生态旅游规划、农家乐标准化建设等三大特色帮扶项目。武汉软件工程学院"新青年下乡服务队"致力打造"问津书院,文化传承"服务项目,周末积极参与新洲区"花朝节",开展电商问卷调查、文化艺术传承等服务,让传统文化大放异彩,走进广大群众心间。同时,制定了"定人定班定进度"任务清单,将进村入户与社会调查课题相结合,开辟了思想教育实践基地。武汉城市职业学院"新青年下乡"服务队为江夏区山坡街碧云小学留守青少年开设"小小手艺师"特色课程,将创业就业培训、中华民族传统文化、留守青少年关爱项目送到农村基层群众身边。

蔡甸、江夏、黄陂、新州作为武汉市"新青年下乡"活动高校对接的四区,在实践中创新活动形式。新州区"新青年下乡"活动领导小组进一步完善阵地建设,搭建平台,促进高校与基层深度融合。在该区30个结对村(社区)党员群众服务中心设立"新青年下乡"工作室,为下乡大学生提供日常办公设施,为各类活动开展提供硬件保障。同时设置"新青年下乡"活动公告栏、宣传栏和留言簿,提前公布活动安排、总结活动成效、征求群众意见、建立村民与学生的良好互动,让学生真实了解农民所需所求,拉近村民与学生的距离,增强大学生的归属感。

蔡甸区"新青年下乡"活动领导小组印发《关于深入推进"新青年下乡"活动的指导意见》，进一步明确"新青年下乡"活动意义，进一步整合资源、完善工作机制、强化督查指导。同时，在结对"两街一乡"挂牌"新青年下乡"活动教育实践基地，提供共青团员公益性岗位2—3个，由学校老师、团干兼（挂）职街乡团委副书记，每个村提供共青团员公益性岗位1—2个，由学生或团干兼（挂）村团委副书记，促进"新青年"与"新农村"融合发展。

黄陂区实行"八五三一"思想教育工程。黄陂区结合"百万大学生留汉创业就业计划"和"整区推进红色引擎工程"等工作，强力推进"新青年下乡"活动的暑期集中行动，为青年学生开展暑期活动提供吃住行一条龙的后勤保障、安全服务；精心组织开展"八五三一"思想教育工程，即建立八个"大学生实践教育基地"，设置"五个一批"实践导师（一批道德模范、"五老"等乡贤为"新青年下乡"的人生导师，一批返乡能人为创业导师，一批街道党工委书记为成长导师，一批结对村（社区）党支部书记为生活导师，一批大学生村官或村级团支部书记为团学导师），开展三个"黄陂木兰大课堂"（红色引领大课堂、文化传承大课堂、农事普及大课堂），树立一批标杆（形成一批"新青年下乡"活动的有效经验），让学生受教育，群众享实惠，发展添活力。

二　温州品牌化、项目化模式

（一）鹿城区"三平台""六品牌""五模式"

鹿城区的"新青年下乡"活动是以实践育人为主题，积极组织温州大学、浙江医科大学、浙江工贸学院等高校"新青年下乡"服务队以及中国计量学院温州分队返乡大学生等学生参加，通过开展爱心慰问、文艺演出、送医下乡、非遗传承、志愿服务等各类服务活动，充分依托三大平台创新载体，六大品牌充实内容，五大模式盘活形式，形成了广覆盖、多样式、接地气、常态化的工作格局，有力地推动了"新青年下乡"活动深入开展。

第一，构建"三大平台"。为增强"新青年下乡"活动的吸引力和辐射力，鹿城区积极整合校、地双方力量，着力打造固定、流动、网络三大平台。一是构建固定平台。以全区69家已建文化礼堂为主阵地，和浙江工贸学院的各院系、班级、服务队进行"点对点"联系,建立了学院指导老师、实践队、街镇宣传委员、文化礼堂所在村社负责人为主的四级立体式网络,在校地之间搭建起了共建、共享、共用的固定平台,实施校地联动、上下贯通、无缝对接。二是构建流动平台。成立"流动宣讲团",以巡回宣讲的形式下乡宣讲党的方针、路线、政策;推出"红色宣讲""青春励志故事汇"等特色品牌,组织群众学理论、学政策、学法律,举办各类宣讲活动。三是构建网络平台。以"互联网+"的思维,通过开设"青年之声""青年幸福号"等特色活动专栏,利用"鹿鸣微刊"公众信号等新媒体载体,开展"新青年下乡"活动展播,营造浓厚的活动氛围。

第二,打造"六大品牌"。在实施五大计划的同时,结合对接院校的资源优势,探索创建了六大服务品牌,增强针对性和实效性。一是"科学理论·红色引领"活动。依托现有宣教平台,引导青年学生深入基层开展"身边好故事""践行核心价值观""红七月"宣讲、"铭记历史圆梦中华"等主题宣教活动。二是"童心学堂·同心向党"活动。引导大学生入驻"童心学堂",开设周日课堂和暑期夏令营,开展爱国主义教育、"启蒙礼"等传统礼仪、安全教育、心理辅导等各类活动。三是"志愿服务·暖心关爱"活动。引导"新青年下乡"服务队走进礼堂、广场、居家养老中心、居民家中,开展扶危助困、医疗义诊、关爱空巢老人和留守儿童、就业帮扶等志愿服务;举办"3·5学雷锋日"大型志愿服务会市,设置无人机体验、3D打印、瓯绣教学、闲置换绿等服务项目。四是"创新创业·点燃梦想"活动。整合资源举办创客沙龙、"青春创业创新故事汇"、间宅巷青年创业实践基地建设等。五是"社团走亲·文化巡演"活动。引导学生社团参与礼堂巡演、"村晚"等活动,将挂钩院校地掷球社团、轮滑协会、龙狮协会、瓯绣兴趣小组等16个社团、300余位社团学生与文化礼堂精品社团结对共建,为社团展示和培育孵化搭建平台。六是"农业观光·生态环保"活动。发挥浙江工贸文创学院服务队学科优势为七都街道设计文化创意旅游项目等。

第三,设计"五大模式"。为增强"新青年下乡"活动的吸引力和影响力,设计"五大模式",推动形成"新青年下乡"活动品牌化打造与项目化推进格局。一是"校地化+网格化"的结对模式。引导服务队深入基层一线网格和文化礼堂，因地制宜地推进校地实践平台搭建，实现互惠双赢。二是"项目化＋菜单化"的运行模式。探索推出"集中项目承接制""常态点单服务制""按需巡回帮扶制"等一系列具体运行机制。如发挥文创学院优势，结合鹿城仰义街道外来人口集聚现状，编制服务清单，推出"周末无忧课堂""四点半学校"等个性服务项目，深受群众认可。三是"组织化＋社会化"的服务模式。引入"和乐社工"等成熟的志愿组织作为"新青年下乡"合作力量，发挥了志愿服务传帮带作用。四是"品牌化＋常态化"的载体模式。在活动队伍、活动阵地、活动项目创新上下功夫，围绕基层实际需求点和青年成长关键点培育了"童心学堂""快乐星期天"等活动品牌，形成了鹿城丰门街道"蒲公英基地"、七都街道"留守儿童快乐之家"、蒲鞋市街道"家风家训教育实践基地"等一批常态化服务基地。五是"过程化＋长效化"的机制模式。完善督导考核机制，强化对"新青年下乡"活动的督促指导，完善绩效评估机制，注重服务反馈，及时掌握活动内容及活动情况，协调解决相关问题；完善激励表彰机制，将"新青年下乡"服务队列入"鹿城社区好人"评选范围，推选了一批优秀青年学生上榜，形成了"互学互比"、先进示范的良好局面。

（二）龙湾区重点打造"新青年下乡"活动七大机制

龙湾区结合高校和大学生实际情况，紧贴基层和百姓所需，科学设计、合理安排、统筹推进，重点打造七大机制。

第一，实施"班级驻村"服务机制。按街道划分为六组，每组设一名组长，高校以班级为单位组建团队，每队设一名指导老师，分别与53个重点村居进行结对驻村，每期驻村时间不少于6个月。建立"一班一村"微信群，及时发布上级文件，播报活动信息，提供各种表格下载，实现资源共享。

第二，建立企业"反哺"高校机制。充分挖掘龙湾区资源，联系区内有关企业，与温州城市大学对接，建立校外实践基地，采取"1＋1"挂钩联系方式，开展"青春助岗实践"系列活动，帮助青年学生在基层实践中受教育、长才干。探索"青年导师制"，聘任优秀企业家作为青年学生的校外导师，开展"与青年企业家对话""青春创业沙龙"等活动。

第三，确立"礼堂星期日"志愿机制。以文化礼堂为主阵地，开展星期日志愿活动。高校各班级根据结对礼堂的需求和自身专业特长，制定"星期日志愿服务计划"，周日到文化礼堂开展志愿服务，并把活动开展情况列入对班级和学生个人评优评先的考核，促进志愿服务工作的制度化和规范化，形成长效机制。

第四，推进"双阳志愿队"帮扶机制。依托城市大学"双阳志愿服务"特色，结合龙湾社会帮扶工作，深化"朝阳＋夕阳"志愿服务模式，以青年志愿服务者为主力带动老年志愿者共同参与服务，广泛开展关爱老人、关爱特殊青少年、关爱失独家庭的"三关爱"行动，向重点困难人群提供生活照料、生产帮扶、精神慰藉等服务。充分发挥城市大学温州学习网和温州老年教育网优势，送新媒体技术进老年群体，送数字化学习进社区居民，送扫盲教育进弱势人群，送新知识、新文化进文化礼堂。让群众能学会如何使用微信、iPad 等新媒体技术，让社区居民能在家享受优质终身学习资源，让弱势人群能就近接受扫盲教育。

第五，探索"思政课实践教学"协作机制。结合学校思想政治教育课程性质、特点以及当地社会资源状况，注重实践教学基地建设的长远规划、长期建设和定期合作。整合各类"红色"和"绿色"资源、国情教育展示、新农村建设、生态发展方面等，建立一个融社会资源、校内资源在内的开放的、立体的、多元的"大实践"教学基地。

第六，打造"一街一品"运行机制。六个街道形成各具特色的服务品牌，立足龙湾实际，把高校的创新创业、志愿服务等特色与"新青年下乡"活动紧密结合，注重各街道服务需求、活动特色的挖掘以及品牌的培育，形成"一街一品"的工作格局，探索创建一批龙湾本土特色"新青年下乡"活动长效品牌。（1）永中街道打造"幸福梦"服务品牌：以白水社区非遗文化阵地，万顺社区三堂汇等为载体，开展传统节日送文化进村，文化传承星火等活动。（2）蒲州街道打造"反哺梦"服务品牌：以蒲州街道创业园区为载体，发挥城市大学"电子商务"系青年学生优势，设计开展"硕博服务""创业培训"等活动，成立龙湾高校学生实习基地，定制"青春助岗"、反哺驻企等服务。（3）海滨街道打造"墨香梦"服务品牌：整合宁村的"书法之村"的优质资源，邀请书法名师新青年走进各文化礼堂，开展送戏曲、送歌曲、送书画等"三送"活动，推动开展成人礼、启蒙礼等礼仪礼节的传承传扬。（4）永兴街道打造"兴农梦"服务品牌：结合农产业集聚的特点，组建硕博研究生、城市大学"广告"系青年团队入村居、进雅林现代农业园等品牌农业项目服务，开展科技支农、硕博服务惠农、"龙湾农业金名片设计"等活动，更好地促进农业农村发展。（5）状元街道打造"公益梦"服务品牌：以"状元亭"幸福志愿站为主阵地，选派城市大学青年志愿者入驻志愿服务站，通过开展"我为文明站岗""垃圾分类宣传""环保集市"等活动，引导社区居民参与五水共治、道德实践等志愿服务。（6）瑶溪街道打造"童心梦"服务品牌：以外来民工子女为服务对象，对接城市大学"学前教育"系优秀学生青年到各文化礼堂、未成年人服务中心等地开展经典诵读、学业辅导、自护教育、心理援助等活动。

第七，推进"1+X"品牌优化机制。在"一街一品"的基础上，提升优化原有服务品牌，将永中街道镇中社区的幸福学堂、河泥荡公园的幸福志愿站，蒲州街道蒲三社区的放学后书吧，状元街道状元桥社区的状元亭等服务品牌纳入"新青年下乡"服务体系中，壮大服务队伍，丰富服务内容，拓展服务受众面，提升服务实效。

（三）洞头区"清单"模式

洞头区以文化礼堂为主阵地，通过推出校地结对"清单"、供需服务"菜单"、经费投入"账单"、考核督查"跟单"四张清单，确保"新青年下乡"活动在基层落地生根，长效运行。

第一，推出校地结对"清单"，落实活动责任。细化结对要求，建立"团总支+社团+班级"的结对模式，即一个团总支结对一个乡镇，一个社团结对一个村，一个班级结对一个文化礼堂的结对模式，实现温州医科大学仁济学院17系155个班级6800多名学生都有各自结对的文化礼堂，都有实践的平台。建立校村合作基地，在重点文化礼堂建设仁济学院针灸、推拿等8大社团服务基地，定点开展活动，并通过走亲形式辐射其他文化礼堂。此外，浙江东方职业技术学院和半屏社区、霓屿社区、元觉社区3个社区挂牌成立长期合作基地，打造"新青年下乡"工作基地。

第二，推出供需服务"菜单"，增强活动实效。根据院校特色和基层需求，制定服务项目"菜单"，推出政策宣讲、医学讲座、义诊服务、活动策划、课业辅导、文化联谊等八大类33项子载体活动，供各文化礼堂点单，切实增强服务项目的供需匹配性。如医科大学针对鹿西岛地区缺医少药的特点，连续 8 年组织社会实践队在鹿西开展下村义诊、药品知识宣讲、慰问孤寡老人等系列活动。

第三，推出经费投入"账单"，强化活动保障。通过财政配套一点，文化礼堂补助一点，学校支持一点，民间赞助一点等多种方式，构建经费多元保障机制，确保"新青年下乡"活动长效运行。同时将采用服务项目招标的方式，由班级或社团认领项目，并配备一定活动资金。此外，中仑蓝港文化礼堂、霓屿文化礼堂也将从村道德基金中支取一部分用于补助大学生实践经费。区农村文化礼堂领导小组办公室将"新青年下乡"活动纳入年度经费预算项目，为活动开展提供保障。

第四，推出考核督查"跟单"制度，扩大活动影响。由结对学校和区农村文化礼堂领导小组办公室、团区委共同组成督察小组，通过日常检查、专项督查、突击抽查等方式，不定期开展督查指导。加强对活动的宣传，利用"温州文化礼堂"、洞头发布、青春洞头等微信公众号和洞头新闻网、东方时尚岛等多个媒介，跟进报道实践队伍的实时动态，逐步形成洞头区"新青年下乡"活动"报道集"。

（四）乐清市"三个到位"模式

乐清市做到组织到位、服务到位、保障到位，切实把"新青年下乡"活动打造成当代青年大学生运用知识、施展才华、磨炼意志、实践成才、服务群众的平台。

第一，多方合力，确保组织到位。一是强化领导。出台"新青年下乡"活动实施方案，成立领导小组，加大对活动的协调和督促。同时，把温州市中等幼儿师范学校、乐清市职业中专等学校的学生纳入此项活动。二是积极对接。把全市 105 个已建在建农村文化礼堂与温州大学 15 个院系、温州市中等幼儿师范学校和乐清市职业中专等院校学生社团、班级，进行"一对一"服务结对。三是整合资源。建立农村文化礼堂建设工作责任捆绑制，把青年学生与文化大使、文化志愿者、驻堂总干事、八大员等队伍和文化礼堂建设捆绑起来，确保文化礼堂用得起来。

第二，多点开花，确保服务到位。一是巩固红色阵地。组织市民宣讲团、市民艺术团与温大学"习"宣讲团、"四个全面"观察团等，深入农村开展"红色"宣讲教育。温州大学超豪学区的青年学生在清江镇鲤鱼山文化礼堂开展抗战胜利70周年纪念活动。二是打造幸福家园。广泛开展关爱空巢老人、文化下乡、医疗卫生、环保宣传、消防安全等志愿服务。温州大学生机电工程学院在白石街道岐元文化礼堂开展电子用品免费维修服务。三是建设美丽乡村。温州大学美术与设计学院对城东街道黄良村的自然风貌、人文遗存场所进行规划设计，让文化礼堂与传统村落融为一体；人文学院在芙蓉镇西塍村举办"七岁开蒙礼"等。

第三，多措并举，确保保障到位。一是建立联席会议。由乐清市委宣传部牵头，组织温州大学团委、团市委、文广新局等部门单位，定期召开联席会议汇报和商讨工作进展情况，每月一次碰头会，每季一次交流会，每年一次总结会。二是落实经费保障。市财政根据各镇街结对情况、活动开展成效和评价考核结果，安排配套经费给予相应资金补助，同时动员社会力量、民间资金通过成立基金会等方式，支持"新青年下乡"活动。三是强化氛围营造。挖掘活动过程中的先进事迹和典型人物，利用电视、报刊、网站、微博信等媒体，加大宣传力度。

（五）永嘉县"三注重"模式

永嘉县委宣传部、共青团与瓯江学院结对的"新青年下乡"活动，围绕"怎么结对、结对什么、怎么保障"三个问题，在结对模式、活动内容、制度保障等三方面进行创新。

第一，注重科学结对，确保针对性。采取班级、社团、校外三级结对模式，（1）采取"班级+村居"结对模式。首先，各镇（街道）、团（工）委深入辖区对各村（社区）的地方特色资源和村民的服务需求进行调研，按照"一系一镇、一班一村"的要求，结合各个学院的专业特点、社团、志愿服务组织的特色，确定下乡的服务队数量、服务类型等，确保结对的科学性、服务的针对性。如芙蓉古村落与建筑系结对、浙江书法村与艺术系结对。（2）采取"社团+活动"结对模式。引导高校艺术团、体育社团、公益社团等高校社团结对村民活动，形成"固定（班级团队）+流动（指导团队）"，为村民活动开展提供专业指导。（3）推出"项目+群体"结对模式。在班级、社团结对的基础上，积极引入本县有成熟项目的新社会组织和志愿服务组织，构成"校内+校外"服务组织，实现服务形式多元化。如引入了"夕阳红"老年艺术团和义诊志愿队，为群众开展文艺教学、送医下乡等活动。

第二，注重结对品牌，确保实效性。（1）开展文化育人项目。充分挖掘永嘉学派、耕读文化等传统文化，永昆、乱弹等民间文化遗产，红十三军革命史和英雄故事等红色资源，让学生在参观、学习、聆听的过程中，引导学生缅怀先烈、铭记历史、传承民族精神，从而达到价值重铸的目的。（2）实施创业创新指引项目。开展青年创业经验分享、青年企业家对话、青春创业主题沙龙等系列活动，增强创业创新意识。（3）实施青春助岗实践项目。依托县青年企业家协会，发动企业为大学生提供实践岗位，让企业成为培养大学生的校外课堂，提前感知社会、认识社会，为学生就业创业提供实践机会。

第三，注重机制保障，确保长效性。（1）成立专门机构。横向上建立县级部门领导小组，由县委宣传部、团县委牵头。纵向上建立县镇（街）村（社区）三级联动机构，由团县委书记、专职工作人员、各镇（街）团（工）委书记、各村（社区）联络员组成。（2）完善相关制度。建立团县委书记室挂钩联系负责制度、新青年下乡活动分析会等会议制度、新青年下乡活动供需申报制度等。同时进一步强化考核机制，加大对新青年下乡活动的督查和考评工作；将该项活动纳入镇街团工作考核，作为团组织和团干部评优评先的重要考核依据。

第三章

"新青年下乡"与大学生社会主义核心价值观培育

2012年党的十八大报告从国家层面、社会层面和个人层面提出社会主义核心价值观，十八大后习近平总书记在重要讲话中多次提到广大青年要弘扬和践行社会主义核心价值观培育。2013年《在同各界优秀青年代表座谈时的讲话》提道："广大青年要把道德认知、道德养成、道德实践紧密结合起来，自觉树立和践行社会主义核心价值观。"① 2014年五四青年节习近平总书记在北京大学师生座谈会上与北京大学的师生就社会主义核心价值观问题进行交流，在讲话中重点谈到了社会主义核心价值观对于建设社会主义国家，实现中华民族伟大复兴的价值、作用和意义。"如果一个民族、一个国家没有共同的核心价值观，这个国家就无法前进……青年要从现在做起、从自己做起，使社会主义核心价值观成为自己的基本遵循。"② 2014年教师节前夕习近平总书记在北京师范大学师生座谈会作了《做党和人民满意的好老师》的讲话，提出："广大教师要用好课堂讲坛，用好校园阵地，用自己的行动倡导社会主义核心价值观，使社会主义核心价值观润物细无声地浸润学生们的心田、转化为日常行为，增强学生的价值判断能力、价值选择能力、价值塑造能力，引领学生健康成长。"③ 2018年在北京大学师生座谈会上习近平总书记提出："要坚持不懈培育和弘扬社会主义核心价值观，引导广大师生做社会主

---

① 习近平：《在同各界优秀青年代表座谈时的讲话》，《人民日报》2013年5月5日。
② 同上。
③ 习近平：《做党和人民满意的好老师》，《人民日报》2014年9月10日。

核心价值观的坚定信仰者、积极传播者、模范践行者。"[①]

《2017年武汉市"新青年下乡"活动方案》提出:"全面贯彻党的十八大和十八届三中、四中、五中、六中全会精神,深入贯彻习近平总书记系列重要讲话精神,学习贯彻市第十三次党代会精神,统筹推进'五位一体'总体布局和协调推进'四个全面'战略布局,加强和改进高校思想政治工作,深入开展社会主义核心价值观宣传教育。""新青年下乡"活动本身的价值追求和活动形式,与社会主义核心价值观有内在的契合性,大学生参与"新青年下乡"活动的过程,实质上就是对社会主义核心价值观认同的过程,是在知与行相结合中形成自己正确价值观,并内化为自身的价值取向和行为准则的过程。

第一节 大学生社会主义核心价值观研究热点和演进

十八大以来习近平总书记在北京大学师生座谈会、中央政治局集体学习会、给大学生回信等不同场合多次提出社会主义核心价值观建设对于大学生人才培养的重要性,十九大报告提出要把社会主义核心价值观转化为人们的情感认同和行为习惯。高校是进行社会主义核心价值观培育的重要场所,大学生是重要的践行者、培育者和创造者,目前关于大学生社会主义核心价值观已经研究了哪些,哪些领域已经比较成熟,哪些领域还有待深入研究,成为未来研究关注的重点。采用文献计量和知识图谱相结合的研究方法,能清晰呈现当前的研究现状、研究热点以及未来的研究趋势,为继续深入研究提供参考和借鉴。

一 数据来源和研究方法

(一)数据来源

2018年3月1日在中国知网期刊栏以"大学生"+"社会主义核心价值观"为主题,以"核心期刊"为限选项,从2005年至2017年共搜索到1402篇文献,删除征稿启事、论点摘编、新闻报道等非研究论文22篇,剩余有效论文1380篇,其中十八大之前发表论文267篇,十八大之

[①] 习近平:《在北京大学师生座谈会上的讲话》,《人民日报》2018年5月3日。

后发表论文1113篇,把论文标题、作者单位、发表时间、关键词等导入到编码为ANSI的文本文件中,作为研究的数据来源。

(二) 研究方法

利用BICOMB2.0和SPSS22.0作为研究工具,对数据进行分析。具体步骤:第一,利用BICOMB2.0软件对论文发表时间、关键词、作者、单位等进行文献计量分析,大致了解大学生社会主义核心价值观的研究现状;第二,对出现频次累计接近50%的关键词进行排序并导出词篇矩阵;第三,利用SPSS22.0对高频关键词词篇矩阵进行多维尺度分析,绘制十八大前后大学生社会主义核心价值观研究热点知识图谱。[①]

二 文献计量分析

(一) 作者单位分析

从表3—1我们可以看出,发表论文10篇以上的单位主要有:东北师范大学马克思主义学院、武汉大学马克思主义学院、西南大学马克思主义学院、盐城工学院和中国人民大学马克思主义学院5家单位,累计百分比为6.01%。十八大提出社会主义核心价值观的"三个倡导"后,各高校马克思主义学院成为大学生社会主义核心价值观研究的主阵地。

表3—1　　　　　　论文发表主要单位一览表

序号	作者单位	数量	累计百分比(%)
1	东北师范大学马克思主义学院	23	1.67
2	武汉大学马克思主义学院	22	3.26
3	西南大学马克思主义学院	13	4.20
4	盐城工学院	13	5.14
5	中国人民大学马克思主义学院	12	6.01

(二) 发表时间分布

从图3—1我们可以看出十八大之前,每年论文发表的数量不超过100篇,最多的是2010年84篇。十八大后,大学生社会主义核心价值观

[①] 郭文斌:《知识图谱理论在教育与心理研究中的应用》,浙江大学出版社2015年版。

的论文发表数量开始出现快速增长，2013年达到105篇，2015年达到最高值351篇，但是2016、2017年论文发表数量呈现快速下滑的趋势，2016年数量为288篇，2017年为188篇，说明当前对大学生社会主义核心价值观的研究热情有所下降。

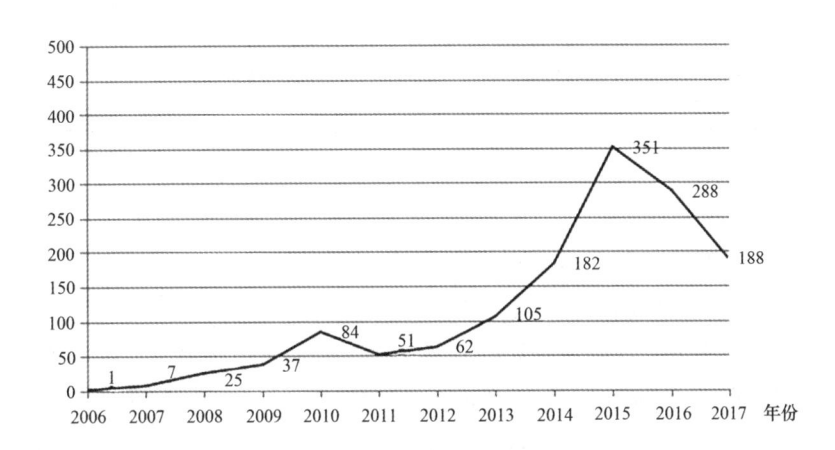

图3—1 论文发表数量折线图

（三）作者单位分析

根据普莱斯定律核心作者的最低论文数为：$M = N_{min} \approx 0.7493 \times 1/2N_{max}$，论文发表数量在3篇以上的作者为核心作者。根据BICOMB2.0对作者发表论文的数量进行统计，共有50位作者发表3篇以上，核心作者群比例为3.62%，其中冯刚、于安龙、黄蓉生等9位核心作者发表论文数量在5篇以上，原教育部思政司司长冯刚以"教育部思想政治工作司""教育部高校社会科学发展研究中心""北京师范大学马克思主义学院"等为单位共发表8篇论文，排在高产作者的首位，见表3—2。

表3—2　　　　　核心作者发表论文数量一览表

序号	核心作者	数量	累计百分比（%）
1	冯刚	8	0.33
2	于安龙	7	0.62
3	杨军	7	0.91

续表

序号	关键字段	数量	累计百分比（%）
4	黄蓉生	6	1.16
5	徐园媛	6	1.41
6	徐柏才	5	1.61
7	刘艳萍	5	1.82
8	陆林召	5	2.02
9	韦冬雪	5	2.23

（四）关键词分析

关键词的频次排序大致可以看出"大学生社会主义核心价值观"的研究热点，通过对出现频次累计50%的40个关键词进行排序，与大学生社会主义核心价值观联系密切的"社会主义核心价值体系""思想政治教育""认同""新媒体"等关键词排在前10位，见表3—3。前10个关键词基本上反映了当前大学生社会主义核心价值观的研究热点，可以看出：第一，引导大学生培育和践行社会主义核心价值观，成为高校社会主义核心价值体系建设最重要的工作；第二，思想政治教育是大学生社会主义核心价值观教育的主渠道；第三，认同是大学生培育和践行社会主义核心价值观教育的关键；第四，新媒体是大学生社会主义核心价值观教育的新阵地。

表3—3　　　　　　　频次累计前50%关键词统计表

序号	关键字	频次累计百分比（%）	序号	关键字	频次累计百分比（%）	序号	关键字	频次累计百分比（%）
1	社会主义核心价值观	14.00	15	价值观	41.30	29	培育路径	47.05
2	大学生	26.06	16	思想政治理论课	41.83	30	社会主义核心价值体系教育	47.35

续表

序号	关键字	频次累计百分比（%）	序号	关键字	频次累计百分比（%）	序号	关键字	频次累计百分比（%）
3	社会主义核心价值体系	29.39	17	意识形态	42.33	31	社会思潮	47.64
4	思想政治教育	31.84	18	创新	42.81	32	机制	47.94
5	培育	33.37	19	核心价值观教育	43.28	33	大学生思想政治教育	48.23
6	高校	34.55	20	校园文化	43.75	34	志愿服务	48.50
7	社会主义核心价值观教育	35.67	21	价值观教育	44.19	35	当代大学生	48.76
8	教育	36.70	22	少数民族大学生	44.58	36	认同教育	49.03
9	认同	37.53	23	实效性	44.96	37	引领	49.26
10	新媒体	38.27	24	大学生核心价值观	45.34	38	自媒体	49.50
11	践行	38.97	25	高校思想政治教育	45.70	39	途径	49.73
12	核心价值体系	39.62	26	理想信念	46.05	40	中国梦	49.97
13	路径	40.21	27	价值认同	46.40			
14	对策	40.77	28	立德树人	46.73			

三 十八大前后研究热点知识图谱分析

知识图谱是在聚类分析的基础上用可视化的形式来呈现各个领域的研究现状，根据向心度（X轴），密度（Y轴）把坐标图分为：核心成熟区、边缘成熟区、边缘不成熟区、核心不成熟区四个象限[1]，为了更好呈

---

[1] 杜楠楠、宗乾进、袁勤俭：《我国管理科学与工程学科研究主题领域及趋势》，《情报杂志》2012年第12期。

现十八大前后大学生社会主义核心价值观的研究变化，下文对十八大前后的研究热点知识图谱进行比较分析，见图3—2、图3—3。

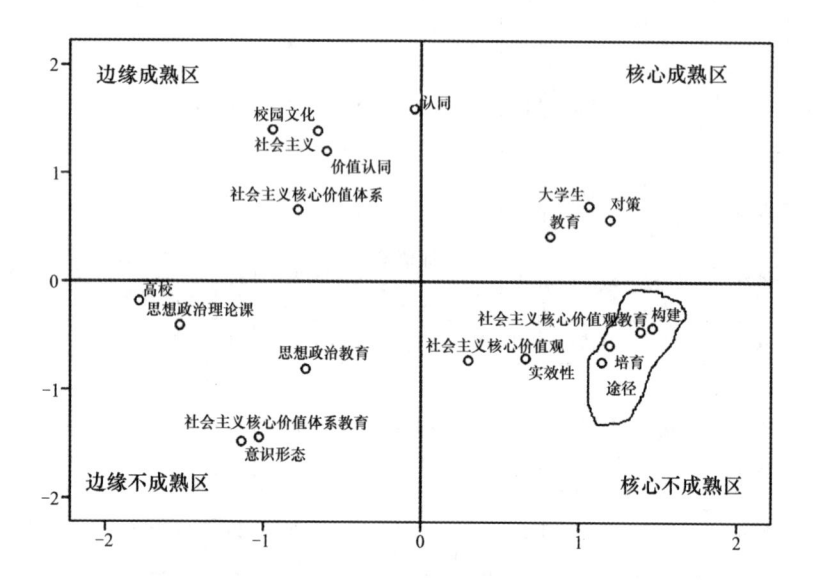

图3—2 十八大前研究热点知识图谱

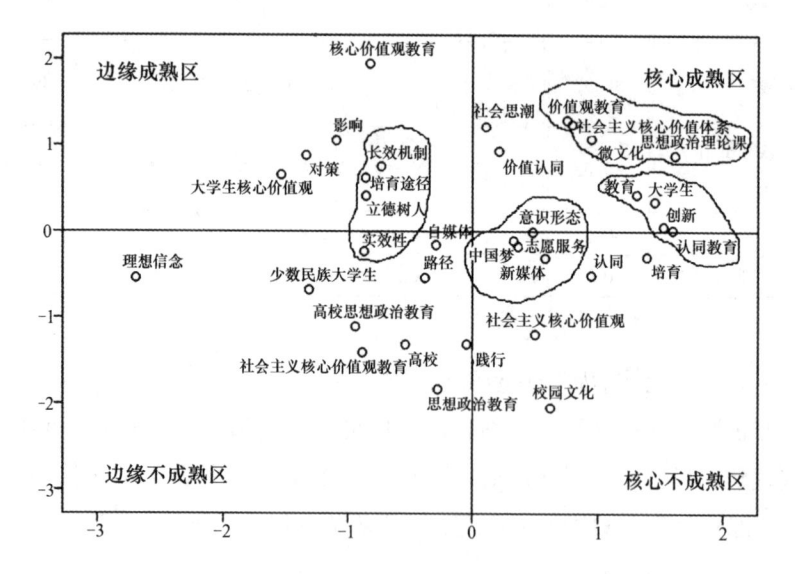

图3—3 十八大后研究热点知识图谱

第一，关键词内容的变化，反映了研究热点的转换。十八大之前研究的关键词主要有："价值认同""对策""意识形态""实效性""途径"等，说明十八大之前研究热点主要是现状调查、培育途径、对策研究等。十八大之后在知识图谱中出现了"自媒体""新媒体""微文化""长效机制""立德树人""社会思潮""中国梦""文化自信""理想信念"等关键词，说明十八大之后大学生社会主义核心价值观融入了高校人才培养的全过程。十八大之后的研究热点呈现以下几个特点：一是出现了"新媒体""自媒体""微文化"等与大学生社会主义核心价值培育与践行相关的新载体、新途径、新阵地。二是关注长效机制，把"立德树人"作为大学生社会主义核心价值观教育的出发点，在知、情、意、行上下功夫。[1] 三是充分发挥了社会主义核心价值观在助推实现中国梦、增强文化自信、树立理想信念等方面的作用。

第二，关键词区域的变化，反映了研究重心的转移。十八大后关键词"培育途径"从不成熟区转移到了边缘成熟区，说明关于培育途径的研究逐渐成熟，关键词"对策"从核心区转移到了边缘区，说明对策的研究逐渐减少。"思想政治理论课""校园文化""意识形态"等关键词从边缘区域转移到核心区域，成为研究的热点。2015年中共中央办公厅、国务院办公厅《关于进一步加强和改进新形势下高校宣传思想工作的意见》提出：思想政治理论课是进行社会主义核心价值观教育的核心课程，事关意识形态工作大局，要求创新发挥第二课堂的教育作用。[2]《意见》的颁布，对大学生社会主义核心价值观研究重心转移产生了一定的影响。另外，关键词"少数民族大学生"出现在边缘不成熟区，说明十八大之后"少数民族大学生"的社会主义核心价值观的认同现状、培育路径、文化传承开始受到关注。

第三，关键词聚合度的变化，反映了关键词之间的联系程度。十八大之前聚合度比较低，关键词之间的联系比较松散；十八大之后大关键

---

[1] 李建华：《立德树人之道——大学生社会主义核心价值观的培育和践行研究》，人民出版社2015年版，第115页。
[2] 《中共中央宣传部、中共教育部党组关于加强和改进高校宣传思想工作队伍建设的意见》，教党〔2015〕31号。

词聚合群越来越多，聚合度越来越高，说明关键词之间的联系越来越紧密。十八大之前只有在核心不成熟区，形成"社会主义核心价值观教育""构建""培育""途径"聚合度比较高的关键词群，反映了十八大之前的研究热点比较单一。十八大之后在三个区形成四个聚合度比较高的关键词群，在核心成熟区形成两个关键词群，一是"微文化""思想政治理论课""社会主义核心价值体系""价值观教育"形成的关键词群，"微文化"会对大学生社会主义核心价值观教育产生积极和消极双重影响，研究重点要发挥思想政治理论课的引导作用，以社会主义核心价值体系引领价值观教育和微文化。二是，形成"创新""认同教育""大学生""教育"的关键词群，在新形势下大学生社会主义核心价值观教育面临诸多挑战，单一的灌输式教育存在明显不足，在认同教育、转化机制、制度保障等方面的创新研究成为热点。① 在边缘成熟区，形成"长效机制""实效性""立德树人""培育路径"关键词群，立德树人是高校社会主义核心价值观教育的重要任务，关乎青年学生的全面发展，但社会主义核心价值观教育非一日之功，而是一个长期的过程，实效性的教育方式方法是长期的研究热点。② 在核心不成熟区，形成"新媒体""意识形态""志愿服务""中国梦"关键词群，说明新媒体技术与正能量传播有机结合，也是十八大之后大学生社会主义核心价值观研究的一个热点话题。

综上所述，十八大前后大学生社会主义核心价值观的研究内容、研究热点、研究领域发生了比较大的变化，十八大之前，研究重点主要在价值认同、培育途径、教育对策等；十八大之后，思想政治理论课、长效机制、新媒体等成为研究的重点。十九大之后，大学生社会主义核心价值观的研究要关注以下三个热点问题：一是在认同研究方面，要遵循认同→价值认同→情感认同的发展规律，未来的研究要关注大学生社会主义核心价值观的情感认同研究，加强情感认同是大学生社会主义核心

---

① 赵果：《创新大学生社会主义核心价值观培育机制的路径探析》，《思想教育研究》2013年第11期。

② 靳玉军：《论社会主义核心价值观教育的实践要求》，《教育研究》2014年第11期。

价值观认同的根本。① 二是转化研究，大学生社会主义核心价值观建设认同是基础，转化是关键，目前关于社会主义核心价值观的认同、培育途径研究比较多，但转化的研究显然不足，如何转化将成为未来的研究热点之一。三是要关注与"校园文化"结合的研究，"校园文化"是大学生社会主义核心价值观培育的重要途径，虽然十八大之后关键词从边缘成熟区转到了核心不成熟区，但图3—3显示与其他关键词的聚合度不高，未来要关注校园精神文化、物质文化、制度文化、行为文化等融入、渗透研究。从大学生社会主义核心价值观研究热点和演进分析，我们可以看出：认同、转化、实践是大学生社会主义核心价值观教育的重点，"新青年下乡"活动既可以让学生在与中华传统文化的接触中感悟社会主义核心价值观的巨大凝聚力，又可以让学生在切身体验所见所闻的践履中领略社会主义核心价值观的行动感召力，还能增强学生对社会主义核心价值观的理性认知和情感认同，内化为精神追求，外化为自觉行动。

第二节 下乡大学生对社会主义核心价值观认知现状的调查

认知是社会主义核心价值观培育的思想基础，是情感认同的基础和实践的深层动因。② 下乡大学生对社会主义核心价值观的认识水平，决定下乡服务的质量和效果，尤其在政策解读、社会热点问题解释、社会主义核心价值观传播等方面起到至关重要的作用。课题组于2017年10月对温州市12所高校的1883名学生进行问卷调查，了解下乡大学生对于社会主义核心价值观的认知现状。

一 下乡大学生对社会主义核心价值观的了解情况

我们从社会主义核心价值观的了解程度统计图，可以看出参加"新

---

① 邓凯文：《情感认同：培育社会主义核心价值观的着力点》，《广西社会科学》2016年第12期。
② 陈勇、武曼曼、李长浩：《增强认知认同：培育和践行社会主义核心价值观的关键》，《思想理论教育导刊》2014年第10期。

青年下乡"活动的大学生对社会主义核心价值观的了解程度并不是很高，能够"形成较高印象阶段"的学生只有23.42%，"初步印象阶段"的学生有48.43%，"初步接触阶段"和"不了解"的学生还有10.94%，说明大部分学生对社会主义核心价值观的了解程度基本上处于"初步印象阶段"，"形成较高印象阶段"的学生并不多，见图3—4。

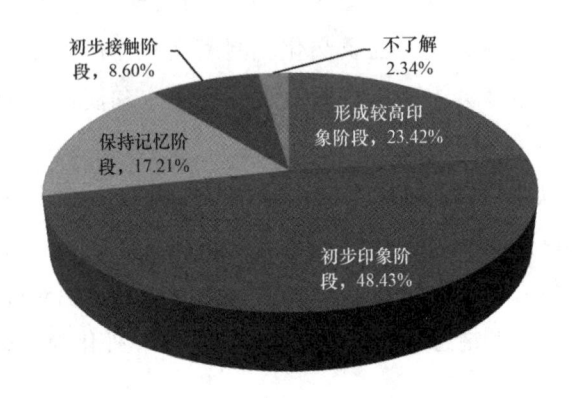

图3—4　对社会主义核心价值观了解程度的统计图

从性别、教育水平、政治面貌、专业类型、生源地、学生干部与"对社会主义核心价值观了解程度"进行交叉分析，结果发现不同的学生"对社会主义核心价值观了解程度"不一样，除了生源地和专业类型"对社会主义核心价值观了解程度"没有差异外，其他学生之间存在明显的差异。从表3—4可以看出，男女生有较大的差异，"形成较高印象阶段"的男生百分比为29.99%，而女生为18.49%；从表3—5可以看出，研究生明显要高于本专科学生，"形成较高印象阶段"的研究生百分比为56.25%，本科只有22.52%，专科只有24.36%；从表3—6可以看出，"形成较高印象阶段"的学生党员百分比为45.87%，共青团员为21.95%，群众为25.00%，党员明显要高于共青团员和一般的学生；从表3—9可以看出学生干部"形成较高印象阶段"的比例，也要高于没有担任学生干部的普通学生。

小结：调查结果显示，下乡大学生"对社会主义核心价值观的了解程度"基本上处于"初步印象阶段"，对"社会主义核心价值观了解程度"男生要高于女生,研究生要高于本、专科学生,党员要明显高于共青团员和普通群众,学生干部要高于普通的学生,农村学生和城镇学生之间、不同专业之间没有差异。

表3—4　性别与"对社会主义核心价值观了解程度"的交叉分析　单位:%

X/Y	形成较高印象阶段	初步印象阶段	保持记忆阶段	初步接触阶段	不了解
男	29.99	42.87	15.74	8.05	3.35
女	18.49	52.6	18.31	9.01	1.59

表3—5　教育水平与"对社会主义核心价值观了解程度"的交叉分析　单位:%

X/Y	形成较高印象阶段	初步印象阶段	保持记忆阶段	初步接触阶段	不了解
专科生	24.36	46.50	17.83	9.08	2.23
本科生	22.52	49.64	17.11	8.39	2.34
研究生	56.25	31.25	0.00	6.25	6.25

表3—6　政治面貌与"对社会主义核心价值观了解程度"的交叉分析　单位:%

X/Y	形成较高印象阶段	初步印象阶段	保持记忆阶段	初步接触阶段	不了解
中共党员	45.87	39.45	9.17	4.59	0.92
共青团员	21.95	49.59	17.25	8.86	2.35
群众	25.00	35.94	25.00	9.38	4.68
其他	16.67	16.67	66.66	0.0	0.00

表3—7　专业类型与"对社会主义核心价值观了解程度"的交叉分析　单位:%

X/Y	形成较高印象阶段	初步印象阶段	保持记忆阶段	初步接触阶段	不了解
理工科	24.72	48.78	16.59	7.97	1.94
文科	25.99	47.40	17.88	7.48	1.25
医科	20.24	51.19	16.19	9.05	3.33
农科	21.15	42.31	23.08	9.62	3.84
其他	21.59	46.67	17.78	10.79	3.17

表3—8　生源地与"对社会主义核心价值观了解程度"的交叉分析　　单位:%

X/Y	形成较高印象阶段	初步印象阶段	保持记忆阶段	初步接触阶段	不了解
城镇	27.20	49.02	15.80	5.70	2.28
农村	21.59	48.15	17.89	10.01	2.36

表3—9　学生干部与"对社会主义核心价值观了解程度"的交叉分析　　单位:%

X/Y	形成较高印象阶段	初步印象阶段	保持记忆阶段	初步接触阶段	不了解
是	24.40	49.18	16.33	8.13	1.96
否	18.18	44.44	21.89	11.11	4.38

二　下乡大学生对社会主义核心价值观的关注程度

习近平总书记强调，全社会大力弘扬和践行社会主义核心价值观，使之像空气一样无处不在、无时不有，要切实把社会主义核心价值观贯穿于社会生活方方面面。我们从社会主义核心价值观的关注程度统计图，可以看出下乡大学对于社会主义核心价值观的关注程度基本上处于"比较关注"状态，"非常关注"的学生只有21.83%，"比较关注"的有47.80%，"一般关注"的有25.33%，"不太关注"的有5.04%，见图3—5。

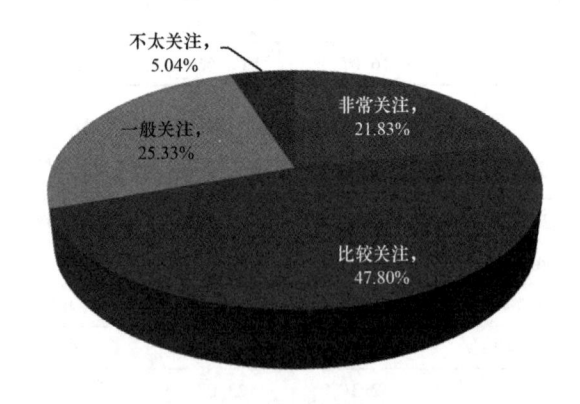

图3—5　对社会主义核心价值观关注程度的统计图

从性别、教育水平、政治面貌、专业类型、生源地、学生干部与

"对社会主义核心价值观关注程度"进行交叉分析,结果发现不同的学生"对社会主义核心价值观关注程度"不一样,除了生源地和是否学生干部"对社会主义核心价值观关注程度"没有差异外,其他学生之间存在比较明显的差异。从表3—10可以看出,男、女生"对社会主义核心价值观关注程度"有较大的差异,"非常关注"的男生百分比为28.62%,而女生为16.73%;从表3—11可以看出,"非常关注"的研究生百分比为62.50%,本科只有20.10%,专科只有24.20%,研究生明显要高于本专科学生;从表3—12可以看出,"非常关注"的学生党员百分比为43.12%,共青团员为20.42%,群众为23.44%,党员明显要高于共青团员和一般的学生;从表3—13可以看出不同专业类型学生"对社会主义核心价值观关注程度"也不一样,理工科、文科学生"对社会主义核心价值观关注程度"的百分比要明显高于农科学生,理工科为25.04%,文科为22.66%,而农科只有13.46%。

小结:调查结果显示,下乡大学生对于"社会主义核心价值观的关注程度"基本上处于"比较关注"阶段。不同学生之间存在差异,"非常关注"的男生要高于女生,研究生要明显高于本专科学生,党员要明显高于共青团员和一般学生;理工科、文科学生要高于农科学生。

表3—10　性别与"对社会主义核心价值观关注"的交叉分析　　单位:%

X/Y	非常关注	比较关注	一般关注	不太关注
男	28.62	44.86	21.07	5.45
女	16.73	50.00	28.53	4.74

表3—11　教育水平与"对社会主义核心价值观关注"的交叉分析　　单位:%

X/Y	非常关注	比较关注	一般关注	不太关注
专科生	24.20	46.97	24.52	4.31
本科生	20.10	48.51	25.99	5.40
研究生	62.50	25.00	6.25	6.25

表3—12　政治面貌与"对社会主义核心价值观关注"的交叉分析　　单位:%

X/Y	非常关注	比较关注	一般关注	不太关注
中共党员	43.12	40.37	15.60	0.91
共青团员	20.42	48.53	25.76	5.29
群众	23.44	37.50	32.81	6.25
其他	16.67	83.33	0.00	0.00

表3—13　专业类型与"对社会主义核心价值观关注"的交叉分析　　单位:%

X/Y	非常关注	比较关注	一般关注	不太关注
理工科	25.04	47.32	24.07	3.57
文科	22.66	50.94	21.83	4.57
医科	18.57	46.43	28.10	6.90
农科	13.46	51.92	28.85	5.77
其他	20.00	45.08	28.89	6.03

表3—14　生源地与"对社会主义核心价值观关注"的交叉分析　　单位:%

X/Y	非常关注	比较关注	一般关注	不太关注
城镇	24.10	46.09	24.10	5.71
农村	20.72	48.62	25.93	4.73

表3—15　学生干部与"对社会主义核心价值观关注"的交叉分析　　单位:%

X/Y	非常关注	比较关注	一般关注	不太关注
是	22.38	49.56	23.71	4.35
否	18.86	38.38	34.01	8.75

三　下乡大学生对社会主义核心价值观的了解方式

我们从下乡大学生"社会主义核心价值观的了解方式"统计图,可以看出:网络和学校课程是下乡大学生了解社会主义核心价值观的主要方式,网络和学校课程的百分比分别占了76.37%、76.31%,网络空间已成为大学生传播与认同社会主义核心价值观的重要场域,见图3—6。[①] 除了网络,学校课程也是下乡大学生了解社会主义核心价值观的主要方式,习近平总书记在全国高校思想政治工作会议上强调,要用好课堂教学这个主渠道,各类课程都要与思想政治理论课同向同行,形成协同效应,高校要坚持立德树人,把社会主义核心价值观教育融入人才培养全过程。[②] 除了网络和学校课程外,传统的报纸、书籍、杂志、广播、电视等新闻媒体以及讲座、报告等都是学生了解社会主义核心价值观的主要方式。

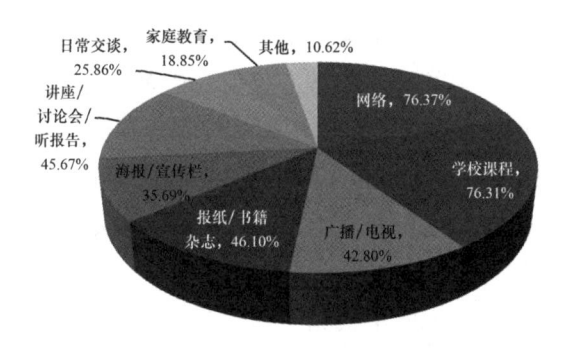

图3—6 对社会主义核心价值观的了解方式统计图

课题组对学生的性别、教育水平、政治面貌、专业类型、生源地、学生干部与"对社会主义核心价值观的了解方式"进行交叉分析,结果发现不同的学生"对社会主义核心价值观的了解方式"不一样。从性别来看,男、女生在了解方式上存在明显的差异,男生了解方式最多的是网络,而女生最主要的方式是学校课程,女生选择广播/电视、报纸/书籍/杂志、海报/宣传栏、讲座/讨论会/听报告的百分比都要高于男生,见表3—16。从教育水平来看,研究生通过网络的方式了解社会主义核心观的比例要远远高于学校课程,网络了解方式的百分比为75.00%,而学校课程的百分比只有43.75%,见表3—17。中共党员、团员、群众"对社会主义核心价值观的了解方式"也存在一定的差异,而且在每一种了

[①] 侯劭勋:《互联网环境下大学生认同与践行社会主义核心价值观的思考》,《思想理论教育》2018年第4期。

[②] 习近平:《把思想政治工作贯穿教育教学全过程》,《人民日报》2016年12月9日。

解方式中,党员的比例都是最高,比如选择"网络方式"的中共党员是88.99%,团员是75.76%,群众是71.88%,选择"广播/电视方式"的中共党员是53.21%,团员是42.61%,群众是31.25%,其他的方式选择也存在同样的现象,百分比都是党员最高,说明中共党员学生了解社会主义核心价值观的积极性要明显高于团员和普通的学生,见表3—18。不同专业类型、不同生源地以及是否学生干部"对社会主义核心价值观的了解方式"没有存在明显的差异,见表3—19、表3—20、表3—21。

小结：调查结果显示,网络和学校课程是下乡大学生了解社会主义核心价值观的最主要方式,不同学生"对社会主义核心价值观的了解方式"不一样,男生了解社会主义核心价值观最多的方式是网络,而女生的了解方式最多的是学校课程,女生通过传统的广播/电视、报纸/书籍/杂志、海报/宣传栏、讲座/讨论会/听报告等方式了解社会主义核心价值观的百分比都要高于男生；研究生了解社会主义核心价值观的方式网络要远远大于学校课程；中共党员学生在了解社会主义核心价值观的各类方式中比例都是最高,说明中共党员学生关注社会主义核心价值观的积极性要明显高于团员和普通的学生。

表3—16　性别与"社会主义核心价值观了解方式"的交叉分析　　单位:%

X/Y	网络	学校课程	广播/电视	报纸/书籍/杂志	海报/宣传栏	讲座/讨论会/听报告	日常交谈	家庭教育	其他
男	77.57	70.63	39.16	41.26	30.36	40.52	24.91	17.60	10.29
女	75.46	80.58	45.54	49.72	39.68	49.54	26.58	19.80	10.87

表3—17　教育水平与"社会主义核心价值观了解方式"的交叉分析　　单位:%

X/Y	网络	学校课程	广播/电视	报纸/书籍/杂志	海报/宣传栏	讲座/讨论会/听报告	日常交谈	家庭教育	其他
专科生	75.64	79.78	39.81	41.08	32.48	52.39	25.96	20.38	10.83
本科生	76.76	74.98	44.31	48.91	37.45	42.29	25.83	17.92	10.17
研究生	75.00	43.75	43.75	25.00	25.00	43.75	25.00	31.25	37.50

表3—18　政治面貌与"社会主义核心价值观了解方式"的交叉分析　单位:%

X/Y	网络	学校课程	广播/电视	报纸/书籍/杂志	海报/宣传栏	讲座/讨论会/听报告	日常交谈	家庭教育	其他
中共党员	88.99	76.15	53.21	47.71	42.20	60.55	34.86	25.69	11.01
共青团员	75.76	76.41	42.61	46.71	36.03	45.13	25.76	18.66	10.5
群众	71.88	73.44	31.25	31.25	17.19	34.38	15.63	14.06	14.06
其他	66.67	83.33	33.33	0.00	16.67	50.00	0.00	0.00	0.00

表3—19　专业类型与"社会主义核心价值观了解方式"的交叉分析　单位:%

X/Y	网络	学校课程	广播/电视	报纸/书籍/杂志	海报/宣传栏	讲座/讨论会/听报告	日常交谈	家庭教育	其他
理工科	78.21	74.80	39.84	44.55	31.38	44.88	24.72	17.56	11.06
文科	77.55	79.21	46.57	51.98	40.12	46.99	28.27	22.45	9.36
医科	77.14	75.71	46.9	47.38	38.81	42.62	25.00	17.62	9.05
农科	57.69	69.23	38.46	42.31	28.85	38.46	21.15	11.54	13.46
其他	73.02	76.83	38.10	39.05	34.29	50.48	26.35	18.73	13.33

表3—20　生源地与"社会主义核心价值观了解方式"的交叉分析　单位:%

X/Y	网络	学校课程	广播/电视	报纸/书籍/杂志	海报/宣传栏	讲座/讨论会/听报告	日常交谈	家庭教育	其他
城镇	76.38	75.73	45.44	47.23	38.11	42.35	25.41	18.24	9.12
农村	76.36	76.60	41.53	45.55	34.52	47.28	26.08	19.15	11.35

表3—21　学生干部与"社会主义核心价值观了解方式"的交叉分析　　单位:%

X/Y	网络	学校课程	广播/电视	报纸/书籍/杂志	海报/宣传栏	讲座/讨论会/听报告	日常交谈	家庭教育	其他
是	77.87	77.36	44.01	47.60	36.32	46.41	26.04	19.92	10.21
否	68.35	70.71	36.36	38.05	32.32	41.75	24.92	13.13	12.79

四　下乡大学生社会主义核心价值观与个人价值观之间的联系

习近平总书记在主持中共中央政治局第十三次集体学习时强调"培育和弘扬社会主义核心价值观要在落细、落小、落实上下功夫",要把社会主义核心价值观落细、落小、落实,就需要正确认识和处理个人价值观与社会主义核心价值观之间的关系。① 我们从下乡大学生对"社会主义核心价值观与个人价值观之间的关系"统计图,可以看出大多数下乡大学生认为差异比较小,有45.57%的学生认为差异比较小,有37.87%的学生认为自己存在一定的差异,有8.55%的认为无差异,有4.78%的认为差异比较大,还有3.23%认为差异很大,见图3—7。

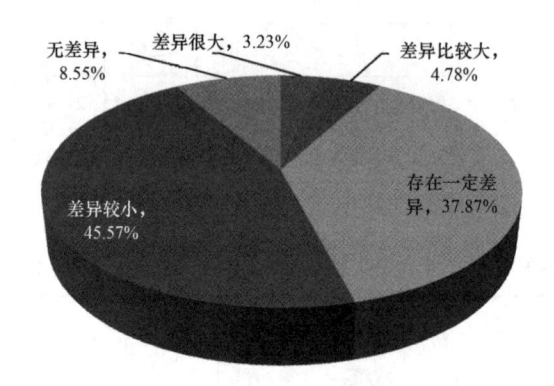

图3—7　对"社会主义核心价值观与个人价值观之间的关系"统计图

课题组对学生的性别、教育水平、政治面貌、专业类型、生源地、学

---

① 高峰:《正确把握个人价值观与社会主义核心价值观的关系》,《理论研究》2015年第4期。

生干部与"社会主义核心价值观与个人价值观之间的联系"进行交叉分析，结果发现不同的学生对"社会主义核心价值观与个人价值观之间的联系"程度不一样。女生联系紧密程度要高于男生，50.28%的女生认为"差异比较小"，认为"差异很大"的只有1.86%，男生认为"差异较小"有39.28%，而"差异很大"的有5.08%，见表3—22。研究生的联系紧密程度比本专科学生要低，认为"差异较小"只有31.25%，本科是48.59%，专科是39.97%；认为"差异很大"的研究生有18.75%，而本科生只有3.07%，专科生3.18%，见表3—23。中共党员联系紧密程度要高于共青团员和群众，认为"差异较小"的中共党员有48.62%，共青团员有45.77%，群众只有37.50%，而认为"存在一定差异"的中共党员有34.86%，共青团员有37.85%，群众有42.19%，说明"社会主义核心价值观与个人价值观之间的联系"程度党员和共青团员要高于一般学生，见表3—24。不同专业类型的学生联系紧密程度也不一样，认为"存在一定差异"的医科学生有29.76%，文科学生34.72%，理工科学生40.49%，农科学生有57.69%；认为"差异较小"的医科学生有54.05%，文科学生48.23%，理工科学生41.95%，农科学生有36.54%，说明医科学生联系紧密程度要高于其他专业学生，见表3—25。是否学生干部联系紧密程度也不一样，认为"存在一定差异"的学生干部有36.13%，而不是学生干部的有47.14%；认为"差异较小"的学生干部有47.10%，不是学生干部的为37.37%，说明联系紧密程度学生干部要高于非学生干部，见表3—27。

小结：调查结果显示，大多数下乡大学生认为"社会主义核心价值观与个人价值观之间的联系"差异比较小；不同学生的存在一定的差异，女生联系紧密程度要高于男生；本专科学生要高于研究生；中共党员、共青团员和学生干部要高于普通学生；医科学生要高于理工科和农科学生。

表3—22　　　　　性别与"社会主义核心价值观与个人价值观之间的关系"的交叉分析　　　　单位:%

X/Y	差异很大	差异比较大	存在一定差异	差异较小	无差异
男	5.08	6.32	39.65	39.28	9.67
女	1.86	3.62	36.52	50.28	7.72

表3—23　　　教育水平与"社会主义核心价值观与个人价值观之间的关系"的交叉分析　　　单位:%

X/Y	差异很大	差异比较大	存在一定差异	差异较小	无差异
专科生	3.18	5.73	43.79	39.97	7.33
本科生	3.07	4.20	34.95	48.59	9.19
研究生	18.75	12.50	31.25	31.25	6.25

表3—24　　　政治面貌与"社会主义核心价值观与个人价值观之间的关系"的交叉分析　　　单位:%

X/Y	差异很大	差异比较大	存在一定差异	差异较小	无差异
中共党员	4.59	4.59	34.86	48.62	7.34
共青团员	3.11	4.64	37.85	45.77	8.63
群众	4.69	7.81	42.19	37.50	7.81
其他	0.00	16.67	50.00	16.67	16.66

表3—25　　　专业类型与"社会主义核心价值观与个人价值观之间的关系"的交叉分析　　　单位:%

X/Y	差异很大	差异比较大	存在一定差异	差异较小	无差异
理工科	3.74	6.34	40.49	41.95	7.48
文科	2.70	4.37	34.72	48.23	9.98
医科	3.10	3.33	29.76	54.05	9.76
农科	0.00	3.85	57.69	36.54	1.92
其他	3.81	4.44	45.08	38.73	7.94

表3—26　　　生源地与"社会主义核心价值观与个人价值观之间的关系"的交叉分析　　　单位:%

X/Y	差异很大	差异比较大	存在一定差异	差异较小	无差异
城镇	3.09	4.56	34.36	48.21	9.78
农村	3.31	4.89	39.56	44.29	7.95

表 3—27　　　　　学生干部与"社会主义核心价值观与
个人价值观之间的关系"的交叉分析　　　单位:%

X/Y	差异很大	差异比较大	存在一定差异	差异较小	无差异
是	3.53	4.67	36.13	47.10	8.57
否	1.68	5.39	47.14	37.37	8.42

五　社会主义核心价值观与个人日常学习生活联系

2014年5月习近平总书记在北京大学师生座谈会上要求大学生把社会主义核心价值观的要求融入日常的行为准则,"核心价值观的养成绝非一日之功,要坚持由易到难、由近及远,努力把核心价值观的要求变成日常的行为准则,进而形成自觉奉行的信念理念。"[1] 同年,习近平总书记在《把培育和弘扬社会主义核心价值观,作为凝魂聚气强基固本的基础工程》提出:"要注意把我们所提倡的与人们日常生活紧密联系起来,使社会主义核心价值观成为人们日常工作生活的基本遵循。"[2] 习近平总书记在上海考察时指出,要把社会主义核心价值观日常化、具体化、形象化、生活化,社会主义核心价值观的"四化",形象得说明了它与个人日常生活联系重要性。在"四化"中,生活化是日常化、具体化、形象化的具体体现,离开了生活化,其他"三化"就是无源之水、无木之本。[3] 我们从"社会主义核心价值观与个人日常学习生活联系"调查统计图可以看出下乡大学生基本上处于与个人日常生活"有联系,但不多"的状态,有52.58%的学生认为与个人日常生活"有联系,但不多",有40.41%的学生认为联系密切,4.04%的学生认为说不清楚,还有2.97%的学生认为没有联系,见图3—8。

---

[1] 习近平:《青年要自觉践行社会主义核心价值观》,《人民日报》2014年5月5日。
[2] 习近平:《把培育和弘扬社会主义核心价值观,作为凝魂聚气强基固本的基础工程》,《人民日报》2014年2月26日。
[3] 吴静、颜吾佴:《把社会主义核心价值观日常化、具体化、形象化、生活化》,《红旗文稿》2017年第7期。

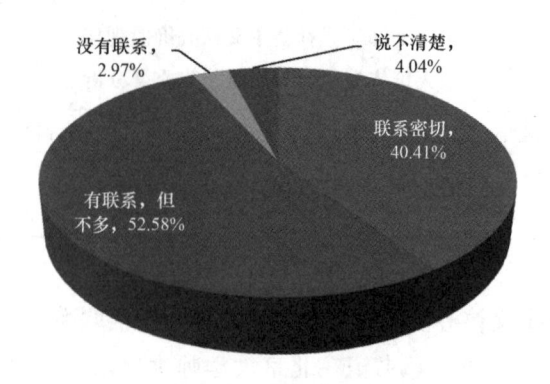

74 / "新青年下乡"与大学生成长的实证研究

图3—8 "社会主义核心价值观与您个人日常学习生活联系"统计图

课题组对学生的性别、教育水平、政治面貌、专业类型、生源地、学生干部与"社会主义核心价值观与个人日常学习生活联系程度"进行交叉分析，结果发现：研究生、中共党员、学生干部的联系密切程度要高于其他学生。第一，研究生联系密切程度要高于本科生和专科生，认为密切联系的研究生百分比为56.25%，本科生为39.79%，专科生比例为41.24%，见表3—29；第二，中共党员的密切联系程度要高于共青团员和一般学生，认为密切联系的中共党员有66.06%，共青团员有39.08%，群众有31.25%，见表3—30；第三，学生干部联系密切程度要高于一般学生，认为联系密切的学生干部百分比为42.18%，非学生干部认为联系密切的只有30.98%，见表3—33。不同性别、专业类型、生源地的学生之间没有差异。

表3—28　性别与"社会主义核心价值观与您个人日常学习生活联系的程度"的交叉分析　　　　单位:%

X/Y	联系密切	有联系，但不多	没有联系	说不清楚
男	42.26	49.94	4.21	3.59
女	39.03	54.55	2.04	4.38

表 3—29　　教育水平与"社会主义核心价值观与您个人日常学习生活联系的程度"的交叉分析　　单位:%

X/Y	联系密切	有联系,但不多	没有联系	说不清楚
专科生	41.24	52.71	2.39	3.66
本科生	39.79	52.87	3.07	4.27
研究生	56.25	35.00	8.75	0.00

表 3—30　　政治面貌与"社会主义核心价值观与您个人日常学习生活联系的程度"的交叉分析　　单位:%

X/Y	联系密切	有联系,但不多	没有联系	说不清楚
中共党员	66.06	30.28	1.83	1.83
共青团员	39.08	53.87	2.99	4.06
群众	31.25	56.25	4.69	7.81
其他	50.00	50.00	0.00	0.00

表 3—31　　专业类型与"社会主义核心价值观与您个人日常学习生活联系的程度"的交叉分析　　单位:%

X/Y	联系密切	有联系,但不多	没有联系	说不清楚
理工科	41.14	52.2	3.09	3.57
文科	43.87	50.31	2.29	3.53
医科	39.29	52.86	3.57	4.28
农科	36.54	57.69	0.00	5.77
其他	35.87	55.56	3.49	5.08

表 3—32　　生源地与"社会主义核心价值观与您个人日常学习生活联系的程度"的交叉分析　　单位:%

X/Y	联系密切	有联系,但不多	没有联系	说不清楚
城镇	39.9	52.61	3.42	4.07
农村	40.66	52.56	2.76	4.02

表3—33　　　学生干部与"社会主义核心价值观与您个人日常
　　　　　　学习生活联系的程度"的交叉分析　　　　　单位:%

X/Y	联系密切	有联系，但不多	没有联系	说不清楚
是	42.18	52.08	2.77	2.97
否	30.98	55.22	4.04	9.76

六　社会主义核心价值观认知、认同的主要影响因素

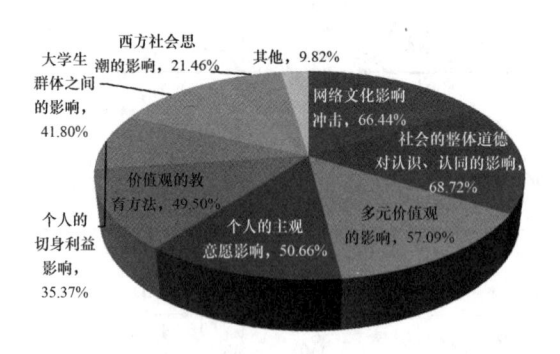

我们从下乡大学生"社会主义核心价值观认知、认同的影响因素"统计图，可以看出：下乡大学生对大学生社会主义核心价值观认知、认同的影响来自各个方面，第一是社会的整体道德对认识、认同的影响最大，占68.72%；第二是网络文化冲击影响，占66.44%；第三是多元价值观影响，占57.09%；第四是个人主观意愿影响，占50.66%；第五是西方社会思潮的影响，占21.46%，见图3—9。

课题组对学生的性别、教育水平、政治面貌、专业类型、生源地、学生干部与"社会主义核心价值观认知、认同的影响因素"进行交叉分析，结果发现不同性别、教育水平、政治面貌、专业类型、生源地、学生干部在"社会主义核心价值观认知、认同的影响因素"差异不大，见表3—34至表3—39。调查结果说明当前大学生对社会主义核心价值观的认知、认同受多方面影响，在日益复杂的社会发展形势下，单一的教育模式已经很难满足增强大学生对于社会主义核心价值观的认知、认同的需求。

图3—9　社会主义核心价值观认知、认同的
影响因素统计图

表3—34　性别与"社会主义核心价值观认同和践行的影响因素"的交叉分析　　单位:%

X/Y	网络文化冲击	社会道德	多元价值观	个人主观意愿	教育方法	个人利益	大学生群体	西方社会思潮	其他
男	64.68	64.44	55.27	46.59	46.47	34.20	36.68	20.07	9.42
女	67.75	71.93	58.46	53.72	51.77	36.25	45.63	22.49	10.13

表3—35　教育水平与"社会主义核心价值观认同和践行的影响因素"的交叉分析　　单位:%

X/Y	网络冲击	社会道德	多元价值观	个人的意愿	教育方法	个人利益	大学生群体	西方社会思潮	其他
专科生	67.04	69.27	50.80	51.75	50.96	38.06	46.97	21.50	11.46
本科生	66.10	68.52	60.29	50.28	48.75	34.06	39.23	21.39	8.80
研究生	68.75	62.50	56.25	37.50	50.00	31.25	37.50	25.00	25.00

表3—36　政治面貌与"社会主义核心价值观认同和践行的影响因素"的交叉分析　　单位:%

X/Y	网络冲击	社会道德	多元价值观	个人的意愿	教育方法	个人利益	大学生群体	西方社会思潮冲击	其他
中共党员	68.81	77.98	72.48	61.47	55.05	35.78	47.71	23.85	6.42
共青团员	66.67	68.9	56.28	50.18	49.47	35.33	41.67	21.54	9.98
群众	56.25	50.00	53.13	42.19	40.63	32.81	32.81	17.19	12.50
其他	66.67	50.00	50.00	83.33	50.00	66.67	66.67	0.00	0.00

表3—37　专业类型与"社会主义核心价值观认同和践行的影响因素"的交叉分析　　单位:%

X/Y	网络冲击	社会道德	多元价值观	个人的意愿	教育方法	个人利益	大学生群体	西方社会思潮冲击	其他
理工科	68.46	64.55	54.31	49.59	49.27	34.15	40.98	18.05	9.76
文科	66.53	71.73	61.54	49.48	47.19	35.55	40.96	23.08	9.77
医科	67.86	69.76	59.76	53.10	49.29	37.14	41.90	22.62	8.10

续表

X/Y	网络冲击	社会道德	多元价值观	个人的意愿	教育方法	个人利益	大学生群体	西方社会思潮冲击	其他
农科	61.54	63.46	57.69	38.46	51.92	40.38	34.62	23.08	17.31
其他	61.27	71.75	52.06	53.33	53.33	34.29	45.71	23.81	11.11

表3—38　　生源地与"社会主义核心价值观认同和践行的影响因素"的交叉分析　　单位:%

X/Y	网络冲击	社会道德	多元价值观	个人的意愿	教育方法	个人利益	大学生群体	西方社会思潮冲击	其他
城镇	66.78	67.92	60.42	51.95	49.35	37.79	39.09	21.99	9.12
农村	66.27	69.11	55.48	50.04	49.57	34.2	43.10	21.20	10.17

表3—39　　学生干部与"社会主义核心价值观认同和践行的影响因素"的交叉分析　　单位:%

X/Y	网络冲击	社会道德	多元价值观	个人的意愿	教育方法	个人利益	大学生群体	西方社会思潮冲击	其他
是	67.28	69.36	57.88	51.07	49.5	35.88	42.50	21.94	19.33
否	61.95	65.32	52.86	48.48	49.49	32.66	38.05	18.86	12.46

七　下乡大学生接受社会主义核心价值观教育的有效途径

习近平总书记2014年在《从小积极培育和践行社会主义核心价值观——在北京市海淀区民族小学主持召开座谈会时的讲话》指出:"在成长过程中,要结合学习和生活等实践,不断加深对社会主义核心价值观的理解。"[1] 在下乡大学生接受社会主义核心价值观教育的有效途径调查中,认为最有效的途径第一是开展社会实践,百分比为82.10%;第二是组织红色组织旅游,百分比为49.28%;第三是开展辩论、演讲比赛活动,百分比为48.70%;第四是观看相关视频,百分比为38.40%;第五

---

[1] 习近平:《从小积极培育和践行社会主义核心价值观》,《人民日报》2014年5月31日。

是组织道德模范或者知名学者讲座,百分比为37.28%;第六是课堂讲授,百分比为20.98%,见图3—10。从调查结果可以看出,实践是价值活动以及价值关系产生的最根本基础,实践决定着价值观的生成、发展与实现,决定着价值观的基本指向。①

在"新青年下乡活动对社会主义核心价值观培育的作用"选项,"非常有用"的百分比为41.21%,"很有用"的百分比为39.99%,"一般"的百分比为13.75%,"用处不大,就是一次志愿服务活动"的百分比为3.19%,"说不清楚"的百分比为1.86%,见图3—11。

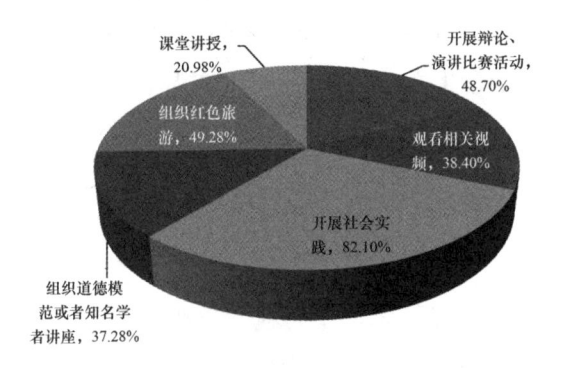

图3—10 大学生社会主义核心价值观
教育有效途径调查图

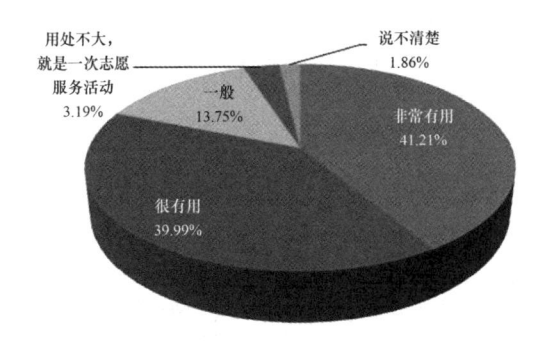

图3—11 "新青年下乡活动对社会主义价值观培育的
作用"统计图

---

① 林培雄、王玉周:《社会主义核心价值观根在实践》,《求是》2013年第10期。

课题组对学生的性别、教育水平、政治面貌、专业类型、生源地、学生干部与"接受社会主义核心价值观教育的有效途径"进行交叉分析，发现不同性别、政治面貌、专业类型与"接受社会主义核心价值观教育的有效途径"存在一定的差异。在"开展社会实践"选项，女生的比例有86.71%，而男生的比例为75.96%，在"组织红色旅游"选项，女生比例要高于男生，而"开展辩论、演讲活动"的选项，男生百分比要高于女生，男生百分比为53.28%，女生百分比为45.26%，见表3—40。

不同教育水平对有效途径的选择也存在一定的差异，比如专科生在开展社会实践、知名学者讲座、组织红色旅游等比例要明显高于研究生，见表3—41。中共党员对各个有效途径的选择明显高于其他学生，见表3—42。不同专业学生之间也存在一定的差异，在"开展社会实践"选项农科学生最高，达到了94.23%，明显高于理工科学生的79.02%，在"知名学者讲座"选项文科学生要高于医科学生，文科学生为42.41%，医科学生为25.71%，见表3—43。生源地和是否学生干部，在选项上没有明显差异。

小结：调查结果显示，不同学生在"接受社会主义核心价值观教育的有效途径"存在一定的差异，其中女生比男生更倾向于"开展社会实践""组织红色旅游"；专科生在开展社会实践、知名学者讲座、组织红色旅游等比例要明显高于研究生；中共党员对各个有效途径的选择都要明显高于其他学生；不同专业学生之间也存在一定的差异，在"开展社会实践"选项农科学生要高于理工科学生，在"知名学者讲座"选项文科学生要高于医科学生。

表3—40　　　性别与"接受社会主义核心价值观教育的有效途径"的交叉分析

单位:%

X/Y	开展辩论、演讲活动	观看相关视频	开展社会实践	知名学者讲座	组织红色旅游	课堂讲授
男	53.28	40.27	75.96	37.30	43.37	20.20
女	45.26	36.99	86.71	37.27	53.72	21.56

表3—41　　　教育水平与"接受社会主义核心价值观教育的有效途径"的交叉分析　　　单位:%

X/Y	开展辩论、演讲活动	观看相关视频	开展社会实践	知名学者讲座	组织红色旅游	课堂讲授
专科生	53.34	42.52	83.44	42.52	50.96	23.09
本科生	46.25	36.24	81.60	34.79	48.59	19.85
研究生	56.25	43.75	68.75	25.00	37.50	25.00

表3—42　　　政治面貌与"接受社会主义核心价值观教育的有效途径"的交叉分析　　　单位:%

X/Y	开展辩论、演讲活动	观看相关视频	开展社会实践	知名学者讲座	组织红色旅游	课堂讲授
中共党员	57.80	48.62	85.32	39.45	53.21	29.36
共青团员	48.12	37.97	82.45	37.03	49.59	20.48
群众	50.00	32.81	70.31	39.06	31.25	20.31
其他	33.33	33.33	50.00	50.00	83.33	16.67

表3—43　　　专业类型与"接受社会主义核心价值观教育的有效途径"的交叉分析　　　单位:%

X/Y	开展辩论、演讲比赛活动	观看相关视频	开展社会实践	知名学者讲座	组织红色旅游	课堂讲授
理工科	51.87	39.51	79.02	40.49	45.37	20.65
文科	47.82	41.79	81.08	42.41	52.39	23.91
医科	42.14	30.95	85.95	25.71	53.33	17.62
农科	48.08	48.08	94.23	38.46	53.85	17.31
其他	52.70	39.37	82.54	38.41	46.03	22.22

表3—44　　　生源地与"接受社会主义核心价值观教育的
有效途径"的交叉分析　　　　　　　　　　单位:%

X/Y	开展辩论、演讲比赛活动	观看相关视频	开展社会实践	知名学者讲座	组织红色旅游	课堂讲授
城镇	48.53	39.90	77.85	34.85	46.42	21.66
农村	48.78	37.67	84.16	38.46	50.67	20.65

表3—45　　　学生干部与"接受社会主义核心价值观教育的
有效途径"的交叉分析　　　　　　　　　　单位:%

X/Y	开展辩论、演讲比赛活动	观看相关视频	开展社会实践	知名学者讲座	组织红色旅游	课堂讲授
是	48.87	38.40	82.60	37.20	49.56	20.62
否	47.81	38.38	79.46	37.71	47.81	22.90

第三节　"新青年下乡"开展社会主义核心价值观活动的典型做法与建议

一　"新青年下乡"开展社会主义核心价值观教育的基本方法

习近平总书记在北京大学和北京师范大学师生座谈会上,提出了社会主义核心价值观对于大学生成长的重要意义以及大学生培育社会主义核心价值观的载体和方法。习近平总书记指出:"要切实把社会主义核心价值观贯穿于社会生活方方面面。要通过教育引导、舆论宣传、文化熏陶、实践养成、制度保障等,使社会主义核心价值观内化为人们的精神追求,外化为人们的自觉行动。"十八大以来,我国在社会主义核心价值观建设的各类文件中提出,社会实践是大学生社会主义核心价值观养成的重要路径。中共中央办公厅印发的《关于培育和践行社会主义核心价值观的意见》提出:要把培育和践行社会主义核心价值观融入国民教育全过程,注重发挥社会实践的养成作用,加强实践育人基地建设,要开展系列涵养社会主义核心价值观的实践活动。① 2014 年中共教育部党组、共青团员中央《关于在各级各类学校推动培育和践行社会主义核心价值观长效机制建设的意见》（教党［2014］40 号）提出：深化暑期"三下乡"等社会实践活动，推动社会主义核心价值观融入社会实践。②

在高校培育和践行社会主义核心价值观离不开实践，实践养成是培育和践行社会主义核心价值观的重要途径与方法，无论是社会主义核心价值观的培育还是践行都必须经过实践环节。马克思主义实践论认为，社会实践是人的正确思想形成发展的源泉，是人的思想发展的动力，是人的思想认识的目的，也是检验人的思想观念是否正确的标准。社会主义核心价值观只有融入社会实践当中才能更好地使人们认识它、践行它。在高校培育与践行社会主义核心价值观活动中发挥好实践养成的作用，要善于运用实践养成的方式方法。一般地，实践养成的方法包括劳动实践法、服务体验法和社会考察法等。③ 所谓劳动实践法，就是让受教育者参与一定的社会生产（物质生产和精神生产）劳动，使其在劳动实践过程中切身体会社会主义核心价值观的基本内涵，并在此过程中逐步养成社会主义核心价值观所要求的基本素养。无论时代条件如何变化，劳动实践都是社会主义核心价值观落地生根的必经之路。劳动实践指向服务各层面的发展，是推动社会主义核心价值观落地生根的重要保障，在国家层面，劳动实践创造富强、孕育民主、催生文明、促进和谐；在社会层面，劳动环境能够助推自由观念、平等观念、公正观念、法治观念的养成；在个人层面，劳动态度有助于爱国情感的升华、敬业精神的挖掘、诚信理念的积淀、友善意识的养成。④ 所谓服务体验法，就是受教育者运用自身所拥有的知识、技能、体力等素质，为社会提供一定的服务，使其在服务过程中感受自身价值的同时体验社会主义核心价值观的基本要

---

① 中共中央办公厅：《关于培育和践行社会主义核心价值观的意见》，《党建》2014 年第 1 期。

② 《中共教育部党组、共青团中央关于在各级各类学校推动培育和践行社会主义核心价值观长效机制建设的意见》，教党［2014］40 号。

③ 教育部思想政治工作司：《高校培育和践行社会主义核心价值观创新案例》，知识产权出版社 2015 年版，第 169 页。

④ 柳礼泉、汤素娥：《劳动实践助推社会主义核心价值观落地生根的功能论析》，《湖南师范大学学报》（社会科学版）2016 年第 5 期。

求。比如,温州大学"精准扶贫"下乡服务队,让大学生了解农村民情,观察社会现实,并用自身所学知识帮助有需要的人,让其体会到诚信、友爱、公平、公正等社会主义核心价值观的基本要求。所谓社会考察法,是通过引导受教育者按照一定的计划、程序和方式去认识社会现象,分析社会问题,从而提高受教育者的思想认识的方法。在社会考察的过程中,可以通过观察、访谈、问卷调查等不同方式对社会主义核心价值观从不同角度进行认识。例如,温州大学超豪学区新青年下乡瓯·韵文化暑期社会实践队,以"赏瓯剧之丽影,品瓯韵之余香"为主题,开展了为期17天的暑期社会实践活动,通过乐清细纹刻纸的观察、瓯剧艺术家的访谈、小横床村的调查,了解并学习温州瓯剧文化和方言文化,让学生从不同角度有目的、有计划地接受社会主义核心价值观教育。

二 "新青年下乡"开展社会主义核心价值观活动的典型做法

(一) 依托文化礼堂

根据浙江省对于农村文化礼堂的建设要求,农村文化礼堂要按照"有场所、有展示、有活动、有队伍、有机制和学教型、礼仪型、娱乐型"的综合体标准进行建设,到2020年全省要建成10000个以上高水平农村文化礼堂的目标,温州市全市建成1500个以上高水平农村文化礼堂,功能辐射3000个以上村,覆盖全市80%以上的农村人口。2013年起连续6年,浙江省委、省政府每年将农村文化礼堂建设纳入十件为民办实事项目,着力打造乡村的精神家园。

依托文化礼堂,开展"新青年下乡"活动,弘扬、践行社会主义核心价值观是"新青年下乡"活动典型做法之一。在"新青年下乡"活动之前,2014年8月中共浙江省委常委、宣传部长葛慧君在《人民日报》上发表《打造弘扬核心价值观新阵地——关于浙江省农村文化礼堂建设的实践与思考》提出:坚持以"智"为基础,积极推动科技、文化、卫生"三下乡"活动进文化礼堂,把"文明"的种子种进农民的心田,为培育和弘扬社会主义核心价值观奠定坚实文化知识基础。[①] "新青年下乡"

---

① 葛慧君:《打造弘扬核心价值观新阵地——关于浙江省农村文化礼堂建设的实践与思考》,《人民日报》2014年8月17日。

活动开始后，农村文化礼堂成为下乡大学生弘扬、践行社会主义核心价值观的主阵地，并且在文化礼堂长效机制建设中，把"新青年下乡"活动作为重要活动项目。《温州市"新青年下乡"活动2015年度实施计划的通知》要求：以农村文化礼堂为主阵地，搭建"校院+农村实践基地"共建教学平台，深化实践育人，服务新农村建设。各高校组织"红色宣讲团""市民宣讲团"等队伍奔赴农村文化礼堂宣讲道德模范故事，创作"村歌"，制定"村规"或者"村训"，设置"善行义举榜"等，传承弘扬中华优秀传统美德。2017年温州市委、市政府出台《关于推进全市文化礼堂长效机制建设的实施意见》：要求依托温州市高校师生"新青年下乡"活动、"四千结对"活动开展，有效搭建"志愿服务+农村实践基地"共建平台，引导鼓励专家学者、高校师生、社团社工、文化大使等志愿者，到文化礼堂开展各类志愿服务，推行专家结对文化礼堂制度。

在以农村文化礼堂为主阵地，开展"新青年下乡"活动，完善了高校与农村的人员和项目对接机制。一是人员对接。以文化礼堂为主阵地，各学院指导老师、班级、服务队进行"点对点"联系，建立学院指导老师、实践队、街镇宣传委员、文化礼堂所在村负责人为主的四级立体式网络人员对接机制，把青年学生与文化大使、文化志愿者、驻堂总干事、八大员（时政宣讲员、科技指导员、文体辅导员、舆情信息员、网络评论员、法制指导员、文明督导员、社会调解员）等队伍和文化礼堂建设捆绑起来，推行青年学生驻堂制。二是项目对接，建立供需对接机制。一种模式是下乡结对学生向文化礼堂发放《"新青年下乡"志愿服务需求调查表》，征集服务需求，有针对性地开展集中性志愿服务。另外一种模式是采用"互联网+文化礼堂"思维，采用线上点单、线下服务的方式。文化礼堂及村民个人将需求以订单形式提交到由村居、街道、部门、高校合力共建的微信公众服务平台，通过微信平台推出"自选菜单"+"个性菜单"。下乡结对学生将自身特长制成"自选菜单"，统一公开在微信平台上，村民将需求和意愿反馈给村级负责人，村级负责人向街道宣传委员、街道团工委负责人沟通后，定制"个性菜单"提交到公众平台，下乡结对学生按照"个性菜单"各取所需迅速开展订单式服务，实现线上点单、线下服务的O2O模式。

(二）开展系列主题活动

1. 结合传统节日开展主题活动

中国传统节日是中华优秀传统文化的表现形态，是凝聚中华民族精神和承载中华民族思想文化的纽带与桥梁。推动社会主义核心价值观融入传统节日，既能够为涵养社会主义核心价值观提供丰富的传统文化源泉，又能够为培育和践行社会主义核心价值观提供重要的实践载体，而且农村传统节日具有重复性、自觉性、集体性等特征，更有利于社会主义核心价值观的传播。[①]"新青年下乡"活动利用农村节日这些特点，开展系列与社会主义核心价值观紧密相关的活动，在活动中渗透社会主义核心价值观。例如，温州市"新青年下乡"活动工作领导小组，在春节期间开展"新青年下乡""暖冬行动"，突出"年味"主题，把社会主义核心价值观、马克思主义宗教观等融入送祝福、猜灯谜、观花展等传统民俗活动中，融入春节祝福、敬老孝老等礼仪礼节中，融入基层群众全家福、微心愿、笑脸墙等公益服务中，切实增强与基层群众之间的感情，营造欢乐祥和、文明和谐、健康喜庆的节日氛围。

2. 开展家风家训调研，弘扬核心价值观

习近平总书记在春节团拜会、全国文明家庭代表会、全国妇联领导会议等场合多次提到家风家训与家庭、社会、国家、民族的关系，把传统家风家训中的优秀成果融入新时代家风家训的内容中，构建符合社会主义核心价值观的新时代家风，"新青年下乡"活动通过挖掘农村的家风家训更有利于社会主义核心价值观在农村的宣传和弘扬。例如，温州医科大学"新青年下乡"服务队赴永嘉大若岩开展"家风家训与社会主义核心价值观"调研活动，通过征集、调研的形式提炼符合社会主义核心价值观的新时代家风，并且把"勤学、养德、积善、诚信、家和"等家训融入中小学德育课和地方课程。武汉科技大学六名研究生组成的下乡实践队，前往武汉市新洲区问津书院开展以"圣人足迹"、探索"儒家文化"、弘扬"社会主义核心价值观"为主要内容，探寻中华优秀传统文化，学习"仁、义、礼、智、信"对于个人人格和道德

---

① 李菡、李静：《弘扬传统节日文化，践行社会主义核心价值观》，《江苏省社会主义学院学报》2010年第5期。

养成的启示意义。

3. 开展志愿服务，弘扬社会主义核心价值观

在下乡活动过程中，志愿服务是"新青年下乡"活动中开展最普遍的活动项目志愿服务。例如，江汉大学各院系深入黄陂区蔡店、姚家集等8个街道结对村（社区），结合基层需求，开展爱心义诊、宣讲农村常见普通疾病预防、关爱空巢老人、助力"四水共治"等志愿活动。武汉软件工程职业学院对口村镇开展入户寻访、爱心慰问，敬老助残等活动。温州医科大学组织外国留学生组建"医行侨乡"服务队，开展下乡义诊、文艺下乡、探访最美侨胞等活动；温州科技职业学院组建"科技支农"服务队第一时间奔赴苍南、乐清等台风受灾区提供灾后农业生产技术指导；温州城市大学组织下乡服务队为山区老年人、弱势群体开展法律咨询服务。社会主义核心价值观蕴含着凝聚全社会和谐进步、向上向善的思想共识，而志愿服务彰显的是个人对生命价值的理性审视和积极实践，在精神层面上与社会主义核心价值观具有内在统一性。首先，下乡志愿服务大力弘扬国家层面的价值理想，有利于提高大学生的国家认同度和政治认同感；其次，下乡志愿服务充分引领社会层面的价值导向，有利于增强大学生的社会责任感和使命感；再次，下乡志愿服务有效导引公民层面的价值准则，有利于规范大学生的思想观念和道德行为。[1]

4. 开展红色体验，培养爱国情怀

红色资源是中国共产党领导广大人民群众在长期的革命和建设伟大实践中所创造出来的各种精神及其物质载体的总和。红色资源与社会主义核心价值观具有一脉相承的价值理念和精神内涵，它是大学生社会主义核心价值观教育的天然载体和重要依托。[2] "新青年下乡"活动通过开展形式不一、各具特色的红色实践活动，积极探索以红色资源为载体进行大学生社会主义核心价值观教育的有效方法。如温州大学"青韵·新青年下乡"服务队通过实地走访考察革命根据地、访问革命战士及家属、

---

[1] 姜长宝、任俊霞：《志愿服务：大学生践行社会主义核心价值观的有效载体》，《思想理论教育导刊》2016年第3期。

[2] 胡建：《红色资源：大学生社会主义核心价值观教育的重要载体》，《思想理论教育导刊》2016年第1期。

开展"抗战歌曲大家唱、爱国情怀永不忘"等系列活动，让大学生在参观、学习、调研中追寻红色记忆，感悟革命精神，培养大学生的爱国情怀。武汉城市职业学院利用江夏区4个革命基地，组织学生开展寻访老党员、参观北伐烈士陵园，给烈士献花篮、讲浮雕上的故事，让青年学生更加全面、深入接受爱国主义和革命教育的洗礼，进一步坚定跟党走中国特色社会主义道路的理想信念。

（三）活动方案有机融入

农村社情相对复杂，意识形态领域斗争比较激烈，是社会主义核心价值观落细、落小、落实最困难的地方，在市委市政府、团市委、高校、地方出台的各类"新青年下乡"活动实施方案、活动计划中，要求发挥大学生、硕士、博士以及高校教师的人才优势，引领农村群众践行社会主义核心价值观。例如，《2017年武汉市"新青年下乡"活动方案》要求：加强和改进高校思想政治工作，深入开展社会主义核心价值观宣传教育，作为新青年下乡活动的指导思想。2016年共青团温州市委办公室向各县（市、区）团委、市级功能区团委，各高校团委印发的《关于开展"新青年下乡"暖冬行动的通知》：要求积极弘扬文明新风尚，将社会主义核心价值观24字、马克思主义宗教观、最美家风家训等融入春节传统民俗活动中，使社会主义核心价值观在农村落地生根。在市委、市政府以社会主义核心价值观引领"新青年下乡"活动指导下，各地方、高校都把社会主义核心价值观在农村落地作为"新青年下乡"的重要任务。《温州职业技术学院"新青年下乡"活动实施方案》要求：发挥大学生专业优势，深入农村基层，开展传承优秀传统文化活动，帮助农村加强村落文化、乡贤文化、最美系列等乡风乡愁的深入挖掘和充分展示，并积极推动成人礼、启蒙礼等礼仪礼节的传承传扬，使社会主义核心价值观在农村落地。

三 "新青年下乡"开展社会主义核心价值观教育的建议

习近平总书记在北京大学师生座谈会、中央政治局集体学习会、给大学生回信等不同场合多次提出社会主义核心价值观培育对于大学生人才培养的重要性。原教育部思政司司长冯刚也提出，要突出实践育人的重要功能，通过科学实验、专业实践、社会活动等，培育大学生的社会主义核心价值观。① 在乡村振兴战略的背景下，高校将社会主义核心价值观的教育场所从校内拓展至校外，从课堂延伸到田间，农村成为大学生培育和践行社会主义核心价值观的新阵地，同时大学生又是农村社会主义核心价值观建设的新力量。"新青年下乡"活动作为一项新形势下加强和改进高校思想政治工作的重要举措，只有在社会主义核心价值观的引领下，才能更加具备有效性、长期性和生命力。

（一）把社会主义核心价值观融入前期培训

"新青年下乡"活动的前期培训采取的是分级分类的原则，其中"基础培训"由团市委学校与志愿者工作部、市团校指导，以各高校团委组织为主，对"新青年下乡"活动内容提供基础知识培训；"骨干实务培训"由市"新青年下乡"活动领导小组办公室统一对各高校团委、基层团委负责人、大学生服务队负责人进行培训；"岗前实训"由市"新青年下乡"活动领导小组办公室在出征前组织下乡学生对实际工作内容、流程及相关信息开展培训、服务及现场指导。目前看来，"新青年下乡"的培训较多涉及实务性、操作性的内容，比如怎么组织好队伍，如何与农民群众打交道等，而理论体系的构建不够系统，对于社会主义核心价值观的灌输仅仅是蜻蜓点水。有研究表明，观念越早灌输效果越好，对于"新青年下乡"活动而言，融入社会主义核心价值观的最佳时期无疑是前期的培训阶段，因此，在"新青年下乡"的各级培训过程中有目的、有计划地向大学生灌输社会主义核心价值观是非常有必要的。一方面要做好充分的调查摸底，要加强对结对村的村情村貌、村民生活状况的调研和了解，深挖与社会主义核心价值观相契合的优良文化、习俗并形成培训教材；另一方面要做好培训的教学备课，将社会主义核心价值观有机地融入下乡培训材料中去，将思想政治课堂灵活地搬到农村农民中来，形成易于学生接受的生动的教学案例，充分发挥"第二课堂"的作用，不断深化大学生对"新青年下乡"活动重要意义的认识。

（二）把社会主义核心价值观融入主题活动

在开展"新青年下乡"活动的过程中，有个重要矛盾是亟须解决的，

---

① 冯刚：《辅导员队伍专业化建设理论与实务》，中国人民大学出版社2010年版，第216页。

即"新青年下乡"丰富多彩的主题活动与农村相对薄弱的社会主义核心价值观培育之间的矛盾。大学生作为"新青年下乡"活动的实施主体，如何在农村这块主阵地上培育和践行好社会主义核心价值观，值得深思。现如今，"新青年下乡"的主题活动内容丰富、形式多样，比如武汉市的"五大行动"（即理论育农、科技支农、文化乐农、爱心助农、生态兴农）和温州市的"暖冬行动"（即进文化礼堂开展文艺乐民、进村民中心服务亲民、进基层农户真情暖民）。而农村作为社会主义核心价值观培育相对薄弱的地方，要在开展系列活动的基础上，有机地融入与社会主义核心价值观相契合的乡贤文化、孝文化等优秀传统文化，并加以调查、宣传和运用，寄社会主义核心价值观于形式多样的主题活动之中，同时让大学生、农民群众在各类主题活动中感悟、体会社会主义核心价值观的深刻内涵，让社会主义核心价值观在学生的心中和农村的土地上"落地生根"。

（三）把社会主义核心价值观融入考核指标

为了考量"新青年下乡"的活动成果，推动活动规范化、常态化、制度化，各地区的"新青年下乡"考核小组都会采取各种方式对参与下乡的高校学生进行考核，如武汉市开发了专门的移动信息平台时时对"新青年下乡"活动进行督导，温州市通过严格的"新青年下乡"常态服务共青团系统月报制度进行考核。为了更好地在"新青年下乡"活动中培育社会主义核心价值观，将社会主义核心价值观有机地融入"新青年下乡"活动的考核指标中是非常有必要的。各地区的考核指标不尽相同，但基本包括了如活动开展次数、人员下乡次数等量化指标和"农村群众满意不满意"等非量化指标。对于社会主义核心价值观培育和践行程度的考核可以一分为二，同时从"量化"和"非量化"两个维度制定考核标准，以促社会主义核心价值观融入"新青年下乡"的全过程，引领高校大学生和农村农民两大群体共同培育和践行社会主义核心价值观。

（四）重视大学生社会主义核心价值观认识层次性的特点

调查显示，不同性别、教育水平、政治面貌、专业类型、学生干部对社会主义核心价值观的了解、关注程度，与个人日常生活联系程度，接受社会主义核心价值观的途径、方式等都不一样。研究生、学生党员、学生干部对社会主义核心价值观的认识程度明显要高于一般的学生。在"新青年下乡"活动过程中，要充分发挥大学生党员、学生干部、研究生的力量和优势，通过这些优秀群体以身作则来感染和带动普通学生，达到以一小部分影响一大部分，最终形成"点面相统一"的效果。一是横向上，要发挥党员、学生干部、研究生等优秀群体的"传帮带"的积极作用，在学习、行动上发挥"领路人"的作用；二是纵向上，要注重不同层次学生之间的互动交流，定期举办交流研讨会，帮助学生更好地理解并践行社会主义核心价值观。

（五）充分利用现代传媒传播宣传

调查结果显示，网络是下乡大学生了解社会主义核心价值观的主要方式，自媒体时代，现代传媒对大学生社会主义核心价值观的认同产生重要影响。在"新青年下乡"活动的过程中，各个部门为了增强"新青年下乡"活动的感染力、凝聚力、吸引力，纷纷通过微信平台、微博、网站等现代传媒宣传"新青年下乡"活动。社会主义核心价值观的宣传可以在借助"新青年下乡"活动的宣传平台，宣传普及社会主义核心价值观知识，通过挖掘民族优秀文化、民间故事、典型事例和先进人物，以微视频、微电影等方式宣传社会主义核心价值观，唤起社会成员的共鸣，有效引领大学生和广大群众的价值取向。

第四章

"新青年下乡"与大学生成长质性研究

"新青年下乡"活动是社会实践的一种重要形式，青年学生在下乡过程中体民情、察民意，亲身感受以习近平同志为核心的党中央治国理政，建设社会主义新农村的新成果，收集倾听基层群众拥护党的领导和中国特色社会主义道路的真情实感，坚定理想信念，增强道路自信、理论自信、制度自信和文化自信，激发干事创业的热情和积极性。"新青年下乡"活动与其他实践活动相比具有学习性、成长性和社会化。第一，学习性。大学生通过下乡活动向农民群众学习，可以弥补课程学习和专业学习中的不足，开阔视野、提升学习能力、优化知识结构、完善知识储备。第二，成长性。"新青年下乡"活动的主体是青年学生，而青年时期是学生身心发展成熟的成长期，学生经过下乡历练，树立科学世界观、人生观和价值观，学会处理各种复杂的社会关系，在精神不断完善、品质形成与历练的过程中实现大学生全面发展和成长成才。第三，社会化。社会化问题是人一生面临的话题。青年学生在接触真实社会环境、接触生产劳动、接触人民群众的过程中，尝试从学生角色向劳动者角色转换，为即将成为社会劳动者做好充分的职业选择和生产技能准备。

第一节 "新青年下乡"与大学生成长的理论基础

一 人的全面发展与生产劳动理论

马克思在他的《1844年经济学哲学手稿》《德意志意识形态》《资本

论》等著作中多次涉及人的全面发展，在马克思看来劳动是人全面发展的前提，是人类区别于动物根本所在。在《共产党宣言》中马克思指出"每个人的自由发展是一切人自由发展的前提"①，教育与生产劳动相结合是"改造现代社会的最强有力的手段之一。"② 在《资本论》中，马克思还提出："未来教育对所有已满一定年龄的儿童来说，就是生产劳动同智育和体育相结合，它不仅是提高社会生产的一种方法，而且是造就社会全面发展的人的唯一方法。"劳动与人的全面发展密切相关，从最根本的意义上来说就是劳动造就了人类，它是人类改造自然、创造生活最基本的实践活动。

苏霍姆林斯基根据巴甫雷什中学的实际经验，在《培养全面发展的个性诸问题》博士论文中提出：劳动教育的十三条原则和要求，其中第一条：劳动素养和一般发展（即道德的、智力的、审美的、身体的发展）相结合。并且提出：劳动对于个性全面发展的重要意义；要使热爱劳动成为青少年最重要的品质之一；高年级学生的劳动多样化，还可以培养他们自觉地选择职业。③ 作为马克思主义在中国的运用和发展，毛泽东思想也继承了马克思的人的全面发展理念，1957年2月，毛泽东在《关于正确处理人民内部矛盾的问题》中提出："我们的教育方针，应该使受教育者在德育、智育、体育几方面都得到发展，成为有社会主义觉悟的有文化的劳动者。"④

在马克思主义关于人的全面发展学说中，人的全面发展还与社会活动密切相关。第一，人类个体的差异性一般取决于遗传、家庭环境、社会环境、教育背景、个体社会实践和社会生活经历的协同作用。在马克思看来，在所有引起人的个体差异的因素中，遗传的因素是影响力最小的，而且社会越发展，个人的自由度越高，实践活动越丰富，社会关系越普遍，人的差异就越明显。第二，马克思、恩格斯不仅揭示了人类、人类活动及人类社会发展与人的需要之间的关系，同时还揭示了人的需

---

① 《马克思恩格斯选集》第3卷，人民出版社1972年版，第273页。
② 同上书，第24页。
③ 杜殿坤：《劳动教育和个性全面发展》，《外国教育资料》1980年第4期。
④ 《毛泽东选集》第5卷，人民出版社1991年版，第385页。

要的多样性、层次性、发展性等特点，而这些人的需要的特点又取决于人的历史性活动。第三，人的能力发展有赖于人的活动的拓展。一个人的活动越频繁，活动类型越多样，其所获取的经验阅历就越丰富，能力发展也就越全面、越强。第四，人的全面发展的理想实现必须依赖整个社会关系的发展，社会关系的发展程度制约了人的发展程度，而人的发展程度反过来彰显社会关系的发展程度。① 大学生下乡活动与社会活动具有共性的特征。第一，大学生下乡活动是一种历史性的活动。回顾我国青年学生下乡的历史，总是在一定的社会关系中进行，是在一定条件下国家、社会、学校、学生互动的结果，因此，青年下乡活动呈现鲜明的民族和青年的群体性特征。第二，大学生下乡活动和社会活动一样都是一种自主能动性的活动，总是将自己的理想追求、个人价值的实现作为实践活动的目的。第三，都具有创造性特征。在实践过程中通过知识运用，激发个体的创新活力，增强个人的创新能力。②

二 教育与劳动相结合的教育方针

教育与生产劳动相结合是社会主义教育的根本原则，在我国教育事业的发展中同样发挥了长久而重要的指导作用。1978 年，邓小平在全国教育工作会议上指出："培养社会主义建设合格人才，必须认真研究如何更好地贯彻教育与劳动相结合的方针。"③ 1981 年的《中共中央关于建国以来党的若干历史问题的决议》提出："用马克思主义世界观和共产主义道德教育人民和青年，坚持德、智、体全面发展，又红又专，知识分子与工人农民相结合、脑力劳动与体力劳动相结合的教育方针。"④ 1990 年，党的十三届七中全会通过的《中共中央关于制定国民经济和社会发展十年规划和"八五"计划的建议》提出："继续贯彻教育必须为社会主

---

① 任映红、谢建芳：《人的全面发展视阈中的温州大学生创业教育》，浙江大学出版社 2014 年版，第 31 页。
② 胡树祥、吴满意：《大学生社会实践教育理论与方法》，人民教育出版社 2010 年版，第 52 页。
③ 《邓小平论教育》，人民教育出版社 2004 年版，第 69 页。
④ 中共中央文献研究室：《关于建国以来党的若干历史问题的决议注释本》，人民出版社 1983 年版。

义现代化建设服务，必须同生产劳动相结合，培养德、智、体全面发展的建设者和接班人的方针，全面提高教育者和被教育者思想政治水平和业务素质。"[①] 1993 年，中共中央、国务院颁布的《中国教育改革和发展纲要》提出："加强劳动观点和劳动技能的教育，是实现学校培养目标的重要途径和内容。各级各类学校都要把劳动教育列入教学计划，逐步做到制度化、系列化。社会各方面要积极为学校进行劳动教育提供场所和条件。"[②]《中国教育改革和发展纲要》不仅重申了教育与劳动结合的教育方针，而且还提出了劳动教育的制度化、系列化，并主张倡导社会各界的参与。1995 年 3 月颁布的《中华人民共和国教育法》总则第五条提出："教育必须为社会主义现代化建设服务，必须与生产劳动相结合，培养德、智、体等方面全面发展的社会主义事业建设者和接班人。"[③] 1999 年，《中共中央国务院关于深化教育改革全面推进素质教育的决定》提出："实施素质教育，必须把德育、智育、体育、美育等有机地统一在教育活动的各个环节中。学校教育不仅要抓好智育，更要重视德育，还要加强体育、美育、劳动技术教育和社会实践，使诸方面教育相互渗透、协调发展，促进学生的全面发展和健康成长。"[④] 2010 年，《国家中长期教育改革和发展规划纲要（2010—2020）》指出："坚持教育为社会主义现代化建设服务，为人民服务，与生产劳动和社会实践相结合，培养德智体美全面发展的社会主义建设者和接班人。"[⑤]

在教育与生产劳动相结合教育方针的指导下，我国还出现了多种形式的劳动大学，如河南省新蔡县的程庄劳动大学，该校开设了农学、种子、财会、机电、医学、畜牧六个专业，有在校生一千一百多人。学生第一年在程庄大队上农业学大寨基础课，早晨在实验田里开展摘果实实践活动，上午集中到大队去上课学习马列、毛主席著作以及农业科学知

---

① 《中共中央关于制定国民经济和社会发展十年规划和"八五"计划的建议》，人民出版社 1991 年版。
② 中国教育改革和发展纲要，中发〔1993〕3 号。
③ 《国家教委关于实施〈中华人民共和国教育法〉若干问题的意见》，《人民教育》1995 年第 9 期。
④ 《中共中央 国务院关于深化教育改革全面推进素质教育的决定》，《人民教育》1999 年第 7 期。
⑤ 《国家中长期教育改革和发展规划纲要（2010—2020）》，《人民日报》2010 年 7 月 30 日。

识，下午同社员一起下地劳动，从春种到秋收，全程参与，晚上在生产队搞政治夜校。劳动大学没有校舍，每一位贫下中农的家里都是教室，全公社五万多贫下中农都是教师。在程庄农业劳动大学里，学生依靠自己劳动改造客观世界的同时，还潜移默化地改造了自己的主观世界，在实践中学会做群众工作，学会领导农业生产，培养自力更生、艰苦奋斗的革命精神。① 又如江西共产主义大学，该校同样采用教育与生产劳动相结合的教学方法，让学生既锤炼思想、提高阶级觉悟、培养热爱劳动、热爱劳动人民的思想感情，又可以学习专业理论知识、掌握生产实践经验、了解生产过程、熟悉操作技术。②

三 青年学生在社会实践中成长的理论

在对青年学生的教育中，社会实践的作用和影响至关重要，社会实践不仅能够帮助青年学生更好地接触社会，了解国情社情，增强其责任感和使命感，还能够培养青年学生的奉献精神、创新精神、实践能力和人民感情，树立科学的人生观、价值观、世界观。我国历来重视青年学生的成长，不同时期的国家领导人都对青年学生在社会实践中的成长问题做出过重大指示。《实践论》是毛泽东对自己青年时期生活实践、学习实践、教育实践和革命实践的高度总结和理论升华。③ 1957 年 3 月 12 日，毛泽东在中国共产党全国宣传工作会议上指出："许多东西单从书本上学是不成的，要向生产者学习、向工人学习、向农民学习。" 1958 年视察天津大学时，他明确提出："教育必须同生产劳动相结合，劳动人民要知识化，知识分子要劳动化"，"社会主义革命的目的是解放生产力"。④ 中国特色社会主义思想很好地继承和发展了毛泽东思想中关于青年在实践中成长的理论。改革开放之初，邓小平多次在不同场合中指出："各级各类学校对学生参加什么样的劳动，怎样下场下乡，花多少时间，怎样同教学密切结合，都要有恰当的安排。更重要的是整个教育事业必须同国民

---

① 《程庄农业劳动大学纪实》，《人民教育》1975 年第 7 期。
② 刘圣兰：《职业教育中的教劳结合理论与实践——以江西共产主义劳动大学为例》，《职教论坛》2013 年第 11 期。
③ 彭月英：《"五个统一"：青年毛泽东社会实践的主要特点》，《求索》2015 年第 4 期。
④ 《毛泽东选集》第 7 卷，人民出版社 1999 年版，第 1 页。

经济发展的要求相适应。不然，学生学的和将来要从事的职业不相适应，学生学非所用，用非所学，岂不是从根本上破坏了教育与生产劳动相结合的方针？"①1994年6月20日，江泽民在人民日报发表署名文章，指出："如果只是让学生关起门来读书，不参加劳动，不接触社会实践，不了解工人农民是怎样辛勤创造社会财富的，不培养劳动人民的感情，是不利于他们健康成长和全面发展的。"②1999年6月，江泽民在全国教育工作会上再次强调社会实践对于学生成长的重要性："我们必须全面贯彻党的教育方针，坚持教育为社会主义服务、为人民服务，坚持教育与社会实践相结合，以提高国民素质为根本宗旨，以培养学生的创新精神和实践能力为重点，努力造就'有理想、有道德、有文化、有纪律'的，德育、智育、体育、美育等全面发展的社会主义事业建设者和接班人。"③2011年5月10日，胡锦涛在给北京大学支教研究生回信中寄语青年大学生要"向实践学习、向人民群众学习，丰富阅历、磨炼意志、增长才干"。2013年3月，习近平同志在中央党校建校80周年庆祝大会上指出："本领不是天生的，是要通过学习和实践来获得的。我们建设学习型、服务型、创新型政党，要把学习型放在第一位，我们的学习既要向书本学习，又要向实践学习；既要向人民群众学习，又要向专家学者学习。"④在2013年五四青年节座谈会上，习近平还勉励广大青年要"在改革开放和社会主义现代化建设的大熔炉里，在社会的大学校里，掌握真才实学，增益其所不能，努力成为可堪大用、能担重任的栋梁之材"⑤。

综上所述，参加下乡实践活动能促进人的全面发展，"新青年下乡"活动在大学与社会、农村之间"铺路搭桥"，一方面让大学生抱着理想信念走出校门，在基层受锻炼，磨品性，增才干，长见识；另一方面让大学生带着理论知识走进农村，用实际行动践行价值观，引领基层文化。

---

① 《邓小平文选》第2卷，人民出版社1994年版，第107—108页。
② 江泽民：《必须坚持教育优先发展的战略》，《人民日报》1994年6月20日。
③ 中共中央文献研究室：《江泽民论有中国特色社会主义（专题摘编）》，中央文献出版社2002年版。
④ 习近平：《在中央党校建校80周年庆祝大会暨2013年春季学期开学典礼上的讲话》，《人民日报》2013年3月3日。
⑤ 习近平：《习近平谈治国理政》，外文出版社2014年版，第51页。

"新青年下乡"活动成为新时期引领大学生价值观、加强基层思想工作、推进农村经济发展的重要载体。

第一,开展"新青年下乡"活动,是加强高校思想政治建设的新探索。习近平总书记曾在多个场合谈到自己的插队经历,勉励青年学生在农村实践中接受锻炼、增长才干。高校思想政治教育要想达到"大学生培育和践行核心价值观"这个预期育人目的,就必须坚持理论与实际相联系的原则,教育和实践一起抓,以教育引导实践,以实践深化教育。"新青年下乡"活动紧紧地把握住了实践育人的规律和特点,拓宽了大学生社会实践的渠道和内容,有力地引导大学生在社会实践中深入了解国情、社情、民情,领悟社会主义核心价值观的真谛。"新青年下乡"活动是对高校思想政治工作的方式和方法的创新之举,是加强高校思想政治建设的全新探索。

第二,开展"新青年下乡"活动,是促进青年成长成才的新途径。在长期的应试教育环境下,青年群体围绕"考什么,就学什么"的指挥棒,形成了重书本学习、轻实践锻炼的倾向。青年学生成长成才,既要有理论的知识基础,还要有实践的经验基础,这是青年学生成长成才的"两只脚",只有这"两只脚"都扎实才能站得稳、走得远。农村基层是广大青年了解社会、获取知识、增长本领的好课堂,青年人在农村可以建立与基层群众的深厚感情,可以得到艰苦奋斗的锻炼,可以积累社会实践的经验。开展"新青年下乡"活动,可以让广大青年学生走出学校的"象牙塔",走进社会的"大课堂",投身实践的"大熔炉",向基层学习,向人民群众学习,在农村基层汲取智慧和力量,不断增强实践能力和创新精神,为将来走入社会、成就事业奠定坚实的基础。

第三,开展"新青年下乡"活动,是加强农村精神文化建设的新力量。我国农村社情相对复杂,意识形态领域斗争比较激烈,加强农村精神文化建设尤显重要而迫切。但是,农村精神文化阵地缺力量、缺活动项目的问题比较突出,农村的先进文化传播存在薄弱环节。开展"新青年下乡"活动,就是要充分发挥当代大学生引领风气之先的独特优势,把先进文化、文明新风、民主法治带到农村去,引领农民培育和践行社会主义核心价值观,巩固农村地区的意识形态阵地建设和精神文明建设,不断丰富广大农村群众的精神文化生活。

第四,开展"新青年下乡"活动,是助推农村经济发展的新举措。解决"三农"问题是全党工作的重中之重，是关系国计民生的根本问题。高校大学生作为一个有梦想、有知识、有责任的群体，是先进理念、先进科技和先进管理的"播种机"，是解决当前农村经济发展缺乏科技、信息、项目支撑等突出问题的绝佳选择。开展"新青年下乡"活动，在高等院校与农村之间架起了一座桥梁，将青年的知识优势与农村的发展需求精准对接起来，引导大学生投身农村改革发展实践，引领农村群众创业创新，为新农村建设注入新的动力和活力，促进农民增收致富和城乡协调发展。

第二节 "新青年下乡"学生日记分析

个人日记记录了个人生活中的一些最秘密、最深层、最亲切的感情，反映了个人精神生活的隐秘领域，[①] 通过日记分析能全面反映"新青年下乡"活动对学生成长的影响。2017年5月，武汉市"新青年下乡"活动领导小组为检验活动开展以来大学生成长进步和思想转变的成效，决定组织开展"新青年下乡"活动"十佳日志"评比活动，江汉大学法学院杜力的《大学生下乡要从旁观者变力行者》等10篇日志脱颖而出获评"十佳日志"。2017年7月20日，《长江日报》向武汉四所试点市属高校及部分参与"新青年下乡"活动的省部属高校大学生征集"新青年下乡"活动日记，要求立足"新青年下乡"活动主题，围绕"通过'走下去'在基层大有可为，到农村、社区、企业参加社会实践后学到书本中学不到的知识，实现亲近武汉、心仪武汉"等方面内容，畅谈下乡期间活动感悟、实践观察、思想体会、调查研究及收获、成果等，形成"日记体"。2017年8月，课题组收集了武汉商学院、江汉大学、武汉软件工程职业学院、武汉城市职业学院等武汉四所参与"新青年下乡"活动的高校学生下乡日记共73篇，其中有10篇是武汉市"新青年下乡"活动"十佳日记"，73篇下乡日记内容涉及下乡支教16篇，劳作12篇，夕阳服务11篇，信仰教育8篇，电商下乡6篇，扶贫4篇，文艺3篇，其他13篇，共计7.5万字，基本上囊括了"新青年下乡"活动各类服务形式。课题组将73篇下乡日记全部导入Nvivo11.0软件中，进行编码，建立了

[①] 陈岭：《"顶级资料"：日记开发与历史研究新境》，《理论月刊》2018年第2期。

一套翔实的学生下乡日记内部材料。

首先对所有材料进行词频查询，导出"显示字词"为100，"具有最小长度"为2，"完全匹配"的单词，出现最多的词是"农村""青年""下乡""活动"，其次是"老人"和"孩子"，说明"朝阳+夕阳"是"新青年下乡"的主要活动内容。学生日记前100个单词的累计个数为4365个，加权累计百分比达20.43%，大致反映了"新青年下乡"活动日记的关键内容。课题组罗列了与大学生成长密切相关的20个关键词，例如：生活、知识、学习、专业、感受、职业、体验、了解、学会、实践、经历、感受、精神等。这20个关键词都能够反映参加"新青年下乡"对大学生成长的变化，其中"知识""学习""了解"等关键词反映了参加"新青年下乡"活动对学生在知识学习方面的影响；"感受""精神""热情"等关键词反映了参加"新青年下乡"活动对学生在情感方面产生的变化；而"实践""职业""专业"等关键词则反映了参加"新青年下乡"活动对学生能力提升的影响，见表4—1。

表4—1　　　　　　　　大学生下乡日记关键词一览表

序号	单词	计数	加权百分比（%）	序号	单词	计数	加权百分比（%）
1	生活	77	0.36	11	体验	34	0.16
2	知识	75	0.35	12	实践	28	0.13
3	了解	61	0.29	13	经历	26	0.12
4	专业	55	0.26	14	技术	25	0.12
5	感受	45	0.21	15	职业	22	0.1
6	学习	44	0.21	16	辛苦	22	0.1
7	发展	39	0.18	17	问题	22	0.1
8	社会	38	0.18	18	热情	20	0.09
9	需要	37	0.17	19	精神	20	0.09
10	建设	35	0.16	20	党员	19	0.09

根据"新青年下乡"活动学生下乡日记关键词的分析，课题组构建了"新青年下乡"对大学生知识学习、情感发展、能力提升的三维分析

图，见图4—1，并且采用Nvivo软件统计分析法对学生下乡日记进行编码分析，该工作由课题组中熟悉NVivo软件的1位博士，1位副教授承担。首先，在认真阅读每一篇导入的下乡日记并审读多次后，分别从知识学习、情感发展、能力提升三个方面将下乡日记的内容熟记于心，从而形成初步的整体概念。其次，在编码过程中按照知识学习、情感发展、能力提升三个方面逐句进行手动编码，如果一段文字涵盖几个节点，则在不同节点下分别标记；如果不能确定节点属于哪个树状节点，则暂时标记为自由节点。然后，通过开放编码、主轴编码和选择编码的顺序，对自由节点和树状节点进行不断建构调整，从而确定最终编码状态。最后，进行编码一致性比较，比较结果显示编码的一致性百分比为88.15%，高于80%，说明具有较好的编码信度。节点统计结果显示，知识学习节点主要包括：社会知识、农业知识、管理知识，有28个材料来源，44个参考点涉及学生的知识学习，见表4—3；情感发展节点主要包括：道德情感、情感智慧、生活情感，有68个材料来源，189个参考点涉及学生的情感变化，见表4—4；能力提升节点主要包括：环境适应能力、交际能力和动手能力，有48个材料来源，82个参考点涉及学生能力发展，见表4—5。为了表述方便，对下乡日记材料根据节点内容性质分别赋予不同的数字标识：数字代表一级编码、二级编码、日记的序列号，第一、二数字为一级编码，第三数字为二级编码，第四、五数字为日记序列号。如编号02170，是指一级编码为02（农业知识），二级编码为1（知识学习），序列号为70的下乡日记，资料编码表见表4—2。

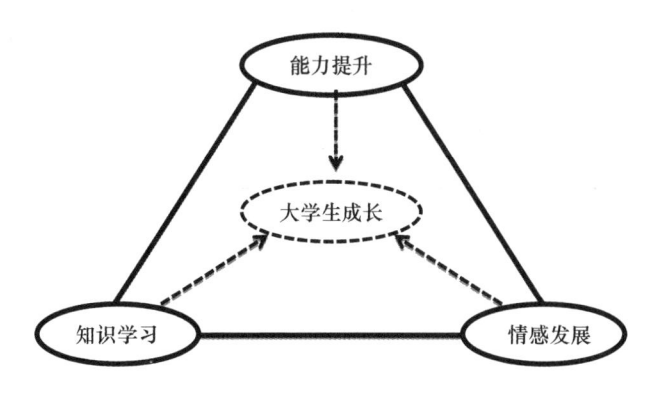

图4—1 大学生成长三维度

表 4—2　　　　　　　　学生下乡日记节点资料编码表

三级编码（核心编码）	二级编码	一级编码（初始编码）	材料来源	参考点数值	文本表达实例
学生成长	1. 知识学习	1. 社会知识	11	14	韩书记又专门介绍了瓦窑村的村史、村情、村貌。
		2. 农业知识	9	13	我们了解了葡萄从种植、生长到成熟的各个阶段以及不同葡萄所需的生长环境。
		3. 管理知识	11	17	我们制定了下乡帮扶计划，形成了"学生干部联系村委会、社团特色帮扶、下乡学生进百家"的工作思路和方法。
	2. 情感发展	4. 道德情感	47	76	我开始认识到青年人肩负的社会责任。
		5. 情感智慧	32	49	重回田间地头，熟悉的农村让我想起了父母，自己下地干活更是体会到父母的辛苦和不易。
		6. 生活情感	45	64	"下乡"刷新了我对农村的认识，也加深了对农村和农民的感情。
	3. 能力提升	7. 环境适应能力	5	7	从最初的不适应到慢慢融入这片土地，这个过程不仅是一种突破，更是一种成长。
		8. 交际能力	21	36	我们重新找了一位方言老师，进行多次交流后，我们顺利地完成了当天的工作。
		9. 动手能力	23	39	感受到我们热火朝天的手工教学氛围，老人好奇又羡慕地在一旁围观。

(一) 下乡日记对知识学习的表达

表4—3　　　　　　　　　知识节点统计表

树状节点	子节点	材料来源	参考点数值	参考点举例
社会知识		11	14	
	人文景观	2	2	问津书院属于人文景观,涉及的历史底蕴和儒学思想广博而又深刻。
	人文故事	2	2	老先生还跟我们讨论大成殿外楹联的含义,并讲述了很多故事。
	了解村史	3	5	韩书记又专门介绍了瓦窑村的村史、村情、村貌。讲有百年历史的瓦窑村曾用名瓦窑堡,曾经是一个人丁兴旺、繁荣兴盛的地方,现在全村1059人,320户人家,常住居民90人。
	方言调查	2	3	为了能收集到纯正的黄陂地方方言,我们需要寻找年龄在60岁以上、长期在当地居住且口齿清晰、听力较好的老年人作为方言老师。
	讲解民俗	2	2	"三月三,荠菜煮鸡蛋。"我们跟小朋友们介绍上巳节的习俗。
农业知识		9	13	
	认识农作物	3	3	王爷爷耐心地教我们认作物、挑茶叶,还讲了许多关于农时的经验。
	植物种植	4	6	同学们和老师们都希望能用锄头和铁锹为荒山披上绿装,农民伯伯还专门为我们演示了如何植树。
	了解植物成长规律	3	4	我们了解了葡萄从种植、生长到成熟的各个阶段以及不同葡萄所需的生长环境,这些农业知识对于我们来说就像是打开了一扇新世界的大门。

续表

树状节点	子节点	材料来源	参考点数值	参考点举例
管理知识		11	17	
	农村规划知识	6	8	我们通过召开座谈会,实地调研等方式,深入了解到了百宝村、马赛村的基本情况,并以此为基础,制定了全年服务计划。
	互联网知识运用	2	3	回校后开展讨论,怎样运用电子商务平台和所学的知识帮助罗伯伯寻找销售途径。
	农产品管理知识	4	6	此次下乡,我最深刻的感受就是当地农村的发展模式需要提高优化的方面还有很多,比如旅游产业的综合多层次健康发展,再比如对于产品品牌意识的重视等。

1. 下乡学习内容丰富

陈毅副总理1965年在接见新疆生产建设兵团石河子垦区的上海知青时提出:"这里就是劳动大学",鼓励青年学生好好劳动,提高思想,不断在实践中改造自己。① 2015年习近平总书记在延安市延川县文安驿镇梁家河村进行实地调研的时候,他说:"我人生第一步所学到的都是在梁家河。不要小看梁家河,这是有大学问的地方。"② 农村一直以来就是大学生进行文化学习和思想锻炼的重要阵地。武汉市"新青年下乡"活动领导小组办公室在《致"新青年下乡"活动大学生服务队的一封信》中号召广大青年大学生要向农民群众学习,在农业劳动中成长,在农村大课堂受教育。下乡日记涉及知识学习方面主要包括:

(1) 社会知识学习

第一,了解村史、村貌、村情。"邬桥村有900多人,但常住人口不足百人,青壮年大都在外打工或经商。邬桥村以种植水稻为主,没有其他副业,村民收入偏低,这也是很多人出去打工的原因,留在村里的基本上是老人和孩子"(01148);"韩书记又专门介绍了瓦窑村的村史、村情、村貌。讲有百年历史的瓦窑村曾用名瓦窑堡,曾经是一个人丁兴旺、

---

① 李凤阁、陈云登:《决心在劳动大学里锻炼成长》,《中国农垦》1965年第10期。
② 梁家河编写组:《梁家河》,陕西人民出版社2018年版,第2页。

繁荣兴盛的地方，现在全村1059人，320户人家，常住居民90人"（01170）。第二，了解人文古迹。"问津书院是湖北省唯一的孔子遗迹，也是我省保存最完好的古代书院之一，问津书院属于人文景观，涉及的历史底蕴和儒学思想广博而又深刻"（01151）。第三，传统文化学习。"赶到黄陂区长轩岭街仙河店村后，万书记领着我们黄陂方言调查小组的同学们一起到村子里走访村民，收集纯正的黄陂地方方言"（01150）。

（2）农业知识学习

当代大学生大多数缺乏农业知识，在下乡的过程中，通过生产劳动了解农业知识。第一，学会认识农作物。"我们说干就干，挎着小茶篓来到茶园，可一下地，大家都原形毕露，自嘲'四体不勤，五谷不分'。王爷爷耐心地教我们认作物、挑茶叶，还讲了许多关于农时的经验"（02110）。第二，学习植物种植知识。"同学们和老师们都希望能用锄头和铁锹为荒山披上绿装，农民伯伯还专门为我们演示了如何植树"（02129）；"在茶园刚下地时，大家不知道怎么刨土，宋九松叔叔在一旁指导：'刨土要有力，还要注意清理杂草，这样更利于作物的生长'"（02131）。第三，学习植物成长规律。"见过绿色的水晶葡萄之后，我又认识到的是'夏黑葡萄'，在葡萄园的实践中，我收获颇丰。我们了解了葡萄从种植、生长到成熟的各个阶段以及不同葡萄所需的生长环境，这些农业知识对于我们来说就像是打开了一扇新世界的大门"（02130）。

（3）管理知识学习

第一，农村规划知识。"我们通过召开座谈会，实地调研等方式，深入了解到了百宝村、马赛村的基本情况，并以此为基础，制定了全年服务计划"（03160）；"我们一步一个脚印，从分析计划到实际调研，再到根据周铺村、凉亭村、蔡教村等3个自然村塆的实际情况，具体情况具体分析，我们制定了下乡帮扶计划，形成了'学生干部联系村委会、社团特色帮扶、下乡学生进百家'的工作思路和方法"（03106）。第二，互联网知识运用。"我们回校后开展讨论，怎样运用电子商务平台和所学的知识帮助罗伯伯寻找销售途径"（03115）；"电子商务专业的我还注意到'农村淘宝'已经发展到了这里的村镇，我们打算结合这个平台帮他们尝试在网上卖茶叶，让茶香飘得更远"（03108）。第三，农产品管理知识。"此次下乡，我最深刻的感受就是当地农村的发展模式需要提高优化的方面还有很多，比如旅游产业的综合多层次健康发展，再比如对于产品品牌意识的重视等"（03104）；"村子里丰富的农副产品比如大批量的菜籽和鱼虾蟹都只能直接销售，没有进行深层次加工的条件和能力，所以获取的利润较为低廉"（03105）。

2. 下乡学习形式多样

在 73 篇"新青年下乡"日记里"学习"出现的频次是 44 次，加权百分比为 0.21%，以"学习""完全匹配"对所有材料进行文本搜索，"学习"的材料来源有 27 篇，参考点有 44 个，平均覆盖率达 0.41%，"学习"词树状结构图见图 4—2。从图 4—2 中我们可以看出大学生在下乡的过程中一方面发挥自己的专业优势向农民宣讲、传授知识，另一方面向农民群众学习，了解农民生活，体验农耕文化，学习农村工作经验，获取各类知识。

第一，向农民宣传国家政策知识、药品安全知识，传授电商知识、电脑知识、互联网知识、金融知识、法律知识等。武汉软件工程职业学院艺术学院班学生 ZZW 在《模拟开庭教小朋友学法》日记里写道："今天，我和同学们一起到新洲区旧街火车站社区参加新青年下乡活动，主要内容是以模拟法庭的形式，带领小朋友进行角色扮演，帮助他们提高法律意识。模拟法庭对这些农村孩子来说，是一次法律知识的普及"；武汉软件工程职业学院环境与生化工程学院食品生物 WYL 在《走访中理解"精准扶贫"的意义》日记里写道："今天早上，我们一行 12 人前往新洲区潘塘街管寨村开展新青年下乡活动，我们给当地的老人们进行了食品药品安全知识的讲解。讲座过后，老人们普遍反映，我们传授的内容很管用，很多安全常识他们第一次听说，回家后会讲给家人听。老人们的反馈令我们很有成就感。"

第二，把自己所学的知识运用到帮助农民销售农产品、旅游推广、保护水资源。武汉商学院商贸物流学院 15 级电子商务 WC 在《助力消泗提升"油菜花节"影响力》日记里写道："作为电商专业的大学生，我们可以向村民传授电商相关知识，给他们培训相关电脑知识，提升互联网的使用程度，为扩大当地'油菜花节'的知名度和影响力助力"；武汉软件工程职业学院计算机学院网络 1603 班 WDB 在《搭建网络平台搞活"桃花经济"》下乡日记里提道："我们不但会利用互联网平台大力推广宋寨村美丽的桃花林，还会带着自己编排的节目再次走进宋寨村，为桃花艺术节增光添彩，为'美丽乡村'建设贡献自己的力量。"

第三，大学生在农村学习生产知识。武汉软件工程职业学院机械工程学院1502班学生LHY《榨油厂参观一扫人生迷惘》日记里写道："雷桃树村党支部陶平良书记带着我们一行6人，到村里的特产油茶基地、榨油厂以及农田进行实地学习考察。陶书记向我们耐心地介绍了油茶的种植、生产、销售情况。"

第四，向农村的党员干部学习。武汉城市职业学院外语学院国际邮轮乘务专业学生YSY在《和农村党员一起过支部主题党日》日记里写道："这次活动，我们不仅要走进田间，更重要的是从瓦窑村的党员干部身上学习'不忘初心，继续前行'的精神。和农村党员一起过支部主题党日，我有一种别样的感受。我们在这里听到历史，在这里触摸历史，内心充满感动与激昂。"

第五，向农民学习。江汉大学2014级生物技术班CWW在《农村大有作为，我愿意!》日记里写道："在技术工人的带领下我们开始跟着学剪葡萄藤蔓。用自己的实际行动践行'在理论中学习，在田野中实践'的承诺。今天，我通过对乡村的深入接触而爱上乡村并愿意将自己所学的理论知识在乡村能够有所应用。"

第六，自我学习的反思。武汉城市职业学院学前教育专业学生DD在《教农村孩子学跳舞》日记里写道："经过这次活动，我突然有所感想：学习必须投入，时间必须珍惜，成长勿忘初心。走进这一方相似又不同的天地，我用真心带给他们帮助，他们也用真诚教会我反思自己的生活。"

第七，了解农村生活。武汉商学院外国语学院16级商务英语2班学生JAQ在《"农忙"带给我们惊喜与感动》日记里写道："汉洪村是蔡甸区的一个偏远村庄，面积4452亩，人口515户，主要以种植油菜、玉米、棉花等经济作物为主。农民的日子很平淡很现实，他们靠勤劳的双手生活，不管是夏日炎炎，还是更恶劣的天气，该下地干活时都要去做。'足蒸暑土气，背灼炎天光'，这是对农民生活的真实写照。"

第八，了解农村存在的问题。江汉大学数学与计算机科学学院计算机163班WZS在《对"精准扶贫"有了更深的认识》日记里写道："在接触困难户之前，我对贫困的了解仅仅浮于'找不到工作，吃喝成问题'，可当我真正接触到贫困户时，我发现我的认识太浅显。很多时候，导致他们贫困的不是工作，而是疾病。许多事情只有自己亲身考察了，才会了解的深入。"

108 / "新青年下乡"与大学生成长的实证研究

文本搜索查询·结果预览

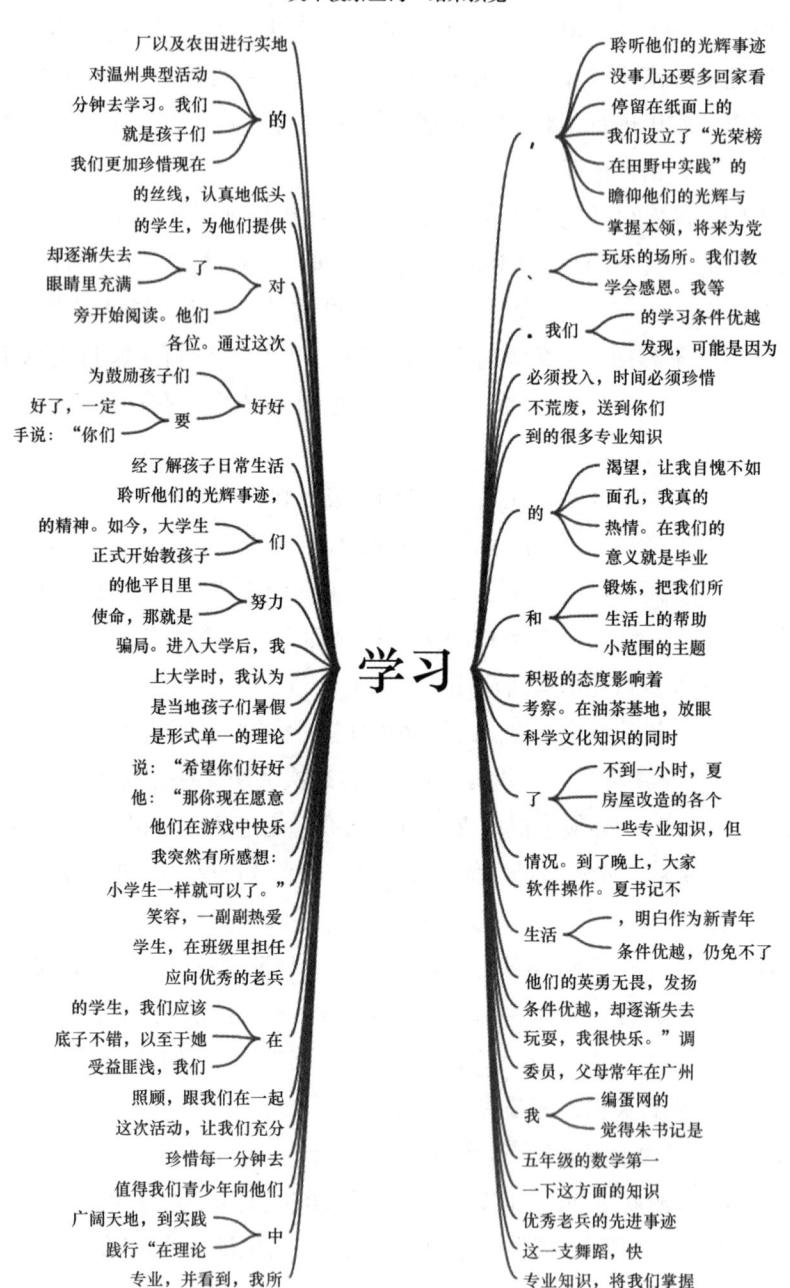

图4—2 "知识"词树状结构图

（二）下乡日记对学生情感的表达

表4—4　　　　　　　　　　　情感节点统计表

树状节点	子节点	材料来源数目	参考点数值	参考点举例
道德情感		47	76	
	爱国感	7	9	我们不但要知晓历史、铭记历史，还要将历史传播下去，并转化为精神力量，鼓舞我们为建设强大的国家做出自己的贡献。
	奉献感	14	18	我想我们应该利用空闲时间多去基层，帮助有需要的人们解决一些实际问题。
	公平感	10	11	但换位思考一下：木兰乡塔耳中学的学生平时也是住在这样的宿舍里面。作为同样来自农村的孩子，我有什么理由去抱怨？
	公益感	15	17	大学毕业后，我一定会回到这里看看，带着我们的专业知识，用所学的专业知识帮助他们，为新农村建设添一份力。
	责任感	17	21	"下乡"刷新了我对农村的认识，也加深了对农村和农民的感情，更重要的是，我开始认识到青年人肩负的社会责任。
情感智慧		32	49	
	表达自己	15	21	重回田间地头，熟悉的农村让我想起了父母，自己下地干活更是体会到父母的辛苦和不易。
	理解他人	13	13	看上去轻松的采茶原来这么累，农村还有不少重活儿，可以想象有多么辛苦了。
	调控自己	6	9	作为同样来自农村的孩子，我有什么理由去抱怨？
	接纳他人	4	6	故事可能都是一些平淡生活中的小事，可对这些老人们来说，也许最需要的，就是我们这样的倾听者。

续表

树状节点	子节点	材料来源数目	参考点数值	参考点举例
生活情感		45	64	
	乐观感	7	7	我们此次的下乡活动,与其说是一次社会实践,不如说是一次锤炼之旅。
	幸福感	17	21	看着一张张笑脸,我的心里充满了感动与满足。
	珍爱感	16	19	与这个美丽温暖的村庄告别,心中充满了不舍。
	自强感	16	17	我们应该在学习科学文化知识的同时,多实践,多锻炼,努力成为符合时代要求的新青年。

1. 情感表达内容丰富

我国大学课程设置的知识化倾向致使"学术世界"与"生活世界"的相对割裂,导致学生缺乏自主学习意识、批判精神和社会责任感。[①] 西安、南昌、上海三地本科高校课程的调查显示,大学生课程目标重视认知,淡漠情感、态度、价值观;[②] 世界一流大学不仅让学生将学习与生活结合起来,更重要的是他们能在现实中体会到自己所肩负的责任。[③] "新青年下乡"活动能够增加学生"学术世界"与"生活世界"的交集,不仅可以让学生更加充分了解社会的需求,不断调整和完善已有的知识结构,还能不断增强学生的责任意识、公益意识,培养学生的爱国爱乡情怀、乐观精神。下乡日记涉及情感表达包括以下三个方面:

(1) 道德情感表达

第一,爱国爱乡情感表达。"一天的劳作结束后,同学们大多表示收获颇丰,大家一致认为,新青年下乡激发了我们锐意进取、回报国家的决心,甘于奉献服务社会的热情"(04234);"现在国家安定,人民生活富裕,你们这些学生的条件也好了,一定要好好学习,掌握本领,将来

---

① 黄成亮:《我国大学课程的"知识化"倾向:原因及其扭转思路》,《中国高教研究》2016年第11期。

② 周海涛:《大学课程目标与内容调查报告——对三所综合性大学本科课程的调查分析》,《教育研究》2004年第1期。

③ 别敦荣、张征:《世界一流大学的教育理念》,《高等工程教育研究》2010年第4期。

为党和国家多做贡献"（04209）；"今天参加'新青年下乡'活动，江夏区山坡街湖岭村的村支部书记带着我们到农户家访问，我也感受到一股浓浓的乡愁"（04255）。第二，公益奉献精神表达。"我愿意和肖逢利学姐一样，深深扎根在乡村，用自己的热情和青春，呵护这些孩子们快乐成长"（04215）；"新青年下乡活动让我感受到罗汉村的风土人情，认识了这里善良、质朴的村民，同时也让我有了紧迫感，不仅要学会和村民及孩子们沟通，更要在专业知识上下功夫，提高自我，用自己的专业知识去帮助他人，将来能为村民做得更多"（040216）。第三，公平意识表达。"这里绝大多数房间里只有简简单单的一张桌子、一张床、一个衣柜，比我们大学生寝室还要简陋。但每一个老人的房间都很干净整洁，这点令我们自愧不如"（04237）。第四，责任意识表达。"新青年下乡活动，让我们了解了真实的农村，心中也多了一份社会责任感"（04241）；"我才深刻地理解了'为人民服务'这几个字的含义，它包含的是一种责任，一种热情和一份担当，希望自己以后能有更多的机会去服务人民"（04246）；"同学们通过参加活动，思想觉悟和社会责任感不断得到提升"（04263）。

（2）情感智慧表达

第一，学会表达自己，理解他人。"重回田间地头，熟悉的农村让我想起了父母，自己下地干活更是体会到父母的辛苦和不易"（05204）；"看上去轻松的采茶原来这么累，农村还有不少重活儿，可以想象有多么辛苦"（05206）。第二，学会调控自己，接纳他人。"作为同样来自农村的孩子，我有什么理由去抱怨"（05208）；"故事可能都是一些平淡生活中的小事，可对这些老人们来说，也许最需要的，就是我们这样的倾听者"（05239）。

（3）生活情感表达

第一，体会幸福感。"傍晚看看落日，拍拍被红光笼罩的村庄；晚上看夜空，数天上的星星……这大概是提前体验我最理想的生活吧"（06208）；"时光总是如此悄无声息，转眼间，我们已经在汉洪村度过了数十个日子"（06210）。第二，下乡珍爱感。"然而带着与往常不同心情的我再静静地观望这一切时，心底莫名地泛起些许感伤——今天是我们离开的日子"（06201）；"每次下乡，都会遇见不同的人和事，每次都有不同的感受，让我们一路同行"（06230）。第三，培养乐观精神。"是什么让一个老人身患重病、生活清贫仍乐观向上，不忘一名共产党员的根本？"（06236）；"我们此次的下乡活动，与其说是一次暑期社会实践，不如说是一次锤炼之旅"（06205）。第四，学会自强。"面对生活的艰辛却笑着克服重重困难，我不禁想起贝多芬曾说过的一句话：我要扼住命运的咽喉，决不向命运低头。我也像陈师傅所说的那样，用自己的努力，有尊严的活出属于自己的那一片天"（06211）。

2. 学生下乡体验感受深刻

在"新青年下乡"日记数据库以"感受""完全匹配"对所有材料进行文本搜索，"感受"的材料来源有 25 篇，参考点有 44 个，平均覆盖率 0.41%，"感受"词树状结构图见图 4—3。学生在下乡的过程中感受到农村民风淳朴、农民生活艰辛以及传统文化的魅力，同时在加深与农民情感的过程中，感受到了大学生的责任与担当。

第一，感受淳朴民风。武汉城市职业学院财经学院金融与保险专业 LZW 在《访问农户感受纯朴民风》日记里写道："今天参加新青年下乡活动，江夏区山坡街湖岭村的村支部书记带着我们到农户家访问，我也感受到一股浓浓的乡愁。和老人聊天的过程中，我深深感受到湖岭村纯朴的民风，老奶奶和老伴相濡以沫，他们的儿女又很孝顺，人世间最幸福的事莫过于此吧。乡亲们听得都很认真，有人还不时热情地起身给我们泡茶，看似不经意的举动，让我看到他们的善良和淳朴。一个村子的品质能够延续传承，这正是最可贵的东西。"

第二，感受下乡的乐趣。江汉大学外国语学院英语级学生 XX 在《每天都有不同的愉快回忆》日记里写道："坐在车上细细地回忆这些天的点点滴滴，发现我还是收获颇多。体会了我向往的生活状态，认识了许多人，和大家的相处也很愉快，总是哈哈大笑，每天都有不同的愉快回忆。同样也在这些体验中认识了不一样的自己，锻炼了自己。"

第三，加深农民感情。武汉软件工程职业学院商学院金融管理 1503 班 ZGF 在《帮茶农在网上卖茶叶》日记里写道："很多同学和我一样，下乡让我更关注农村问题，看到了新农村的发展，体验了农民的生活状态，刷新了我对农村的认识，也加深了对农村和农民的感情。"

第四，感受农民生活艰辛。武汉软件工程职业学院计算机学院网络技术 1601 班学生 HPC 在《挥汗乡间，情满宋寨》日记里写道："参与新青年下乡，开阔了我的眼界，体验了别样的生活，对于我这样一个在城市里长大的孩子来说，是一次具有深刻意义的教育活动。在田间干活，尽管汗流浃背，但充实而快乐。走访村民，我深深感受到村民生活的艰辛，相比之下，我感受到自己拥有的生活是多么的甜蜜。"

第五，感受自身责任。武汉软件工程职业学院计算机学院软件技术软件 1615 班学生 CZ 在《被老党员的坚定信念感动》日记里写道："对于在大学生就业而言，农村可能是最艰苦的地方，但也是最能磨砺我们的地方。我们当代大学生要把学校所学的知识和农村的需求结合起来，为建设美丽乡村贡献自己的力量和智慧"；江汉大学商学院工商管理类 164 班学生 ZPX《"新青年下乡"为我们搭建理论结合实际平台》日记里写道："这次经历也让我意识到，只要认识到自身与社会需求的差距，努力学好理论知识，扎实开展各种社会实践，在不久的将来，我们一定能够成为对社会有用的人。"

第六，感受思想变化。江汉大学法学院行政管理专业 1401 班学生 HT 在《第一次下乡活动后决定定期来陪空巢老人聊天》日记里写道："在我看来，新青年下乡活动并不仅仅是让我们大学生到农村进行一次志愿服务，更是要求同学们在思想上也能够'下乡'，同时将自己的知识带到农村，培养踏实肯干和吃苦耐劳的精神，为新农村建设贡献自己的力量。"

第七，感受传统文化的魅力。民间传统文化是构建社会主义新农村极其重要的社会元素，学生在调查、访谈过程中感受我国农村传统文化的魅力。江汉大学外国语学院 163 班学生 LJT 在《方言调查中感受文字差异的乐趣》日记里写道："在全国推广普通话的大背景下，地方方言不仅仅是我们宝贵的非物质文化遗产，更是远方游子心灵深处对家乡抹不去的记忆。不管身在何处，家乡的方言就是一曲唱不完的歌谣，当在异乡感到疲惫的时候，它总能让人忆起家里温热的饭菜香，忆起儿时爬树摘桑葚的纯真欢乐。"

文本搜索查询·结果预览

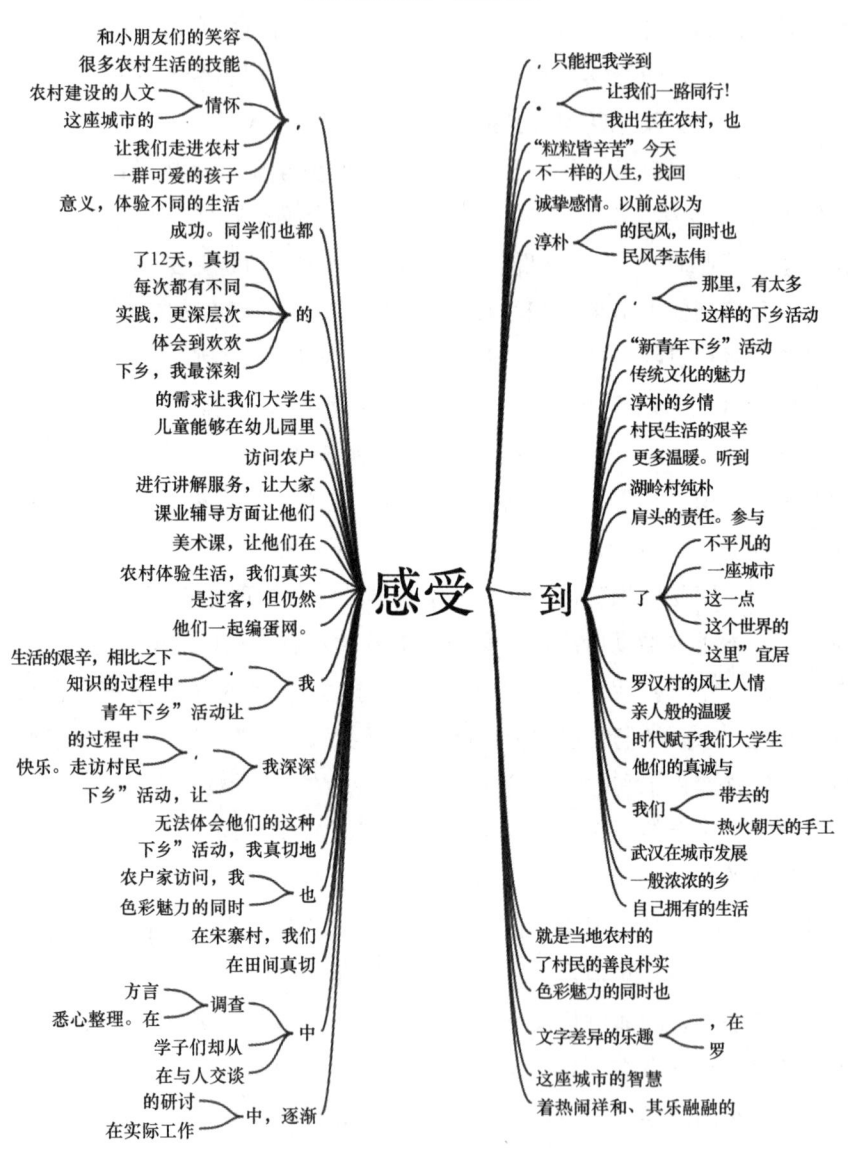

图4—3 "感受"词树状结构图

(三) 下乡日记对能力提升的表达

表4—5　　　　　　　　　　能力节点统计表

树节点	子节点	材料来源	参考点数值	参考点举例
环境适应能力		5	7	
	生活环境	3	4	有些男生抱怨身上被蚊子咬的都是红点,有些女生抱怨塔耳的烈日让她们变黑了。但我认为这一切都是正常的,都是值得我们去经历的。
	工作环境	2	3	记得第一天去社区交接的时候,看到一屋子的小朋友跑来跑去,又喊又叫,心里真的还担心我们能不能应付得了这些"混世魔王们"。
交际能力		21	36	
	沟通交流	14	18	我们和多个茶农沟通时发现,由于每年茶叶的销售情况变化不大,村里已经形成了"以销定产"的生产经营模式,经济效益十分有限。
	语言表达	10	13	学长时不时用喜闻乐见的案例来解释专业的金融知识,比如用"种树"打比方来解释什么叫贷款,用"吃饭"打比方来解答什么叫众筹。
	交际技巧	3	5	我们先走进一位老奶奶家,但她听不懂普通话,加上年迈,我们交流得很困难。我们重新找了一位方言老师,她做过小学语文老师,长期待在黄陂本地,进行简单的交流后,我们顺利地完成了当天的工作。
动手能力		23	39	
	农事劳动	15	19	采茶全靠手工,我采得腰酸背疼,只收获了一小篓。看上去轻松的采茶原来这么累,农村还有不少重活儿,可以想象有多么辛苦了。
	活动策划	6	9	今天是我到江夏区肖家垴村参加"新青年下乡"活动的第三天,这次由我负责策划活动主题。
	文艺表演	5	6	开展慰问留守儿童的活动,为他们带去文艺表演。
	作品展示	3	5	我们展示的3D打印技术和机器人对抗对孩子们最有吸引力。这两项技术展示分别是我们学校机械工程学院和电子工程学院极具专业特色的"看家本领",都曾在国际大赛中获过大奖。

1. 多种能力全面发展

人的能力既是生成的，又是发展的，人的能力发展有赖于人的活动的拓展。一般而言，一个人的活动越丰富，活动类型越多，获取的经验阅历就越丰富，其能力发展也就越全面、越强。同样，从人类学角度分析，在社会发展的不同阶段，人类的总体能力随有实践的推进表现出极大的差异性，总的说来，个体能力的发展是在不同类型的劳动实践中不断拓展和提升。[①] 马克思主义的知识观认为："必须从辩证唯物主义认识论出发，正确处理理论与实践的关系，科学地解决感性认识与理论认识的关系，才能使学生学到真知，学到比较完全的知识。"[②] 国外研究认为参与社区的志愿服务能够提高学生解决问题能力，Newmann and Rutter 提出：社区服务可以帮助青少年成长为有能力的、独立的成年人，以及提高其解决问题的能力。[③] 下乡日记涉及能力提升方面内容主要包括：

(1) 环境适应能力

第一，生活环境的适应能力。"在我们的团队中，有些男生抱怨身上被蚊子咬的都是红点，有些女生抱怨塔耳的烈日让她们变黑了。但我认为这一切都是正常的，都是值得我们去经历的"（07302）；"从最初的不适应到慢慢融入这片土地，这个过程不仅是一种突破，更是一种成长"（07342）。第二，工作环境适应能力。"记得第一天去社区交接的时候，看到一屋子的小朋友跑来跑去，又喊又叫，心里真的还担心我们能不能应付得了这些'混世魔王们'"（07302）。

(2) 交际能力

第一，沟通交流能力。"跟村支书沟通后，我们立马开始建书屋，起初不是很顺利，在指导老师的帮助下，同学们的动作熟练起来"（08349）；"方言调查看似简单，实则不易。首先，寻找到符合要求的方言老师就不是一件容易的事。其次，我们还需要和方言老师进行有效沟通"（08352）。第二，语言表达能力。"学长时不时用喜闻乐见的案例来

[①] 任映红、谢建芬：《人的全面发展视阈中的温州大学生创业教育》，浙江大学出版社 2014 年版，第 32 页。

[②] 黄济：《教育哲学通论》，山西教育出版社 1998 年版。

[③] Newmann, F. A., & Rutter, R. A., *The Effects of High School Community Service Programs on Students' Social Development: Final Report*. Wisconsin Center for Educational Research, 1983.

解释专业的金融知识，比如用'种树'打比方来解释什么叫贷款，用'吃饭'打比方来解答什么叫众筹"（08309）。第三，交际技巧。"我们先走进一位老奶奶家，但她听不懂普通话，加上年迈，我们交流得很困难。我们重新找了一位方言老师，她做过小学语文老师，长期待在黄陂本地，进行简单的交流后，我们顺利地完成了当天的工作"（08358）。

（3）动手能力

第一，活动策划能力。"在跟小朋友们介绍完上巳节的习俗后，大家带着他们一起编蛋网。感受到我们热火朝天的手工教学氛围，老人好奇又羡慕地在一旁围观"（09359）；"今天是我到江夏区肖家垅村参加'新青年下乡'活动的第三天，这次由我负责策划活动主题"（09304）。第二，作品展示能力。"我们展示的3D打印技术和机器人对抗对孩子们最有吸引力"（09327）；"开展慰问留守儿童的活动，为他们带去文艺表演"（09325）。第三，劳动动手能力。"我所在的武汉软件工程职业学院新青年下乡服务队来到了新洲区旧街街石咀村，赶着时节帮乡亲们一起采茶"（09303）；"我们和村民一起下地干活，帮桃树种植户罗卫平摘桃胶，帮茶树种植户宋九松刨土施肥"（09333）。

2. 实践能力进一步提升

在"新青年下乡"日记数据库以"实践""完全匹配"对所有材料进行文本搜索，"实践"的材料来源有17篇，参考点有27个，平均覆盖率0.40%，"实践"词树状结构图见4—4。目前，不少高校仍过于注重在校大学生的理论知识学习，而忽视了他们的实践能力，导致大学生有着丰富的知识储备却不能够加以灵活运用，普遍缺乏实际动手与操作能力。而大学生在参加"新青年下乡"活动的过程中，可以将知识的积累、情感的发展逐步内化为大学生的各种实践能力，并在下乡活动的各种实践活动中进一步强化这些能力的运用。这些能力的提升对大学生走向社会、成长成才具有巨大的推动作用。

第一，处理问题的能力。武汉城市职业学院财经学院物流管理专业1602班学生ZZF《为老人拍照片寄给外出务工子女》日记里写道："参加新青年下乡活动，让我看到了很多以前从来不曾关注的事情，也开始思考诸如空巢老人等新农村发展中出现的各种社会问题"；武汉商学院旅游与酒店管理学院16酒店管理ZYX在《到田间地头开展主题团日活动》下乡日记里写道："对农村普遍存在的留守儿童问题，我们这些二十岁左右的'大孩子'，可以从心理关爱、课业辅导方面让他们感受到亲人般的温暖。"

第二，理论与实践结合能力。武汉软件工程职业学院机械工程学院1502班学生LYF在《榨油厂参观—扫人生迷惘》日记里写道："我曾一度对自己的专业迷惘，但参与新青年下乡活动让我重新认识了自己的专业，并看到，我所学习到的很多专业知识完全能应用于农村。未来，如果我能利用自己的专业技术帮助农民修理机器、改良机器，设计出更加省时省力的农机用品，那将是多么有成就的一件事。"

第三，专业知识运用能力。武汉商学院艺术学院分团委书记YQ在《想在新农村设计民俗屋》日记里写道："我觉得，利用我们的专业优势，为新农村建设计民俗屋是一个不错的方案。下一步，我们艺术学院将充分利用学院特色，就新农村主题墙绘、新农村绿化创意规划、新农村民俗屋设计等项目与村里的负责人进一步商谈，确保艺术细胞真正融入'新青年下乡'活动，活跃在新农村建设中"；武汉软件工程职业学院计算机学院网络1603班学生WDB《搭建网络平台搞活"桃花经济"》："我们可以充分利用所学的专业技术为宋寨村定制一系列的网页、微博、微信等新媒体平台，推广围绕桃林开展的旅游和采摘经济。"

第四，实践创新能力。江汉大学化学与环境工程学院学生ZQ在《大学生要下基层解决实际问题》日记里写道："光靠政府的帮扶不能从根本上解决贫困人口的脱贫问题。在这方面，富家寨和姚湾村做得挺好的。他们依托山高、阳光充足的优势，争取'光伏发电'项目，发展经济，并利用山脉资源种植白茶，鼓励外出成功人士回乡创业，这是一个不折不扣的范例。"

第五，实践中创业机会识别能力。农村创新创业型人才匮乏，在"大众创业，万众创新"双创的背景下，国家鼓励农村青年返乡创业，大学生下乡能使大学生人才资源与农村经济社会的各种资源有机结合起来，形成大学生农村创业的有利条件。武汉软件工程职业学院商学院电子商务1603班的FCC在《农村的孩子更不能忘却乡土》日记里写道："通过新青年下乡活动，可以充分将高校创业资源、大学生群体的智力资源和农村旅游资源相结合，根据当地民俗文化，开发设计旅游产品，挖掘个性定制旅游,带动当地经济发展。大学生创业服务农村,既能让大学生学以致用,实现大学生个人的发展,也推动魅力乡村的建设。"

第六,科研实践能力。江汉大学法学院 2013 级 DL 在《大学生下乡要从旁观者变力行者》日记里写道:"大学生群体不仅可以开展科研实践,运用专业知识和技能直接参与水污染的治理,也可以通过开展宣传教育活动,传递水资源保护的小知识,为打造绿色武汉贡献力量。"

文本搜索查询·结果预览

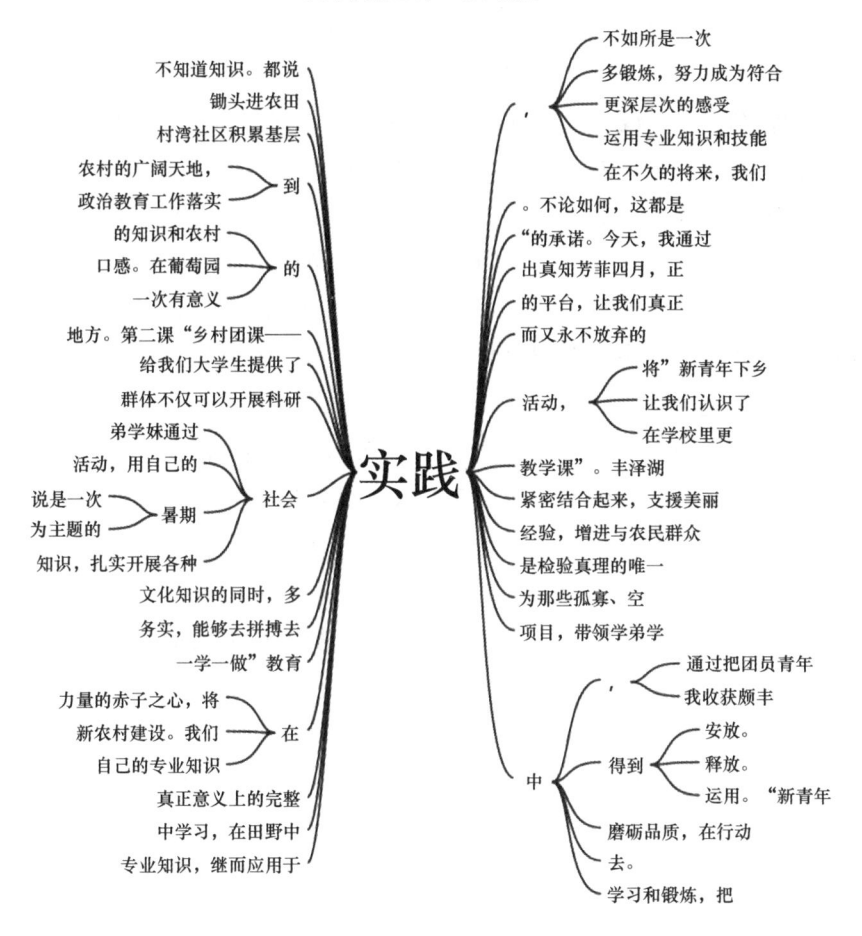

图4—4 "实践"词树状结构图

第三节 "新青年下乡"学生成长质性访谈

为了更加深入地了解"新青年下乡"活动对于大学生成长的影响，课题组在下乡日记分析的基础上对"新青年下乡"活动中颇具代表性的"青春相冯"下乡服务队的学生进行访谈。"青春相冯"下乡服务队是温州大学的一支社会实践队，从2006年开始与温州市平阳县冯宅村结对服务，2015年温州市"新青年下乡"活动开始后，中国教育报、温州晚报、温州日报等33家媒体对"青春相冯"下乡服务队进行了深入报道，是温州市开展"新青年下乡"活动的典型代表。课题组于2018年8月在下乡活动即将结束的时候，对参与"青春相冯"下乡服务队的21名下乡学生进行深入访谈，其中男生8人，女生13人；大一13人，大二5人，大三3人；学生干部16人，非学生干部5人；党员3人，团员18人。为了研究方便把访谈对象从A至U进行编码，具体访谈对象信息见表4—6。访谈采用半结构式访谈的方式，访谈地点在冯宅村委会进行，访谈开始前，访谈员先做简单的来意介绍，并送上饮料、食品等慰问品，营造良好的访谈心理环境。

访谈按照2018年"青春相冯"下乡服务队的四个小组（问卷调查组、经济规划组、宣传推广组、支教组）分组进行，先由各组小组长进行简单的小组情况介绍后，再一对一进行深度访谈，访谈主题主要围绕受访者在下乡服务过程中的感受、体会、收获和成长等主题展开。在征求访谈对象同意的情况下，记录员配合访谈员进行现场记录与录音，并将其转化成为文字稿，最后形成6.5万字的原始访谈资料。通过对21名下乡学生的深度访谈可以看出：大学生参加"新青年下乡"活动至少在心理成长、道德发展、职业能力等三方面受到比较大的影响。

表4—6　　　　　　　访谈对象信息一览表

编号	籍贯	性别	专业	年级	学生干部	党团员
A	浙江湖州	女	财务管理	大一	是	团员
B	浙江杭州	女	小学教育	大二	是	党员

续表

编号	籍贯	性别	专业	年级	学生干部	党团员
C	浙江台州	女	小学教育	大一	否	团员
D	浙江台州	男	金融工程	大一	是	团员
E	四川南充	女	软件工程	大一	是	团员
F	浙江嘉兴	女	软件工程	大一	是	团员
G	浙江宁波	男	软件工程	大一	是	团员
H	浙江台州	男	金融工程	大二	是	团员
I	安徽六安	男	财务管理	大一	否	团员
J	浙江温州	男	国际贸易	大一	否	团员
K	江西九江	男	财务管理	大一	否	团员
L	浙江杭州	女	小学教育	大二	否	团员
M	浙江杭州	女	金融工程	大二	是	团员
N	浙江金华	女	财务管理	大一	是	团员
O	浙江杭州	女	财务管理	大二	是	团员
P	浙江义乌	女	财务管理	大一	是	团员
Q	浙江海宁	男	财务管理	大一	是	团员
R	浙江台州	女	市场营销	大一	是	团员
S	浙江舟山	女	市场营销	大三	是	党员
T	浙江台州	女	市场营销	大三	是	党员
U	浙江金华	男	思政教育	大三	是	团员

（一）"新青年下乡"活动对大学生心理成长的影响

通过对下乡学生访谈资料的分析整理，我们发现大学生在下乡服务的过程中，对其心理成长的影响主要有以下五个方面。

第一，满足大学生人际交往的心理需求。

Harrison[1]和Kirby[2]指出：志愿服务可以增强青少年的自尊，影响社会和个人责任，赋予个人价值感，提高青少年的领导能力和与他人相处

---

[1] Harrison, C. H., *Student Service: The New Carnegie Unit*, The Carnegie Foundation for the Advancement of Teaching, NJ: Princeton University Press, 1987.

[2] Kirby, K., *Community Service and Civic Education Sponsoring agency*, Washington, DC: Office of Educational Research and Improvement, 1989.

的能力。来自台州的T同学:"在'青春相冯'这个队伍里,每个成员都充满了生命的活力和蓬勃的朝气,他们的脸上洋溢着青春气息,他们的脸上带着阳光般的微笑。队伍里,每个人都拥有自己突出的才干、跳跃的思维;都拥有对实践火一般的热情;都拥有着求学问是、敢为人先、吃苦耐劳、团结互助的精神。下乡队员来自不同的学院,有数信学院,有商学院,有法政学院……我们在工作之余,还可以认识许许多多不同专业的人才,同时也交到了许多非常好的朋友,在闲暇之余,大家说说笑笑,原本是性格腼腆的队员们,也会放下自己的那份'矜持'变得落落大方起来。"参与问卷设计和调查的大二同学:"在服务队里有些是以前就认识的,有些是来了之后才认识的,认识了比较多的朋友,下乡锻炼了我们集体生活的能力。我是第一次参与下乡,队长、副队长是第二次下乡,我从他们身上学到了待人处世和解决问题的能力,参加下乡活动不仅仅是一个不断取长补短的过程,也是拓宽自己人脉的过程。"

第二,增强大学生的自信心。

自信心作为一种积极进取的内部动力,学生在下乡活动过程中,通过实践活动能够见证自我价值和劳动成果,从而提升自己的自信心。宣传组的L同学:"这次前往冯宅的下乡活动确确实实对我们大学生产生了深厚的影响,而这些影响更是体现在方方面面,最重要这次下乡活动增加了我们在发挥自己专长方面的自信。下乡服务队队员积极地响应冯宅村对我们的要求,努力发挥自己的优势和长处,充分地将自己在大学学到的知识运用到下乡的实践上。""不得不说,对于我们的实践队员来说,这是一次意义深远的突破,因为冯宅村给予了我们的实践队员发挥自己的才能的机会,给了我们实现自我价值,奉献社会的机会。这是我们入大学以来第一次将自己在大学所学到的知识运用于实践,而且绝不可能是最后一次,因为这只是一个完美的开始,我们大学生在4年的大学生涯里会越来越重视将自己所学运用于实践的过程,一步又一步,稳健地发展自我,提升自我价值,奉献社会。"参与支教活动的A同学说:"我在家里排行第二,家里有哥哥和弟弟,家里条件不是很好,在家里和他们沟通并不多,在学校和同学们的交流也不是很多。这次在冯宅的支教,为了能与小孩子交流,我尝试着用小孩子的思维和他们进行交流,效果很好。现在小孩子都非常喜欢我、认可我,都很热情地叫我梅姐姐,还经常给我带吃的。这次下乡服务活动给了我很大帮助，让我变得越来越有耐心、越来越勇敢，越来越敢在大家面前说话、表现自我。"

第三，增进大学生与农村、农民之间的情感依附。

提起冯宅村，两次参与下乡活动的"青春相冯"服务队队长H同学对冯宅村如数家珍："冯宅村地处万全镇宋桥片南翼，是一处历史悠久，文化底蕴丰厚，钟灵毓秀，源清流洁的典型江南水乡。全村总面积约0.55平方公里，其中耕地面积约570多亩，河道面积约300多亩，现常住人口185户，总人口625人，村里的年轻人在外经商比较多，剩下的以老人和小孩居多。冯宅村的规划有主要两个部分，一部分是环境整治，还有一个部分是经济发展。今年冯宅村成为万全镇的人才聚散中心，桃花林的桃子已经开始在微信、淘宝上进行销售。未来冯宅村的发展要内外结合，内就是要做好自身村庄的建设，外就是要靠资本下乡，冯宅村要重点打造自己的孝文化和书院文化。这是我第二次参加'新青年下乡'，冯宅的孩子、冯宅的村民、冯宅的一草一木都让我无比怀念和牵挂，我希望能够通过我的努力去帮助他冯宅。频频'亮相'也让农民群众记住了这帮热心的年轻人。不少爷爷奶奶都能直接叫出我们的名字，还招呼我们到家里做客，就像亲人一样热情。"

第四，增强大学生的自我认知。

参加过两次"青春相冯"下乡活动的J同学："我参加过两次'青春相冯'下乡活动，第一次是队员，第二次是副队长，每一次参加活动，我都认识了来自不同专业不同地区的同学，大家在一起相处非常的愉悦，在与大家接触的过程中，每一次我都会发现自己的一些不足，然后我会想办法改变自己，让自己更加优秀。现在的大学生基本上都生活在象牙塔里面，很难真正地了解农村，大学生下乡活动为我们提供了一个良好的平台带领大学生走出象牙塔去接触社会，体验生活。通过下乡活动，在不断战胜困难的过程中不断地完善自身的价值观，从而找到自己的人生目标。"

第五，有助于个人行为习惯的养成。

G同学表示通过下乡过程中的集体活动让自己的自理能力得到了较大提升："下乡给了我一个不一样的暑假，如果不下乡可能就会去做兼职或者就待在家里过一个很平凡的暑假。下乡服务除了帮助冯宅村做一些自己力所能及的事情外,自己也养成了很好的行为习惯。早上你必须早起,7:00吃集体早餐,错过了就没得吃,餐后碗筷要自己清洗,还有下午课程结束或者总结会后会主动去打扫卫生,整理座椅。在学校和家里,吃完晚饭后就是玩手机,在这里可以大家出去散散步,聊聊天,很少玩手机。"B同学也深有同感:"以前在家里或者在学校自理能力比较差,到了这里之后什么事情都要自己做,现在慢慢学会了自己去打理自己的事情,而且把自己的生活打理得井井有条,冯宅村环境比较好,放假的时候在家里,晚饭之后就是玩手机,在这里可以体验农村生活。"

(二)"新青年下乡"活动对大学生道德发展的影响

近年来,大学生"三下乡"社会实践活动在发挥育人功能方面起着重要的作用,越来越受到社会各界的欢迎和重视。[①]与"三下乡"一脉相承的"新青年下乡"同样在发挥育人功能、提升大学生道德发展方面起到了越来越重要的作用。

第一,有助于大学生树立正确的世界观、人生观和价值观。D同学、Q同学通过扎根农村30年的村支书的事迹了解,被郑书记的事迹所感动,呼唤大学生参与新农村建设。D同学:"冯宅村书记郑有才1990年从部队复员后,他就作为村干部长期扎根在基层最一线。被评选为浙江省的七大'最美村官'之一。我们不止一次的被这里的村干部感动着,他们放下了家庭、事业,全身心的投入到了冯宅村的建设中。曾经许许多多像郑书记的青年人来到农村,在火热的青春岁月里,他们默默坚守、无私奉献,正是他们用勤劳的双手挥洒汗水,在这片土地上播撒了希望和梦想。当年他们满怀一腔热血,把个人理想、命运和祖国的命运紧密联系在一起,把自己最美好的青春年华奉献给了农村的建设事业。时光转瞬即逝,当年豪情壮志的青年现在已是近迟暮的老人,岁月使他们的容颜老去,但是时代却依然在呼唤着他们这种热血精神。要让这种精神延续下去,唯有当代大学生新青年。"Q同学:"在这样的一次大学生下乡实践后,我们大学生充分地意识到了我们国家对人才的渴求,这对于激发大学生的好学上进精神尤为重要。诚然大部分的大学生来到大学都是为

---

① 朱开锋:《当代大学生"三下乡"社会实践育人问题研究综述》,《农村经济与科技》2016年第8期。

了学得知识，找到一份好工作。但是，作为当代大学生，在心中应当始终抱有一个成为人才，奉献社会，实现自我价值的目标。没有才能的人不可怕，可怕的是没有一颗渴望成才的心。而这次下乡实践恰好就是一个契机，让我们充分意识到了成才的重要性。而这种态度的转变，我相信最后的结果不仅仅只是体现在学生们在课堂上更认真，课后更努力，而是体现在大学生开始把成为人才作为自己的目标，把奉献社会作为自己的理想，全身心地配合大学时期的通才教育，努力成为一个全面发展的综合型人才。"

第二，有利于提升大学生社会责任感。在访谈过程中，多个学生提到下乡活动对于大学生责任感的培养。"这次下乡活动，让我学到很多农业知识、专业知识，让我们了解了真实的农村，使我们更加珍惜现在的学习生活，明白作为新青年的使命和责任。""下乡让我更关注农村问题，看到了新农村的发展，体验了农民的生活状态，刷新了我对农村的认识，也加深了对农村和农民的感情，更重要的是，我开始认识到青年人肩负的社会责任。""通过这次活动，我们的思想觉悟和社会责任感不断得到提升。希望通过我们的宣传，让更多的同学对农村有更加深入的了解，更加坚定我们的奋斗目标。"

第三，有助于培养大学生的吃苦耐劳的精神。由于不懂方言，问卷调查小组吃了不少苦头，他们在调查过程中积极发扬吃苦耐劳的精神，克服了重重困难最终圆满完成任务。"我们问卷调查小组为了提高效率我们便两两一组。沿着弄堂小巷，开始找路上的人，然而许久都没有结果。很多的都是老人，说着一口我听不懂的流利温州话。由于当时很多人家在吃午饭，我们便把目标转向了他们，挨家挨户地去询问。二十分钟过去了，仍旧一无所获。很多居民都表示不了解，抑或是在忙。我们的第一份是一位中年大叔填写的。当时的他正在和边上的人核对一些资料。当他接过调查问卷的那一刻，我和队友内心充满了喜悦，将近半小时了，这是成功的第一步。我们的第二份是在一户人家吃饭的时候发出的。一家五口围着八仙桌吃饭，当我们说明来意以后，他们很热情地接过了调查问卷并认真地填写。最后那张调查问卷上还带着他们热情，欢乐的油渍。虽然说我们被拒绝的次数远远多于被接受的次数，有时候询问一个人时，可能会被委婉的拒绝，也有可能被无视，还有一次我们被当成了传销业务的……在这中间沮丧是必然的,但是相比于这些,每次问卷被接受时的那种喜悦就更加无法形容。当我们迈着无力的步伐时,我们想着的是手里的调查问卷已经一份份地少了。每走一步,机会就多一点。整整4个小时,我们从街头绕着小巷,从小巷走到另一条街,为的只是手中的那一叠调查问卷。我们很感谢那些百忙之中抽空帮我们填写调查问卷的工作人员,感谢那些在烈日下认真填写的路人,感谢那些友好,热情的居民。当最后一份调查问卷完成时,我和队友都像小孩子吃了糖一样开心,相互击掌。那一次次的失败,那一声声的抱歉、谢谢都已忘却。"

第四,有助于培育大学生的公益精神。公益精神是人类文明进步的重要标志,是我国社会主义文化建设的重要组成部分,培育大学生的公益精神和公益理想一直以来都是我国高校思想政治教育的重要课题。来自四川南充的E同学:"我以前不喜欢去乡下,这次来了之后,改变了我的看法,许多农村也很美,农民群众也都很友善,他们需要我们的帮助,帮助他们让我体会到了快乐和成就感。我真诚希望在校的大学生,能够积极参与到'新青年下乡'活动中来,去做一些愿意做、能够做、能做好的服务项目,为农民群众带去知识与文化的红利,为农村发展贡献自己的力量。"

第五,有助于提高大学生的职业道德。部分村干部身上高尚的职业道德精神让不少下乡大学生们得到了熏陶,B同学说:"冯宅村书记郑有才,是位30年的老干部,从退伍回来一直留在村里,曾经在外面经商过,生意做得挺好,但是为了村里的发展留了下来。以前冯宅村环境很差,垃圾遍地都是,村里的农民也很穷,在村干部的带领下,现在已经成为数量不多的全国文明村和全国民主法治村,到现在他们还在奋斗,我感觉他们很敬业,非常了不起,我被他们的敬业精神深深感动。"I同学也表示:"村干部都很友善,我们有什么需求他们都会尽全力满足我们。当我知道村支书郑有才三十年一直在村里默默付出时,心里触动很大,还有智喜哥(村支部副书记冯智喜),年纪轻轻就扎根在这里,他们的奉献精神让我感动。"

(三)"新青年下乡"活动对大学生职业能力发展的影响

第一,有利于大学生获取职业知识与职业技能。市场营销专业的R同学:"来冯宅村之前,我们只是通过照片的形式了解冯宅村的情况,下乡之后为了让我们的规划更加实际，在下乡的一周时间里，我们通过实地考察、村干部、村民访谈、问卷调查等，了解冯宅村的实际情况。我以前在学校里也曾经写过创业计划书、市场营销方案等，基本上都是干写，并没有进行实地的考察，也不知道自己的策划能不能实现。这次我们仔细调查了解之后，发现冯宅村的优势和存在问题，再大家一起讨论，写出切合冯村实际的规划书。"同样学市场营销专业的 T 同学，感受到下乡对自己职业技能提升的帮助："我是市场营销学专业的，我们这次规划的重点是做好冯宅村的旅游产业，以旅游带动周边服务业的发展，旅游的吃、住、行都能带动冯宅以及周边农村的发展。这次写规划书的过程，让我们能够学以致用，这对我以后职业能力的发展肯定有很大的帮助。"

第二，有利于增强大学生的职业适应能力。教师教育学院小学教育专业的 C 同学："之前我没有上过课，上了一次之后就感觉自己停不下来，就很想当老师的感觉，能把自己所学的教给他们，感觉自己特别自豪。以前人多的时候，我也不大敢讲话，现在一上课感觉就特别兴奋，在这些小孩子前面讲话没有压力，特别自信。"软件工程专业的 F 同学："以前我在学校和家里很少接触过小朋友，这次一个人要带好几个小朋友，而且都是自己独立完成，特别考验我的耐性，生活中我不是非常有耐性的人，耐性的底线被这些小孩子一次次打破，感觉他们有时候无缘无故的生气，简直不可理喻。在安慰他们的过程中，我现在慢慢变得有耐性了，我是财务管理专业的，耐心对我的职业能力发展影响比较大，在今后的工作中肯定会有很大的帮助。"

第三，有利于培养大学生分析与解决问题的能力。Newmann 和 Rutter[①] 提出：社区服务可以帮助青少年成长，能够促进推理技能、抽象和假设思维的发展，以及提高其解决问题的能力。在下乡服务的过程中，大学生会对农村进行比较，尤其对自己生活的环境和下乡的农村进行比较分析，对农村的发展提出自己的建议。来自江西农村的 K 同学："相对于冯宅村，我老家的农村条件比冯宅差很多，基本上不与外界联系，以后可能会慢慢变成'空心村'。冯宅村的村村联合发展模式对于我们村的

---

① Newmann, F. A., & Rutter, R. A., The Effects of High School Community Service Programs on Students' Social Development: Final Report. Wisconsin Center for Educational Research, 1983.

发展很有借鉴意义，希望回家以后，能对自己家乡的发展提些建议。"来自浙江东阳的 U 同学："冯宅村相对我们村在规划项目上做得不够好，比如农田没有进行很好规划，东一块，西一块，而且种植的农作物也没有规划，很少有一片丰收的景象。冯宅村房屋、健身器材、图书馆规划也不好，像健身器材基本上没有什么人在用。要做一些项目，引进一些人才，对冯宅村进行更好规划。"宣传推广组的 T 同学："我要去宣传推广冯宅村的孝文化、书法文化、摄影基地等，首先就要设身处地去分析冯宅村当前的现状，面临什么样的机遇和挑战，再去做好宣传推广，这很考验我的综合分析能力。"

第四，有利于培养大学生的开拓创新能力。H 同学："我来冯宅村的时候被这里的优美环境所吸引，冯宅村的环境非常美，小桥流水人家，很像广东珠海的小洲村，故建筑保留非常好，文化也非常突出，目前是首都书画院写生基地。但冯宅村面积太小，如果只发展冯宅村很难发展起来，冯宅周边村村之间比较近，而且是一条河穿过好几个村，我们可以借鉴国家'一带一路'战略，以冯宅为主，几个村协同发展。目前万全的高速出口刚刚建成，交通已经比较便利，资金方面可以借助资本下乡先发展冯宅村，以先富起来带动后富的形式，把冯宅以及周边的村打造成为像小洲村一样的旅游基地。"

第五，有利于培养大学生的总结评估能力。N 同学："冯宅村目前的工作重点是发展经济，我感觉经济发展可以放缓，重点继续美化环境，一是农村的劳动力严重不足，二是村民们希望能安于现状，三是桃花林、荷花池、游乐场等存在管理不善的问题，如果经济发展操之过急，耽误了环境的美化，可以说是得不偿失。经济规划是必要的，但不能发展太快。重点要要继续美化环境，发扬传统文化。"

第六，有利于锻炼大学生的社交能力。N 同学："这里的风景比较漂亮，我们经常和不同年龄、不同职业的村民进行交流，了解他们自己理想的生活环境，在和不同人交流的过程中，我们对农村了解得更多，视野更加开阔。村庄其实就是很现实的一个社会，群众是一个非常复杂的群体，其中存在着很多的利益关系，但在简单的村落里，队员们和村民们热情的沟通与交流着，非常的和谐，气氛特别的轻松。我们还去了村里的古建筑处，并且当地的村民向我们介绍了它们的由来和历史，非常的热情和友好。当村民们知道我们洗澡不方便的时候,都带我们到他们家洗澡。在我们快要离开那个村落的时候,大家都依依不舍,我们都不舍得离开这个热情的村庄,这里和蔼的爷爷奶奶们。"宣传组的L同学:"我们做宣传,既锻炼了队员们的语言组织、表达能力和队员们的团结协作、交流组织能力,又培养队员稳健的台风和与人交往的能力,让队员们共同进步。"

  第七,有利于增强大学生的团队合作能力。支教小组在小组总结的过程中,多次提到团队合作的重要性。"对于服务队的每个人而言,这次在冯宅的实践活动,也提升了我们很多意识,首先是团队意识,我们这是一个团队,在做任何事情之前我们都要先为这个团队考虑,而不是一意孤行,要考虑这样做对于团队会有什么结果,就像我们规定所有的实践队队员们必须全部离开'卧室',没有什么事的也要必须都在下面听课,因为如果有些队员们不下来,不离开'卧室'而是躺在里面吹吹空调,玩玩手机那么有一个就会有两个,这样下去,我们的实践队就会变的懒散起来,缺乏凝聚力,做事会变得事倍功半。所以这是对于我们个人关于什么是团队意识的再次认识。"宣传推广组在提到小组的问题时,总结了团队合作的重要性。"我们分成三组,由于前期安排不合理,同时实践队员的经验不足,在实践活动的前期开展过程中出现了工作分配不均等问题,由于这样的问题更是引起了队内队员之间的矛盾。个别的实践队员缺乏责任感,并没有积极主动地投入到活动中去,让那些努力的队员觉得受到了不公平的对待,而正是这些缺乏团队和责任意识的同学严重影响了活动的氛围。在充分认识到这一问题后,队内便立即召开了会议,向大家强调了'团结合作'对于整个实践活动的重要性,同时,对于那些不够积极的同学组织谈话。经过此次的会议以及谈话,大家才充分认识到'团结合作'的精神对于此次实践活动成败的重要性。"

第五章

"新青年下乡"助力乡村振兴个案研究

温州2015年在全市12所高校开展"新青年下乡"活动，2017年3月武汉"新青年下乡"活动开始在江汉大学、武汉商学院、武汉软件工程职业学院、武汉城市职业学院四所高校进行试点。2018年新增武汉大学、华中科技大学、华中师范大学、中国地质大学等9所省部级高校，武汉高校全面开展"新青年下乡"活动，"新青年下乡"活动在助推乡村振兴战略、参与乡村治理等方面起到了重要的作用。通过与全国文明村冯宅村结对的"青春相冯"下乡服务队进行个案研究，了解"青春相冯"下乡服务队在助推冯宅振兴中的作用。

温州大学"青春相冯"下乡服务队是由温州大学商学院和其他学院学生组成，2005年在国家开启新农村建设，以工补农、以城带乡的全面部署下，动员更广泛的社会力量广泛参与新农村建设。温州大学"青春相冯"下乡服务队响应国家的号召，2006年开始25名大学生组成的"青春相冯"服务队，与平阳县万全镇冯宅村结对开展大学生下乡服务活动。2015年温州市启动"新青年下乡"活动后，"青春相冯"下乡服务队成为"新青年下乡"活动的典型案例，引起各大媒体的关注。2015年8月6日温州晚报以《"新青年下乡"为古村编制十年蓝图发展有参考书》为题，深入报道了"青春相冯"下乡制定十年发展规划，助推冯宅转型发展的做法。[①] 2015年11月11日温州日报以《平阳县冯宅村：小村十年变

---

① 范晨：《"新青年下乡"为古村编制十年蓝图发展有参考书》，《温州晚报》2015年8月6日。

身"世外桃源"》为题,深入报道了冯宅村在温州大学"青春相冯"下乡服务队十年规划的策划下,如何从一个偏远、"邋遢"的小村庄变成为全国民主法治村、全国文明村、浙江省森林村庄、浙江省美丽宜居示范村。① 2015 年 12 月 4 日中国教育报《温州三万大学生奔赴农村一线》把"青春相冯"服务队,为古村做十年发展规划,作为温州"新青年下乡"的典型案例,报道了"新青年下乡"活动"一校一县、一系一乡、一班一村""集中活动+常态服务"模式。② 冯宅村支部副书记冯智喜在接受访谈时说:"青春相冯下乡服务队对于冯宅村的影响是潜移默化的,是全方位的。非常欢迎这些能来下乡的新青年们,他们在农村挥洒汗水,施展抱负,利用自己的知识和能力,给农村带来了勃勃生机,更给农村的未来带来了可能和希望。"课题组于 2017、2018 年的暑假共四次对冯宅村实地进行调研,了解"青春相冯"下乡的服务内容、做法以及在助推冯宅振兴过程中的作用。

第一节 "青春相冯"下乡服务内容

"青春相冯"下乡服务队立足冯宅当地的自然、人文优势,综合利用资源,帮助冯宅村实现可持续发展。"青春相冯"下乡服务的主要内容有四个方面,具体措施、实现目标,见表 5—1。

表 5—1　　　　　"青春相冯"下乡服务队的主要内容

主要内容	具体措施	实现目标
发展特色经济	发展旅游经济、推广农村淘宝平台	基本实现农业农村现代化目标
传承发扬优秀文化	耕读文化、孝悌文化、弟子规学校、大榕树讲坛、二十四孝长廊	全国文明村和全国民主法治村

---

① 赵用:《平阳县冯宅村:小村十年变身"世外桃源"》,《温州日报》2015 年 11 月 11 日。
② 蒋亦丰:《温州三万大学生奔赴农村一线》,《中国教育报》2015 年 12 月 4 日。

续表

主要内容	具体措施	实现目标
保护生态环境	桃花林、荷花池、油菜花田、写生基地建设	省级森林村庄、美丽宜居示范村、市级生态村
支持农村教育	下乡支教	提升乡村教育质量

第一，促进经济发展。解决"三农"问题，这关系到国民经济全局，国家提出要把发展农业和农村经济、增加农民收入，作为经济工作的重中之重。目前冯宅村以商为主以农为辅，以个体经济为主，主要依赖于第一、二产业，总体收入较低。冯宅村意向尽力发展集体经济，目前还处于起步阶段，通过下乡服务队对冯宅村进行经济调查，根据调查结果，不断调整冯宅村的经济规划，创造出第一、第二、第三产业融合的新业态，为乡村振兴战略的实施提供重要的支撑。

第二，发扬传统文化。李克强总理指出构建现代公共文化服务体系，实施公民道德建设、中华文化传承等工程，让人民的物质生活更殷实，又要让人民的精神生活更丰富。下乡服务队帮助冯宅村策划设计文明墙、文化礼堂、二十四孝长廊、弟子规学校等，宣传孝悌文化、书法文化，从而进一步丰富了农村精神文化生活，为农民群众打造了美好的精神家园，把冯宅村建设成为"富强、文明、民主、和谐"的新农村。

第三，发展特色生态产业。冯宅村内小桥流水，笛声悠扬，郁郁古榕，临水吟唱，环境非常优美，是典型的江南水乡，这些为冯宅生态发展提供了条件。但是水桃花林等下游河道处的河流两旁有许多垃圾、绿藻等污染物堆积，造成部分河流附近有恶臭味，这不仅影响了冯宅村河流的水质，还影响了冯宅的空气质量。土地桃花林附近土地干涸，供水不足，道路两旁的草丛有丢弃的垃圾，路旁所设的垃圾桶较少，这些环境问题都是在生态发展中不可忽视的因素。下乡服务队帮助冯宅村规划桃花林、荷花池、油菜花田，为冯宅村恢复生态环境出谋划策。

第四，支教、义工等活动。每年的"大榕树讲堂"暑期支教都会成为冯宅村的孩子们最开心的活动，支教队员们针对冯宅村小朋友的兴趣和需求开展课业辅导、科普宣传、唱歌跳舞、书法绘画等教课，帮助冯宅村培养年青一代的优秀人才。同时，村里多为留守老人、儿童的情况，下乡服务队力所能及地帮助村民干农活、做义工，如2017年的"青春相冯"下乡服务队就在台风过后，通过劳动帮助村里恢复日常生活和生产。

第二节 "青春相冯"助推冯宅振兴做法

冯宅村支部副书记冯智喜在访谈中对"青春相冯"下乡服务队对于冯宅振兴给予了高度的评价："青春相冯服务队对于冯宅村的贡献非常大，2006年开始，现在双方已经成为一家人，每年服务队下乡之前，我们都会进行沟通，今年村准备做什么项目，需要什么专业人才都会提前沟通，温州大学根据冯宅的需要，开展大学生下乡服务。农村现在年轻人都出去打工或者经商，剩下孩子和老人居多，村干部没有几个人，大学生是先进群体，先进文化的代表，他们通过下乡的形式，为冯宅村的发展做出很大的贡献。尤其他们提出的发扬冯宅村的耕读文化、孝悌文化，已经成为冯宅村发展的亮点。十年发展规划已经成为冯宅村未来发展的蓝图。"冯宅村村支书郑有才在访谈中对十年发展规划书发出感慨："我在这个村当将近20年的书记，我们村委会从来没有想过要制订过十年规划，也从来没有这么详细的规划，大学生的十年发展规划，根据冯宅村的自然资源和传统文化，进行统筹规划，很有指导意义。经村两委讨论后，决定大的方向可以参照这个规划来走，可以一张蓝图干到底。"在"青春相冯"下乡服务队的规划指导和帮助下，目前冯宅村已经成为全国文明村、全国民主法治村、浙江省先进基层党组织、省级森林村庄、美丽宜居示范村等。作为"新青年下乡"活动的典型代表，"青春相冯"下乡服务队收到村干部和农民群众的欢迎，其做法和经验值得进行推广和运用。

一 制定十年发展规划书

每个乡村都有自己的历史、个性和特点，农村没有进行规划，造成资源浪费，这是在推进乡村振兴面临的一个突出问题。在推进乡村振兴的过程中，要尊重实际、因地制宜、循序渐进，既要长远目标，又要立足当前实际。① 2015 年"青春相冯"下乡服务队在指导老师的建议下，根据冯宅村的自然资源和历史文脉以及实地调研情况，发挥专业优势，编制了一套上万字的详尽的《冯宅村十年发展规划书》，并且在此后每年的下乡服务中，根据实际情况对规划书进行调整、改善，从而对冯宅村的经济、文化、环境等做出合理、科学的规划与指导。《冯宅村十年发展规划书》让冯宅村有了自己的"顶层设计"和"发展蓝图"。

（一）十年规划主要内容

第一年：

①河道开凿，水质净化，分区块初步建设；

②关于民宿的民意调查，根据调查结果，确定不同规格民宿的划分；

③除荷花池旁边空地的杂草，修建道路；

④联系学校，进行可行性分析，发展汉服产业经济。

第二年：

①联系服装厂开始发展汉服的产业经济（一定要有自己的品牌）；

②对于第一年确定的民意调查，开始实地考察，联系村民开始建设民宿；

③弟子规学校的初步建设；

④河道夜游建设（包括灯装饰、游船、花灯）；

⑤荷花池的周边绿化建设，包括停车场的建设；

⑥文化周边产品的设计；

⑦书法台的建设和村内壁画雕塑的建设。

第三年：

①继续民宿建设，建成的可以开始营业并加强推广宣传；

②弟子规学校的建设；

③汉服产业的规范化，拓展市场；

④开展夜游；

⑤周边产品开始联系厂商制作。

第四年：

①继续民宿建设推广；

---

① 韩长赋：《从江村看中国乡村的变迁与振兴》，《上海农村经济》2018 年第 7 期。

②弟子规学校的建设和宣传推广；

③商业街开始初步建设；

④汉服的继续推广。

第五年：

①弟子规学校的开设和宣传（之前在建造完善好后也可以直接开始宣传）；

②继续建设商业街。

第六年：

①打响弟子规学校的品牌；

②商业街的店铺及出租，开始联系有兴趣的店家入驻。

第七年：

①花林水渠和雕塑建设，并对于桃花林周边空地，开始划分地点建设用于露营、BBQ等；

②商业街的布置，及店家的入驻装潢。

第八年：

桃花林开始全面建设，包括水渠和生态系统的最终完善。

第九年：

①宣传和广告，将冯宅包装成为文化产业园；

②拉动周边村经济，开始共同建设，形成更大的文化经济园区；

③桃花林绿色生态系统的全面构建。

第十年：

继续完善之前的建设，创意新思路，做到可持续发展。

（二）十年规划主要特点

第一，短期与长期相结合。

乡村全面振兴将是一个长期的历史过程，而不是断代的、割裂的，乡村治理的体制机制在不断变化和调整。下乡服务队为冯宅村制定了详尽十年的发展规划外，每年都会总结冯宅的生态、社会、经济发展变化，对冯宅的十年发展规划书进行一定的调整，让短期调整与长期发展相结合，使之更好、更快发展。

第二，文化与经济相结合。

目前，在农村大量存在文化和经济发展无法互相协调的事实，农村文化的发展水平显然要落后于经济的实际发展水平。"青春相冯"下乡服务队发扬冯宅传统书法文化、耕读文化、孝悌文化，在发展经济的同时，保护传承这些传统文化，并且形成二十四孝文化长廊、弟子规学校、大榕树讲坛等传承传统文化场所。同时，通过各种网络平台及社交媒体，加大对冯宅的文化、经济的宣传力度，推广属于冯宅自身的文化品牌，使传统文化在经济发展过程中得到保护和发扬，经济在传统文化推广和宣传中得到发展，达到了经济与文化相辅相成、协调发展的目的。

第三，理论与实践相结合。

下乡服务队通过走访冯宅村居民、企业，了解冯村的经济发展趋势。一方面，把学校里的理论知识用于经济调研和经济数据分析，发挥学科专长，使大学生得到锻炼；另一方面，在调研的基础上，进一步完善冯宅的发展规划，指导冯宅的实际发展。理论与实践的相结合使发展规划更加完善可靠，使冯宅的经济发展更具有可行性和科学依据。

第四，发展与生态相结合。

在经济发展的过程中，盲目追求经济效益提高，始终不是可持续发展的有效手段，加强资源保护和生态修复、推动农业绿色发展和城乡协调发展是新农村建设的重要任务。在下乡服务队的策划下，冯宅在2007年植下了大量桃树（5600株），现在经过十余年发展，如今冯宅的桃花村已经粗具规模，冯宅走出了一条经济发展与生态保护相结合可持续发展之路。

二 助推冯宅"生态+文化"发展方式

第一，在生态环境方面，通过"青春相冯"服务队的指导和规划，冯宅村干部意识到生态环境对于一个地区的经济、社会、文化可持续发展的重要性。十余年来，村两委在"青春相冯"下乡服务队的帮助下，借助农村环境整治"千村整治、百村示范"工程，从环境入手，大力整治河道、垃圾处理、露天粪坑等环境问题，让冯宅村的生态环境得到极大改善；同时，充分利用改良后的生态环境资源，深挖乡村旅游文化内涵，建成桃花林、梅花园、荷花池等自然景观，引进水乡游船、书法写生、农家乐等乡村旅游项目，推动了冯宅的"生态+文化"经济发展。

1. 油菜花田建设

冯宅村民风朴实，自然环境优美，其中冯宅村当地大量栽种油菜花。油菜花属于一年生草本植物，花期相对较长，成活容易。冯宅村每年春季，往往大片大片金黄色油菜花，望不尽头。那么如何利用好这一片油菜花田，如何让这一大片油菜花田同冯宅村旅游相结合，成为队员们思考的着手点。油菜花广泛分布于长江流域沿岸，生活在南方的人，从小就对油菜花见惯不惯，可以说油菜花实在是普通极了。但是，温州城区范围广，高楼大厦林立，城市人只能够偶尔看到零星的油菜花，对于漫山遍野的油菜花早已经是记忆模糊。油菜花自然生长在冯宅村的土地上，错落有致，可以进一步种植油菜花，使之分布更加合理，更加具有美感，当游客一路而来，一路有油菜花田迎接，自然对冯宅村更加期待，更富于兴趣。因此冯宅村油菜花田，不需要太刻意修整，油菜花田的密和广，本身就是油菜花田这一美景的亮点所在。因此当冯宅村被油菜花田所包围，油菜花田簇拥着冯宅村时，我们可以规划专门的旅游线路，围绕着冯宅村，贴近油菜花田，同桃花林旅游景点相结合，在桃花林外围建设步行小道，使得旅客同自然亲近，同自然和谐。或是让旅客自由行走，自由摄影，自由取景绘画书写，自由去捕捉大自然的美好，去感悟冯宅村天人合一的境界。当然油菜花田花期虽长，也不脱于春季，这是典型的季节性观赏景点，暮春一至，油菜花凋谢，油菜花田这一景点就丧失了其意义。但是油菜花田同时带来的是产量巨大的菜籽油，这就是本地冯宅村的特产之一，即冯宅村的粮油。冯宅村粮油在包装之后，对外出售，甚至我们可以将周围村落的菜籽油都收购上来，打上冯宅村的牌子出售出去，扩大冯宅村品牌的知名度和影响力，看到冯宅村的粮油就想到冯宅村的美景，看到冯宅村的美景就想到冯宅村的粮油。

2. 荷花池建设

荷花是季节性植物，主要供游客在夏季观赏，观光客们可以漫步在荷花池畔，感受"灼灼荷花瑞，亭亭出水中"的大自然的馈赠。夏日的暑气也将在荷花的摇曳生姿中消失殆尽，取而代之的将会是沁人心脾的清凉舒适感。针对游客拍摄相关主题照片，比如毕业季时大学生拍摄汉服毕业照、家庭或同事的亲密留念等。在湖畔的亭子中，游人们还能品尝到新鲜的莲蓬和莲藕（因为荷花的种植量可以说挺大的，还可以考虑做其他经济收益的事），也可供各类艺术爱好者进行写生、摄影等活动。当然荷花开是在夏季，但是个人感觉而言，其实荷花的秋景也不错，只是可惜我们南方注定不会有大雪封湖的壮观景象。要作为一个重要景点，以及就在我们设计的入口边上，荷花池的景象会在一定程度上影响游客对游玩的评价，所以荷花池要更加细心的打理，并关注密度以及荷花枯萎后如果景色不好等问题，可以聘请专业人士向村民科普打理荷花池的相关知识。可招募村民定期清理荷花池，打捞垃圾；在荷花池中间可以修建亲水小道，有行走于荷花旁的感觉，但要做好秩序管理工作，保证安全。

3. 写生基地建设

我们现在关于冯宅的定位是以文艺青年和大学生为主要顾客的乡村主题的旅游基地。而冯宅具有桃花林及荷花池等美丽的景色，这是冯宅发展旅游业的一大优势。因此，我们认为，建设一个写生基地是很重要的。写生基地应该建在可以兼顾桃花林和荷花池两地景色的地方，这样可以最大程度的是游客看到他们最为想要的景色。可以考虑将旅游基地建在桃花林与荷花池的交接处，可以使写生的人从始至终都可以有一种美的感受。在该基地里应该有懂得美术的人去为他们提供专业的美术用具。而冯宅村也应该积极地去配合各高校美术学院的人前来写生，主动为他们提供最适合的写生景点。

第二，在文化发展方面，通过"青春相冯"服务队的指导和规划，冯宅村大力发展孝悌文化、书法文化等，不仅极大夯实了农村的精神文明建设，还形成了一套较完整的文化产业链，打造出独属于冯宅村的特色文化。一是策划设计二十四孝长廊、念亲恩壁画廊、弟子规学校、老年星光之家等文化场所，帮助村委会开展家训进厅堂、"三心四德"文化晚会、"孝文化"主题晚会、图片展等活动，让冯宅的孝悌文化深入人心。二是通过宣传推介书法文化，进行书法指导、书法比赛等系列活动，营造浓厚的书法文化氛围，进一步巩固冯宅村浙江书法第一村的地位和优势，让冯宅的书法文化远近闻名。

1. 书法文化：2015 年以来，下乡服务队十年规划紧紧抓住冯宅村"耕读文化"这一特色，大力开展"浙江书法村"建设，在村里成立了"大榕树书社"，吸收村里的书法爱好者为社员，参加书法学习。同时采取请进来和走出去的方法，邀请书法协会等专业机构和专业人士来村里指导、开展活动，引领带动村民学习书法这门传统艺术。并组织书社社员出去参观书法展，参加高级别的书法培训活动，提升书法水平。此外，冯宅村专门投入资金，设置书法教室，用于书法活动、教学、交流和展示，营造了浓厚的书法学习氛围。

2. 孝悌文化：下乡服务队于2009年提出打造孝道文化精品村的目标。帮助村委会通过兴建孝文化长廊，在长廊天花板描绘二十四孝讲解、引进"老年星光之家"、绘制念亲恩墙绘、将一座古民居改建成弟子规学校组织学习《弟子规》，为该村营造了浓浓的孝文化氛围。下乡服务队筹募资金成立孝老爱亲专项慈善基金会，用于奖励孝贤典范和改善老人生活待遇。组织策划每年举办村庄之星评选活动，评出"好媳妇""孝敬之星""助人为乐之星""邻里和睦之星"等，通过村民大会予以表彰。

3. 弟子规学校

冯宅村弟子规学校以古民居为办学场所，鼓励村民及孩子学习、研读《弟子规》《三字经》《论语》《育儿经》等中国传统精华。弟子规学校的教材针对不同年龄阶段、学习能力等因素对学生进行专门地设定，让弟子规学校的教育既高效有用又具有专业性、针对性。游客可以在弟子规学校听弟子规课程，并在隔壁的书画室内练习，感受国学文化氛围，传承国学精粹，感受冯宅浙江书法第一村的熏陶。暑假期间，弟子规学校对中小学生针对性地开展夏令营活动。

4. 大榕树讲坛

榕树是温州的市树，冯宅村有50余棵上百年的大榕树，凭借大榕树的历史优点，下乡服务在树上悬挂印有冯宅的特色标志，具有祈福意义的木牌，在上面用毛笔写祝福语、名字等，赋予各种美好祝福意义，而且通过挖掘与大榕树相关的历史故事，增添人文色彩。目前村委会准备投入资金在村口大榕树旁建设茶馆、书屋等具有文化特色的场所，"大榕树讲坛"已经成为村委会传递党代会精神、村民学习的家门口课堂。

5. 二十四孝长廊

二十四孝文化源远流长，作为中华文化的一个重要组成部分，近年来被人们所忽视，因孝道引发的一系列社会问题引人深思，而冯宅优秀的孝道文化恰恰弥补了孝道文化宣传的空缺。下乡服务队首先完善通往二十四孝长廊的道路，清理道路两旁的杂草以及一些堆积的垃圾。其次，对二十四孝文化要进行筛选，剔除其中愚孝的部分，用村内新的孝文化进行替换，构建符合社会主义核心价值观的新时代孝道文化。然后，对于在长廊上用三句半的形式歌颂冯宅新兴孝悌文化，定时开展活动，对外界宣传推广冯宅本地的孝悌文化。

第三，在经济发展方面，通过"青春相冯"下乡服务队的指导和规划，将"互联网＋"思维运用到农村生产中，并积极发展农家乐、民宿服务等以乡村旅游为核心的第三产业，从而改变了冯宅村以往过于依赖第一、二产业导致入不敷出的经济收入状况。一是"青春相冯"下乡服务队针对冯宅的经济现状进行经济调研，将"互联网＋"、电商与农产品销售进行深度结合，帮助冯宅申请腾讯"为村"平台的合作，并在冯宅村宣传推广农村淘宝平台。二是根据下乡服务队提出的规划，近年来争取上级政府资金支持实施"月亮工程"，包括旅游集散中心、民宿整改、婚纱摄影基地、酒厂建设等，完善县名企与村企结对的方案，以实现区域互利共赢，推动冯宅村经济的全面协调可持续发展。

1. 民宿建设

收购民宅或进行改造、建造民宿，让人从宣泄的城市中剥离出来，作为游客的居住场所，让游客体验到冯宅的风情以及文化氛围。第一，民宿编号。对于民宿，如果单纯地使用1号、2号房间来命名会显得太过单调，可以契合冯宅的弟子规文化，用弟子规中的"爱众""亲仁"来作为民宿的门牌，给人耳目一新的感觉，契合了冯宅文化，又显得好听。第二，民宿饮食。在民宿里，可以提供原生态的食物来满足游客的需求，可以采用冯宅的大米，油等进行烹饪，或者由游客自己进行手动烹饪，既提供了食物，又为冯宅进行了宣传。第三，民宿娱乐。冯宅民宿目前的娱乐设施还较少，可以在民宿内提供可供游客创作的书法台，并且可以把游客的墨宝展示在民宿房间内，体现冯宅的书法文化。

2. 酒馆与酒厂建设

目前策划建立一个特色酒馆。酒馆装潢别致典雅自成一格，其主题可以是乡村主题音乐酒馆，酒馆是以木质为主，旧时代气息浓郁，音乐背景柔和，以民谣为主。酒馆墙上裱以村民孩童以书法书写的弟子规三字经，彰显冯宅村孝悌文化，或是名家的诗词歌赋，呈现出冯宅村浓郁的文化氛围。再对酒馆建立其附属的特色小酒厂，来作为冯宅村旅游景点项目的组成部分，游客在酒馆在酒馆歇歇脚，聊聊天，品品酒之余。可以对酒厂进行参观，酒厂的各个工序之间，应当开放一部分区域，使得游客可以亲眼目睹冯宅村的酒液酿造的过程，使得游客有着最为直观的感受。酒厂的布置和设立不一定需要太过于现代化，设计风格自然要同冯宅村这一古色古香的村落相适应。

3. 观星台建设

冯宅村地处乡下，光污染较少，虽冯宅村地势不高，但周围无高大建筑物，并且冯宅村重工业少、空气质量高、污染少，因此夜间星空美景让人陶醉。冯宅村可以建设观星台，作为特色景点，而其中又以桃花林最为适合，具有得天独厚的优势。一方面能吸引和激发天外爱好者的兴趣，另一方面也可以作为夏令营孩子的科普课堂，甚至可以成为对外宣传的一大亮点。

第三节 "青春相冯"下乡服务实践经验

一 服务项目与专业结合

温州大学商学院作为培养商科人才之处，而冯宅村是以商为主、农为辅的温州农村，下乡学生能够发挥自己的专业优势，村与学校之间，相互汲取养分，互相成长。每年下乡服务队根据冯宅村的具体需求，向全校招募相应的专业学生，成立不同的小分队。如2017年下乡服务队根据冯宅需要分为：环境整治小分队、宣传摄影小分队、经济调研小分队、文化传承小分队。小分队的成员来自不同的地方和不同的专业，都是经过严格的面试和培训。例如，环境整治小分队中的同学，以生物与环境科学学院的专业同学为优先招收对象，组建专业化小分队，通过考察冯宅村的生态环境，帮助冯宅村在环境生态工程上起到指导作用，并提出利于冯宅村生态环境发展的有效意见，使资源充分利用，带动冯宅村的生态环境发展和特色农产品的经济发展。宣传摄影小分队，配备有普通的摄像机与照相机或有照相经验爱好的同学优先。摄影小分队主要负责照片的精彩抓拍、视频的跟踪拍摄，并且进行照片的整理挑拣，视频的制作剪辑，每日实践活动结束以后将照片、视频交给宣传小分队，为冯宅乡村留下丰富的图文资料。

二 加强实践基地建设

实践基地建设是"新青年下乡"活动常态化开展的重要条件，冯宅村作为与温州大学长期合作的大学生实践基地，通过校地合作，确保下乡活动的长期、有效开展。第一，村委会与学生进行有效沟通，鼓励学生创新。冯宅村委会除了为下乡大学生提供住宿、日常饮食外，在下乡服务队下乡后，活动开展之前都会召开下乡学生座谈会，由村干部介绍冯宅村近期的发展现状、规划执行情况以及在执行中遇到的困难，让下乡大学生能够有针对性、有目的地对冯宅村进行规划，鼓励大学生创新。第二，校团委鼓励长期合作。温州大学在评选"重点团队"和"校级品牌提升项目"时，会将下乡服务队的成立和持续时间纳入考评范围，并对成功入选的下乡服务队给予基金支持。第三，专业教师下乡指导。"青春相冯"下乡服务队指导老师是由冯宅村的经济顾问、温州大学商学院来教授担任，在大学生下乡期间，来教授经常会带一些专业老师，与村干部、下乡学生进行深入交流，通过"头脑风暴"可以想出一些比较好的点子，进而实施到冯宅的规划发展中去。通过"头脑风暴"一方面提升学生专业实践能力，为冯宅新农村建设献计献策；另一方面让大学生在与教师、专家、农民的交流过程中锻炼培养团队精神和与人沟通的技能，拥有更多的社会体验，让大学生学到更多书本之外的知识。

三 下乡服务学生以老带新

下乡服务队已经和冯宅村保持了十余年的合作关系，见证了冯宅村每一步的发展，在十多年的以老带新的传承方式下，不仅锻炼下乡大学生解决问题的能力、促进冯宅村的可持续发展，还让下乡服务队和冯宅村维持着深厚的结对关系，增强责任感和使命感。第一，学生下乡之前，召开服务队座谈会，由前几届参加活动的学生介绍冯宅村的实际情况和下乡经验，让下乡学生提前了解冯宅发展的现状和历史遗留的问题，不断从上几届的学生下乡活动中吸取经验。第二，在下乡实践中，由已经参加下乡活动的老生担任组长、副组长，有一部分学生在大学四年里坚持两三次参加"青春相冯"下乡活动。在老生的指导带领下，下乡服务队能更好地制定现阶段冯宅发展的方向和具体实践措施，提出有针对性的意见。第三，社团老队员带领新成员。下乡服务队核心队员基本上由温州大学商学院青年志愿者协会的部门成员，有良好的志愿服务精神，有足够的耐心，且在学校已经有了近一年的合作共事，有良好的默契度。在已经有合作经验的核心成员们的带领组织下，可以更好地分配下乡服务队队员的任务，让大家在最短的时间内成为一个整体，共同为冯宅的发展献计献策。

四　做好冯宅宣传

中国教育报、浙江日报、温州日报、温州商报、新浪等33家媒体报道了"青春相冯"下乡服务队的典型做法，同时下乡学生通过微信公众号、微博、官网等多种手段宣传冯宅的旅游、绿色食品，让冯宅村获得了社会上的广泛关注，这些媒体的关注对于活动的可持续开展提供了比较大的支持。2015年7月"青春相冯"下乡服务队给时任浙江省委书记夏宝龙写信，在信中提到了十年发展规划对冯宅村的作用以及期望把冯宅村打造成浙江省新农村建设典范的想法，引起了新闻媒体的高度关注。全信如下：

尊敬的夏宝龙书记：

我们是温州大学"青春相冯"下乡服务队的队员们，在这里向您诚挚的问好，感谢您在百忙之中抽出时间阅读我们的信。因为冯宅，才有了写下这封信的必要。从2006年实践队第一次来冯宅到现今，我们与冯宅村实践基地对接已经9年，可以说我们见证了冯宅村的一点点变化和进步。从一个平凡的村庄到现在已经小有规模，环境逐步完善，设施逐渐齐全，村民素质一步步的提高。来到这里，我们随学院的指导老师来教授一起了解了冯宅村的过往建设，实地调查了现状，帮冯宅村拟定了十年规划。这几年来无论是村干部还是村民都努力地朝着这个目标前进着，我们也看到了收获和成果。说到发展的过程，我们不止一次的被这里的村干部感动着，他们放下了家庭、事业，全身心的投入到了冯宅村的建设中。作为这批村干部代表的郑有才书记还因此被评选为浙江省的七大"最美村官"之一。然而在冯宅村快速发展的过程中，一些问题也逐渐地涌现出来：又一个十年，冯宅村陷入了迷惘，发展也遇到了瓶颈。

由于经济收入有限，所以冯宅村的基础建设都停留在待完善状态，发展受到阻碍。因为近年冯宅村也被评为了浙江书法村，孝文化基地，无论是环境还是文化，都有了很好的发展基础，所以我们希望能将这里建设成为文化产业园，同时响应国家新农村建设的号召，将冯宅村带到一个新的高度，成为浙江省新农村建设的典范，拉动周围村庄的建设和经济发展。我们专门依据冯宅的情况写了今后十年的规划，里面有详细的现状分析和规划方案。希望夏书记能听听我们的声音。对于冯宅，我们有着深厚的感情，解决村里发展遇到的问题是我们刻不容缓的职责。我们诚挚地希望您能采纳我们的意见，给予冯宅发展更多的支持，给冯宅一个更美好的明天。

　　此致

　　敬礼！

温州大学青春相冯暑期社会实践队

2015 年 7 月 19 日

第六章

"新青年下乡"活动现状、问题与建议

武汉、温州开展的"新青年下乡"活动对于大学生社会主义核心价值观培育、农村社会主义核心价值观建设以及大学生的成长都具有非常重要的意义,是推动新时期高校思想政治教育与新农村建设相结合、学生成长成才与联系服务农村群众相结合的新载体、新探索、新举措。课题组在问卷调查的基础上,通过对带队老师、指导老师、高校相关部门领导以及团县委专职工作人员、各镇(街)团(工)委书记、各村(社区)联络员等进行访谈,了解"新青年下乡"活动开展现状、存在的问题,提出"新青年下乡"活动常态化、制度化、长效化的建议。

第一节 "新青年下乡"活动现状调查

一 下乡活动次数以一次为主

从大学生下乡的次数统计图可以看出,49.65%的学生只参加了一次"新青年下乡"活动,2—3次的有31.97%,6次以上的只有9.98%,见图6—1。从性别、教育水平、政治面貌、专业类型、生源地、学生干部与"下乡次数"进行交叉分析,结果发现:参加6次以上的研究生,明显要高于本专科学生,参加6次以上"新青年下乡"活动的研究生达到43.75%,专科学生只有14.01%,本科生只有7.50%,见表6—2。参加6次以上的党员要明显高于团员和群众,中共党员的比例是33.03%,共青团员是8.69%,群众是6.25%,见表6—3。学生干部参加2次以上

"新青年下乡"活动的比例要高于一般学生,见表6—6。学生性别、专业类型、生源地在下乡次数上没有区别,从生源地的交叉分析可以看出农村学生对于参加"新青年下乡"活动的次数与城镇学生差别不大,见表6—1、表6—4、表6—5。

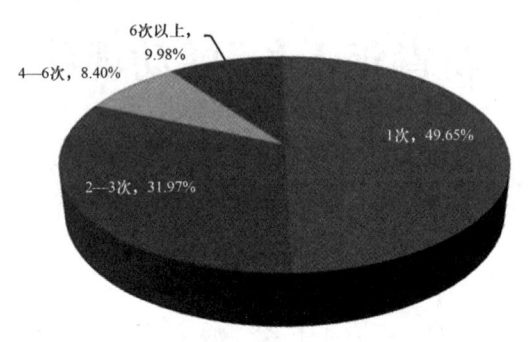

图6—1 大学生下乡次数统计图

表6—1　　性别与"参加新青年下乡活动次数"的交叉分析　　单位:%

X/Y	1次	2—3次	4—6次	6次以上
男	46.84	31.97	8.55	12.64
女	51.77	31.97	8.27	7.99

表6—2　　教育水平与"参加新青年下乡活动次数"的交叉分析　　单位:%

X/Y	1次	2—3次	4—6次	6次以上
专科生	46.18	30.89	8.92	14.01
本科生	51.74	32.61	8.15	7.50
研究生	25.00	25.00	6.25	43.75

表6—3　　政治面貌与"参加新青年下乡活动次数"的交叉分析　　单位:%

X/Y	1次	2—3次	4—6次	6次以上
中共党员	16.51	34.86	15.60	33.03
共青团员	51.64	31.69	7.98	8.69
群众	54.69	32.81	6.25	6.25
其他	33.33	50.00	16.67	0.00

表6—4 专业类型与"参加新青年下乡活动次数"的交叉分析　　　单位:%

X/Y	1次	2—3次	4—6次	6次以上
理工科	47.80	31.71	8.29	12.20
文科	56.76	28.90	5.20	9.14
医科	41.90	38.57	11.67	7.86
农科	51.92	32.69	11.54	3.85
其他	52.38	28.25	8.57	10.80

表6—5 生源地与"参加新青年下乡活动次数"的交叉分析　　　单位:%

X/Y	1次	2—3次	4—6次	6次以上
城镇	53.26	30.29	8.14	8.31
农村	47.91	32.78	8.51	10.8

表6—6 学生干部与"参加新青年下乡活动次数"的交叉分析　　　单位:%

X/Y	1次	2—3次	4—6次	6次以上
是	46.41	34.11	8.76	10.72
否	67.00	20.54	6.40	6.06

二 下乡活动项目主要以"支教"和"敬老服务"为主

大学生下乡活动的项目调查显示,大学生参与"新青年下乡"活动项目主要有支教活动、敬老服务、社区建设等,40.63%的学生参加过支教活动,39.19%的学生参加过敬老院服务,37.07%的学生参加过社区建设活动,而参加法律维权援助的学生只有4.25%,见图6—2。

从性别、教育水平、政治面貌、专业类型、生源地、学生干部与"参加新青年下乡活动项目"进行交叉分析,结果发现:性别和生源地没有区别,但不同教育水平、专业类型、政治面貌和学生干部在参加活动项目上存在一定的差异。本专科学生在参加的活动项目上没有明显差异,主要以敬老院服务和支教为主,但研究生在参加扶贫济困、文化助残、法律维权等方面要明显高于本科生和专科生,见表6—8。不同专业类型的学生在参加项目上也有所不同,理工科专业学生主要以社区建设服务和支教活动,文科专业学生主要以支教活动和敬老院服务为主,医科专

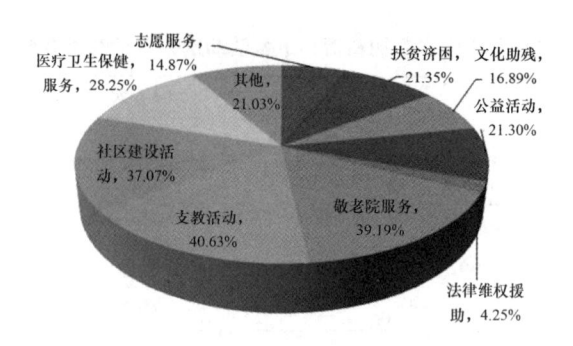

图6—2 下乡活动项目统计图

饼图数据：
- 医疗卫生保健服务，28.25%
- 志愿服务，14.87%
- 其他，21.03%
- 扶贫济困，21.35%
- 文化助残，16.89%
- 公益活动，21.30%
- 法律维权援助，4.25%
- 敬老院服务，39.19%
- 支教活动，40.63%
- 社区建设活动，37.07%

业学生由于专业性的特点主要参加医疗卫生保健服务和敬老院服务，农科专业学生主要参加社区建设和医疗卫生保健服务，见表6—10。从专业类型与"新青年活动项目"交叉分析可以看出，大学生下乡服务项目与专业结合比较紧密，参加"新青年下乡"活动有利于大学生专业技能的提升。从政治面貌、学生干部与"参加新青年下乡活动项目"的交叉分析，我们可以看出学生干部、党员参加各项活动的百分比明显要高于普通的学生，一方面说明学生干部、党员参与"新青年下乡"活动的积极性要高于普通大学生，另一方面说明他们是各项活动的主力军，是"新青年下乡"的组织者和主要参与者，见表6—9、表6—12。

表6—7　性别与"参加新青年下乡活动项目"的交叉分析　　单位：%

X/Y	大型志愿服务	扶贫济困	文化助残	公益活动	法律维权援助	敬老院服务	支教	社区建设	医疗卫生保健服务	其他
男	18.22	24.41	19.58	21.31	5.95	37.3	36.43	40.4	27.26	20.69
女	12.36	19.05	14.87	21.28	2.97	40.61	43.77	34.57	29	21.28

表6—8　教育水平与"参加新青年下乡活动项目"的交叉分析　　单位：%

X/Y	大型志愿服务	扶贫济困	文化助残	公益活动	法律维权援助	敬老院服务	支教	社区建设	医疗卫生保健服务	其他
专科	15.17	21.21	19.04	23.37	4.18	39.78	36.38	39.32	21.36	19.81
本科	14.12	20.82	15.17	19.94	3.95	38.34	42.37	35.43	31.15	21.31
研究生	43.75	43.75	43.75	18.75	25.00	18.75	31.25	31.25	50.00	25.00

表6—9　　政治面貌与"参加新青年下乡活动项目"的交叉分析　　单位:%

X/Y	大型志愿服务	扶贫济困	文化助残	公益活动	法律维权援助	敬老院服务	支教	社区建设	医疗卫生保健服务	其他
中共党员	25.69	37.61	30.28	38.53	9.17	54.13	47.71	39.45	45.87	18.35
共青团员	14.14	20.31	16.26	20.48	3.93	38.67	40.79	36.91	27.64	21.13
群众	17.19	20.31	10.94	14.06	3.13	28.13	26.56	32.81	14.06	25
其他	0	33.33	16.67	16.67	16.67	33.33	16.67	83.33	33.33	0

表6—10　　专业类型与"参加新青年下乡活动项目"的交叉分析　　单位:%

X/Y	大型志愿服务	扶贫济困	文化助残	公益活动	法律维权援助	敬老院服务	支教	社区建设	医疗卫生保健服务	其他
理工科	17.07	22.60	16.59	20.81	3.58	37.40	33.98	38.21	17.89	23.41
文科	15.38	19.96	19.75	18.92	7.69	38.46	50.73	36.17	15.80	19.54
医科	12.14	24.05	14.29	23.81	1.43	45.71	41.67	37.38	64.76	17.38
农科	5.77	13.46	13.46	23.08	3.85	19.23	11.54	46.15	36.54	19.23
其他	14.92	18.73	17.14	22.22	4.13	38.41	41.59	34.29	17.46	23.81

表6—11　　生源地与"参加新青年下乡活动项目"的交叉分析　　单位:%

X/Y	大型志愿服务	扶贫济困	文化助残	公益活动	法律维权援助	敬老院服务	支教	社区建设	医疗卫生保健服务	其他
城镇	14.98	23.62	17.59	20.20	5.05	35.34	39.74	36.32	31.11	19.06
农村	14.81	20.25	16.55	21.83	3.86	41.06	41.06	37.43	26.87	21.99

表6—12　　学生干部与"参加新青年下乡活动项目"的交叉分析　　单位:%

X/Y	大型志愿服务	扶贫济困	文化助残	公益活动	法律维权援助	敬老院服务	支教	社区建设	医疗卫生保健服务	其他
是	15.89	23.20	17.97	22.38	4.41	39.91	41.87	38.84	29.45	20.93
否	9.43	11.45	11.11	15.49	3.37	35.35	34.01	27.61	21.89	21.55

三 下乡主题以"爱心助农"为主

温州市、武汉市开展的"新青年下乡"活动重点围绕理论育农、科技支农、文化乐农、爱心助农、生态兴农等五大主题开展。对下乡主题调查结果显示：56.24%的学生参加爱心助农活动，43.87%的学生参加文化乐农活动，理论育农、科技支农、生态兴农只有17.79%、16.83%和15.35%，见图6—3。党的十九大报告提出乡村振兴战略，按照"产业兴旺、生态宜居、乡风文明、治理有效、生活富裕"的总要求协调发展，从"新青年下乡"活动项目和主题来看，理论育农、科技支农、生态兴农明显过少，按照乡村振兴战略的总要求，必须对下乡的项目进行结构性调整，全面参与乡村振兴战略。

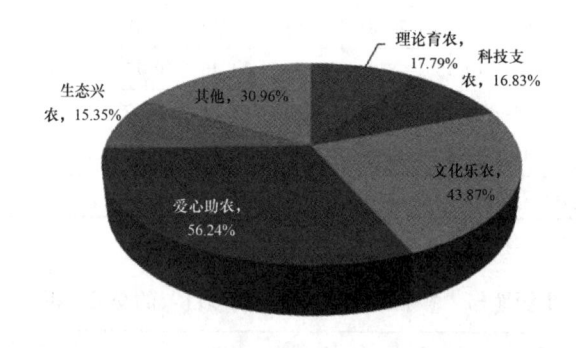

图6—3 "新青年下乡"活动主题统计图

为了更进一步了解不同群体在下乡主题上的差异，课题组从性别、教育水平、政治面貌、专业类型、生源地、学生干部与"下乡活动主题"进行交叉分析，结果发现：男女学生在文化乐农、爱心助农、生态兴农等方面没有什么差异，但是在科技支农方面，男生的百分比明显要高于女生，见表6—13。从教育水平与"下乡活动主题"的交叉分析，专科生和本科生在活动主题方面没有什么差别，主要以爱心助农和文化乐农两大主题活动为主，而研究生在科技支农方面的百分比为43.75%，明显要高于本专科学生的14.85%和20.06%，见表6—14。中共党员参加各类主题活动的比例都要高于共青团员、群众，说明中共党员学生参与的积极性比较高，见表6—15。不同专业学生参与下乡的主题活动也有所不同，科技支农和生态兴农两大主题活动上，农科学生参与的比例最高，分别为51.92%和36.54%，明显要高于其他专业的学生；文化乐农主题活动文科学生参与的比例最高，为51.35%；爱心助农主题医科学生比例最高，为63.57%。见表6—16。学生干部在文化乐农方面要高于普通学生，在爱心助农方面略高于普通学生，无论是农村的学生还是城镇的学生在下乡活动主题上都没有差别，见表6—17、表6—18。

小结：大学生参加"新青年下乡"活动主要围绕爱心助农和文化乐农两大主题，不同学生参与活动的主题存在一定差异：在科技支农方面，男生参与人数的比例要高于女生，研究生的比例要高于本科、专科学生。在专业方面：农科学生主要参与科技支农和生态兴农两大活动，文科学生主要参与文化乐农活动，医科学生主要参与爱心助农活动，说明大学生在选择下乡活动项目时，会根据自己的专业，选择与自己专业相同或者相近的项目参加，另外进一步说明"新青年下乡"活动有利于大学生专业实践能力的提升。

表6—13　　性别与"参加新青年下乡活动主题"的交叉分析　　　单位:%

X/Y	理论育农	科技支农	文化乐农	爱心助农	生态兴农	其他
男	21.44	21.69	43.00	53.90	15.74	29.99
女	15.06	13.20	44.52	57.99	15.06	31.69

表6—14　　教育水平与"参加新青年下乡活动主题"的交叉分析　　　单位:%

X/Y	理论育农	科技支农	文化乐农	爱心助农	生态兴农	其他
专科生	17.68	20.06	41.72	55.89	17.20	36.31
本科生	17.84	14.85	44.87	56.58	14.45	28.25
研究生	18.75	43.75	50.00	43.75	12.50	31.25

表6—15　　政治面貌与"参加新青年下乡活动主题"的交叉分析　　　单位:%

X/Y	理论育农	科技支农	文化乐农	爱心助农	生态兴农	其他
中共党员	25.69	31.19	55.96	66.06	18.35	19.27
共青团员	17.31	16.02	43.19	56.22	15.08	31.57

续表

X/Y	理论育农	科技支农	文化乐农	爱心助农	生态兴农	其他
群众	17.19	14.06	39.06	42.19	10.94	37.5
其他	16.67	16.67	66.67	33.33	83.33	0.00

表6—16　专业类型与"参加新青年下乡活动主题"的交叉分析　　单位:%

X/Y	理论育农	科技支农	文化乐农	爱心助农	生态兴农	其他
理工科	21.30	21.95	41.79	52.36	16.91	30.24
文科	19.96	14.14	51.35	56.13	15.59	25.99
医科	16.43	12.62	41.67	63.57	11.67	31.19
农科	13.46	51.92	32.69	46.15	36.54	23.08
其他	10.16	10.79	41.27	55.87	13.33	40.95

表6—17　生源地与"参加新青年下乡活动主题"的交叉分析　　单位:%

X/Y	理论育农	科技支农	文化乐农	爱心助农	生态兴农	其他
城镇	20.20	17.43	46.91	53.09	13.19	29.32
农村	16.63	16.55	42.40	57.76	16.39	31.76

表6—18　学生干部与"参加新青年下乡活动主题"的交叉分析　　单位:%

X/Y	理论育农	科技支农	文化乐农	爱心助农	生态兴农	其他
是	18.79	18.10	45.65	57.50	15.45	29.38
否	12.46	10.10	34.34	49.49	14.81	39.39

四　参加"新青年下乡"活动有内在动力和外部宣传两方面的影响

大学生参加"新青年下乡"活动的原因，有内外两方面的因素，见图6—4。"自己一直都希望参加""专业教学实践的需要""综合测评、奖学金评定的需要"是学生参加"新青年下乡"活动的内在动力，其中66.22%的学生是"自己一直都希望参加"，35.32%的学生选择"专业教学实践的需要"，25.33%的学生是为了"综合测评、奖学金评定的需要"。大学生参加"新青年下乡"活动，除了内在动力，外部的宣传也同样重要，57.20%的学生受"学校院系的大力宣传"，33.51%的学生受

"同学、朋友的鼓动",加强各类媒体的宣传,可以让更多的大学生参与"新青年下乡"活动。

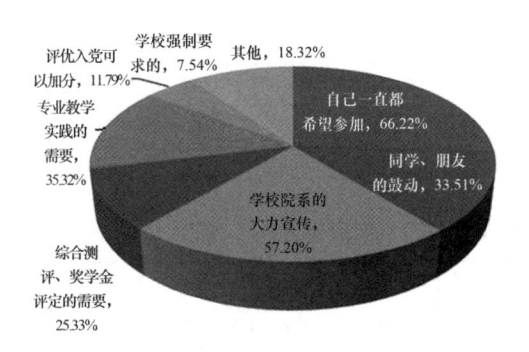

图6—4 参加"新青年下乡"活动的影响因素

从性别、教育水平、政治面貌、专业类型、生源地、学生干部与"参加新青年下乡活动的原因"进行交叉分析,结果发现在男女生和不同生源地学生在"参加新青年下乡的原因"差异不大。研究生在专业实践、评优入党的需求要高于本科生和专科生,但在受"别人影响"和"学校宣传"等方面要小于本科生和专科生。中共党员"自己希望"和"学校宣传"的比例要高于其他学生,见表6—21。学生干部比一般学生受学校宣传影响更大,受学校宣传影响的学生干部百分比是58.95%,一般学生百分比是47.81%,见表6—24。

表6—19　　性别与"参加新青年下乡活动原因"的交叉分析　　单位:%

X/Y	自己希望	别人影响	学校宣传	奖学金评定	专业实践	评优入党	强制要求	其他
男	67.29	37.05	53.04	24.29	33.58	12.52	8.18	18.71
女	65.43	30.86	60.32	26.12	36.62	11.25	7.06	18.03

表6—20　　教育水平与"参加新青年下乡活动原因"的交叉分析　　　单位:%

X/Y	自己希望	别人影响	学校宣传	奖学金评定	专业实践	评优入党	强制要求	其他
专科生	69.27	32.01	55.73	26.59	35.67	14.33	4.94	21.02
本科生	64.57	34.14	58.19	24.62	34.95	10.33	8.64	16.87
研究生	75.00	23.75	37.50	31.25	50.00	25.00	25.00	25.00

表6—21　　政治面貌与"参加新青年下乡活动原因"的交叉分析　　　单位:%

X/Y	自己希望	别人影响	学校宣传	奖学金评定	专业实践	评优入党	强制要求	其他
中共党员	77.98	31.19	66.06	18.35	39.45	11.01	5.50	19.27
共青团员	66.08	33.69	56.92	25.88	35.27	11.97	7.57	18.25
群众	51.56	32.81	50.00	23.44	31.25	9.38	9.38	20.31
其他	50.00	33.33	50.00	16.67	16.67	0.00	16.67	0.00

表6—22　　专业类型与"参加新青年下乡活动原因"的交叉分析　　　单位:%

X/Y	自己希望	别人影响	学校宣传	奖学金评定	专业实践	评优入党	强制要求	其他
理工科	66.02	36.75	55.77	24.55	32.68	10.57	5.85	18.7
文科	60.71	34.51	60.91	25.36	38.25	9.77	9.98	17.88
医科	75.95	32.86	53.81	25.71	30.95	13.81	5.95	12.86
农科	63.46	26.92	67.31	23.08	46.15	11.54	0.00	28.85
其他	62.54	27.62	57.14	26.67	40.00	14.60	10.48	23.81

表6—23　　生源地与"参加新青年下乡活动原因"的交叉分析　　　单位:%

X/Y	自己希望	别人影响	学校宣传	奖学金评定	专业实践	评优入党	强制要求	其他
城镇	61.89	34.36	61.07	29.48	35.34	10.42	10.42	14.5
农村	68.32	33.10	55.32	23.33	35.30	12.45	6.15	20.17

表6—24　　学生干部与"参加新青年下乡活动原因"的交叉分析　　单位:%

X/Y	自己希望	别人影响	学校宣传	奖学金评定	专业实践	评优入党	强制要求	其他
是	68.28	32.79	58.95	25.66	35.62	12.36	7.31	17.34
否	55.22	37.37	47.81	23.57	33.67	8.75	8.75	23.57

五　参加"新青年下乡"对学生成长有较大的作用

《武汉市"新青年下乡"活动结对班级进村入户工作指导意见》要求:"引导青年大学生深入到田间地头、农户家中、社区街头巷尾了解农村基层群众生产生活状况,近距离体验乡风民情,增进与农民群众的感情;在条件允许的情况下参与农村劳动,掌握一定的农业知识和工作技能;为构建农村精神文化家园,传播新思想、新文化、新理念,用所学知识帮助农民,解决农村发展中的实际问题。"有74.88%的学生认为参加"新青年下乡"活动"能够增强我的社会责任感",70.95%的学生认为"有助于我深入了解国情、社情、民情"、68.14%的学生认为"有利于增强我的团队合作能力"、67.60%的学生认为"有利于我开阔视野,丰富人生阅历"、60.86%的学生认为能够增强社会适应能力、55.23%的学生认为能培养吃苦耐劳的品质、48.81%的学生认为能提高专业知识和技能,认为"没有多大作用,浪费时间"的只有3.61%,见图6—5。

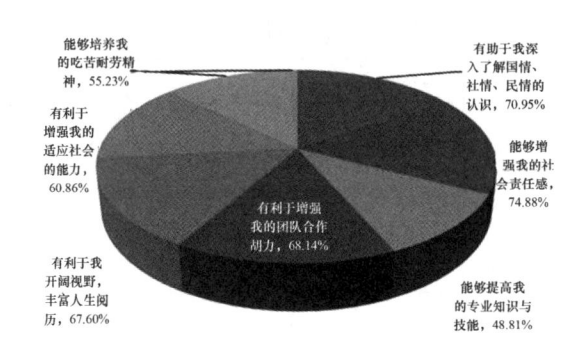

图6—5　参加"新青年下乡"对个人作用统计图

从性别、教育水平、政治面貌、专业类型、生源地、学生干部与"参加新青年下乡活动对个人成长有什么作用"进行交叉分析,结果发现不同的学生认为"新青年下乡"对个人成长的作用不一样。女生和男生在"了解国情、社情、民情""增强社会责任感""增强团队合作能力"等方面差异不大,但女生比起男生认为参加"新青年下乡"活动更能开阔视野、丰富阅历,更能增强适应社会能力,更能培养吃苦耐劳的精神,见表6—25。不同的教育水平调查结果也不一样,在"了解国情、社情、民情"这一选项上,专科生是70.70%,本科生是71.35%,而研究生只有50.00%;"增强社会责任感"专科生是76.27%,本科生是74.50%,而研究生只有50.00%;"提升专业知识、技能"专科生是46.60%,本科生是50.12%,研究生是37.5%;"增强团队合作能力"专科生是73.89%,本科生是65.46%,而研究生只有50.00%;同样在其他方面研究生要明显低于专科和本科的学生,而在"没有多大作用"选项上研究生达到了18.75%,远远超出了专科生的4.78%,本科生的3.95%,见表6—26。

小结:在参加"新青年下乡"活动对于个人成长的作用调查发现,大多数学生认为参与"新青年下乡"活动能够开阔视野、丰富阅历、增强社会责任感、增强团队合作能力等,但研究生对于个人作用的认识不如本专科学生深刻,这也是研究生下乡人数明显要少于本专科学生人数的主要原因之一。

表6—25　性别与"参加新青年下乡活动对个人的作用"的交叉分析　　单位:%

X/Y	了解国情、社情、民情	增强社会责任感	提升专业知识、技能	增强团队合作能力	开阔视野,丰富阅历	增强适应社会能力	培养吃苦耐劳精神	没多大作用
男	71.00	70.26	48.70	63.57	61.34	53.9	49.44	5.33
女	70.91	78.35	48.88	71.56	72.30	66.08	59.57	2.32

表6—26 教育水平与"参加新青年下乡活动对个人的作用"的交叉分析　单位:%

X/Y	了解国情、社情、民情	增强社会责任感	提升专业知识、技能	增强团队合作能力	开阔视野,丰富阅历	增强适应社会能力	培养吃苦耐劳精神	没多大作用
专科生	70.70	76.27	46.50	73.89	68.47	64.81	60.83	4.78
本科生	71.35	74.50	50.12	65.46	67.64	59.16	52.62	3.95
研究生	50.00	50.00	37.50	50.00	31.25	37.50	37.50	18.75

表6—27 政治面貌与"参加新青年下乡活动对个人的作用"的交叉分析　单位:%

X/Y	了解国情、社情、民情	增强社会责任感	提升专业知识、技能	增强团队合作能力	开阔视野,丰富阅历	增强适应社会能力	培养吃苦耐劳精神	没多大作用
中共党员	86.24	81.65	65.14	66.97	67.89	59.63	60.55	6.42
共青团员	70.19	75.06	48.18	68.49	67.78	61.50	55.16	3.35
群众	65.63	60.94	40.63	64.06	60.94	43.75	50.00	6.25
其他	66.67	50.00	16.67	33.33	83.33	83.33	33.33	0.00

表6—28 专业类型与"参加新青年下乡活动对个人的作用"的交叉分析　单位:%

X/Y	了解国情、社情、民情	增强社会责任感	提升专业知识、技能	增强团队合作能力	开阔视野,丰富阅历	增强适应社会能力	培养吃苦耐劳精神	没多大作用
理工科	71.22	72.52	44.23	64.88	67.32	56.10	53.66	3.41
文科	70.89	80.04	48.02	68.19	66.53	63.20	56.55	3.53
医科	75.95	75.00	59.05	70.48	67.62	61.90	55.24	3.33
农科	61.54	67.31	50.00	69.23	73.08	71.15	55.77	1.92
其他	65.40	72.70	45.08	71.11	68.89	63.49	56.19	4.76

表6—29 生源地与"参加新青年下乡活动对个人的作用"的交叉分析　　单位:%

X/Y	了解国情、社情、民情	增强社会责任感	提升专业知识、技能	增强团队合作能力	开阔视野,丰富阅历	增强适应社会能力	培养吃苦耐劳精神	没多大作用
城镇	72.15	74.27	50.81	66.45	66.61	58.14	55.21	4.07
农村	70.37	75.18	47.83	68.95	68.09	62.17	55.24	3.39

表6—30 学生干部与"参加新青年下乡活动对个人的作用"的交叉分析　　单位:%

X/Y	了解国情、社情、民情	增强社会责任感	提升专业知识、技能	增强团队合作能力	开阔视野,丰富阅历	增强适应社会能力	培养吃苦耐劳精神	没多大作用
是	72.57	76.10	49.56	68.35	67.72	61.66	55.99	3.59
否	62.29	68.35	44.78	67.00	67.00	56.57	51.18	3.70

第二节　"新青年下乡"活动问题调研

一　下乡次数不能很好满足农村需求

村干部对大学生下乡欢迎程度的问卷调查显示,90.37%村干部欢迎大学生下乡活动,其中62.78%非常欢迎,27.59%的表示欢迎,只有2.79%的村干部表示说不清楚,见图6—6。除了欢迎大学生下乡,村干部基本上都会参与大学生下乡活动,其中17.22%每次都参加,37.22%表示大部分参加,只有9.37%不参加,见图6—7。在村里一年举行的大学生下乡活动次数主要以2—3次为主,占42.28%,开展过一次活动的占23.29%,4次以上的占21.27%,但是还有13.16%的村全年没有举行过大学生下乡活动,见图6—8。说明"新青年下乡"活动开展以来,深受村干部和农民的欢迎,在绝大部分农村受惠的同时,但是目前活动的次数还不能很好满足农村的需求。

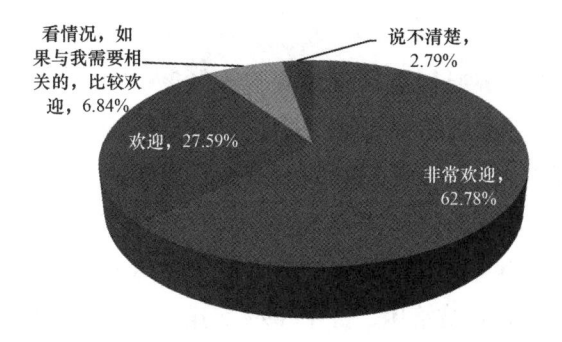

第六章 "新青年下乡"活动现状、问题与建议 / 159

图6—6 村干部对"新青年下乡"活动的欢迎程度统计图

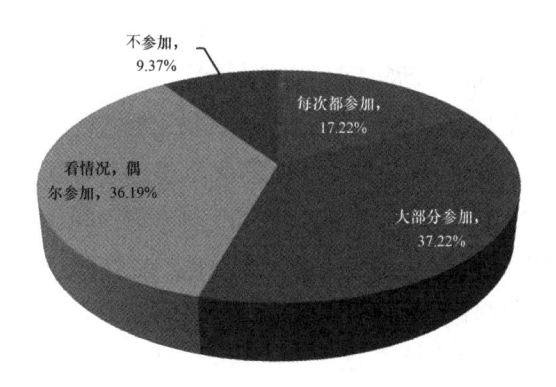

图6—7 村干部参与"新青年下乡"活动统计图

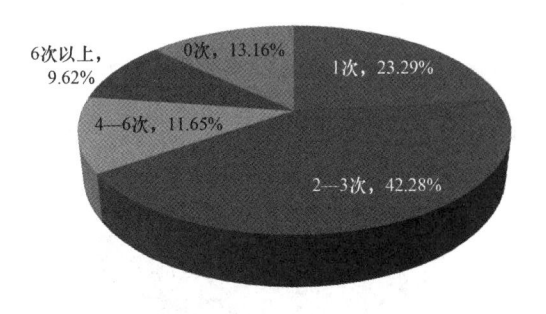

图6—8 村里一年举办"新青年下乡"活动次数统计图

二 下乡服务的项目与农村需求结合不紧密

学生问卷调查显示，下乡的项目主要以"朝阳+夕阳"为主，即关爱留守儿童、关爱老人，广泛开展支教活动和敬老院服务，学生参加最多的项目是支教活动，占40.36%；第二是敬老院服务，占39.19%；参加法律维权援助的人数最少，只有4.25%，见图6—2。村干部的希望大学生下乡开展的项目调查显示，第一是扶贫济困，占47.09%，第二是文化助残，占44.30%，第三是敬老院服务，占42.53%，第四是法律维权援助，占34.18%，而支教活动项目，排在九个选项的最后一项，只占其24.81%，见图6—9。说明下乡项目与农村的需求还有一定的差距，村干部希望开展的法律维权援助服务排在第四位，但学生调查显示，参与的学生人数最少；而学生参与人数最多支教活动，在村干部最希望开展的项目中排在最后。

在下乡主题方面：大学生参与项目最多的是爱心助农和文化乐农两大主题活动，56.24%的学生参加爱心助农活动，43.87%的学生参加文化乐农活动，理论育农、科技支农、生态兴农只有17.79%、16.83%和15.35%，科技支农和生态兴农数要明显偏少，见图6—3。而村干部最希望开展的活动主题调查显示，第一是科技支农，占28.35%，第二是爱心助农，占23.29%，第三是文化乐农，占20.51%，见图6—10。科技支农是农村最需要的下乡项目，而大学生参加科技支农数量明显偏少，从"新青年下乡"活动的内容和主题可以看出，目前大学生下乡的供给和农村需求之间依然存在结合不紧密的问题。

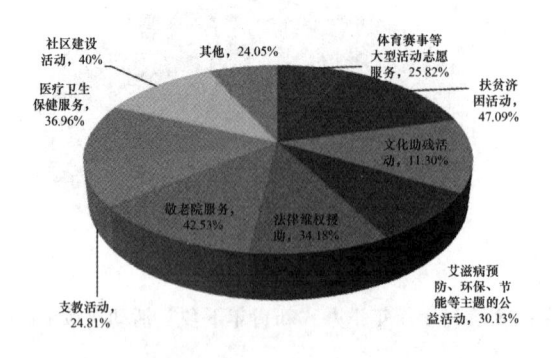

图6—9 村干部希望能开展的下乡项目

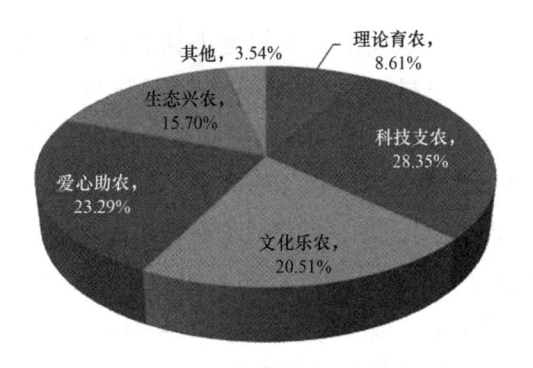

图6—10 村干部希望开展的下乡主题

三 对"新青年下乡"活动的认识不够统一

武汉、温州开展的"新青年下乡"活动以在校大学生为主体，以实践育人为主题，以思想文化引领为主线，以农村基层为主阵地，高校、地方、政府三方共同参与的大学生下乡活动。但在"新青年下乡"活动的策划和实际推进中，村干部对"新青年下乡"活动非常了解的只有28%，48%的村干部了解一些，还有20%的不了解，出现认识不够统一的现象。第一，容易与其他活动等同看待。结对的基本上都是贫困村，走下去的规定动作主要是帮扶贫困户，比较容易将"新青年下乡"活动与高校以往开展的大学生"三下乡"、志愿者行动、社会实践等活动等同起来。部分基层街村干部认为此次活动与"三下乡"、群众路线教育实践活动、精准扶贫等"差不多"。第二，育人价值重视不够。各校团委负责同志也表示，对"村民需要什么考虑得多，对大学生需要什么考虑得少"，偏向于走下去送温暖、送爱心，开展志愿服务活动，对如何通过下乡活动来改进高校思想政治工作，引导大学生正确认识青年人肩负的时代责任和历史使命，则思考不多、重视不够、着力不足。

四 高校前期准备工作不够充分

访谈过程中发现高校存在活动开展深入不够，前期准备不充分等问题。第一，调查摸底不够。对村情村貌、村民生活状况不熟悉，没有从班级人数规模、专业背景、生源结构与居民户数、产业状况、村民需求的角度来结对子，存在不匹配的现象，有的结对村几近"空心村"。第二，培训动员不够。不少大学生不知道进到农户家里说什么、干什么，听不懂农村方言等，进村入户存在不同程度的盲目性。第三，教学备课不够。有的高校将思想政治课堂搬到具有革命历史文化传统的街村来进行，但因对当地革命题材了解得不够充分，很难形成生动的教学案例，"第二课堂"流于形式。第四，开展活动不够深入。学校到结对街、村开展活动大多路途遥远，往返时间平均在4—5个小时。上午8时乘车出发，到达结对村已接近中午，每次有效活动时长只有4—5个小时，服务时间明显不足。同时，如果要达到"新青年下乡，一个不落"的覆盖面，每年只安排三分之一的在校大学生入村开展活动（按每人1次计算），不能满足"沉下去"的要求。此外，村民大多早起外出劳作，大学生入村时往往错过了与村民面对面交流互动的时机。因此，一些社会调查只能走马观花，一些服务项目只能浅尝辄止，无法得以系统深入开展。

五　硕博研究生参与人数过少

参与问卷调查的1883名大学生，其中研究生只有86人，仅占调查总人数的4.57%，说明研究生参与"新青年下乡"活动人数严重不足。研究生下乡人数的不足，会严重影响"新青年下乡"活动的效果。第一，不利于科技支农项目开展。科技支农是村干部最希望大学生下乡开展的项目，但学生参与人数最少。从下乡大学生受教育程度与下乡主题交叉分析可以看出，专科生、本科生主要围绕爱心助农、文化乐农，而研究生参与科技支农项目的比例明显要高于本科、专科学生。如果研究生参与下乡的人数严重不足，科技支农服务项目就很难满足农民的需求。第二，不利于下乡大学生指导。问卷调查显示，参加下乡活动的大学生群体基本上以参加一次活动的大一、大二学生比较多，而参加六次活动以上的研究生明显要多于本科、专科学生，另外，对于社会主义核心价值观的了解、关注程度，与日常生活的联系程度等研究生都要远远优于本科、专科学生。因此，在下乡活动过程中，在指导教师力量不够的情况下，可以发挥研究生的知识、能力、经验优势，对下乡大学生进行指导和引领。

第三节 "新青年下乡"活动对策建议

地方政府作为承接大学生下乡活动的责任主体，在落实高校思想政治工作联席会议制度的基础上，进一步完善"党委领导、宣传部门牵头、高校主导、市县联动、社会参与"组织领导和运行机制，进一步加强组织领导。高校是活动的实施主体，进一步发挥好"主导作用"，做好活动的组织实施。

一 高校进一步做好活动的组织实施

（一）做好活动设计

高校可以把"新青年下乡"与思想政治理论教学、学科专业实践锻炼、志愿者活动以及"三下乡"等活动有机结合，进行系统化、课程化设计，在丰富内容、细化流程、优选形式、找准载体上下功夫，提高"第二课堂"教学质量；制定和完善"第二课堂实践成绩单"课时及学分计算办法、高校教师及群团教辅人员课酬认定办法，使"新青年下乡"活动进一步规范化、标准化。建议各高校推行"第二课堂成绩单"制度，课程化设计安排一学期"新青年下乡"系列主题活动，学分化认证学生参与"新青年下乡"活动的成果。高校按照不少于64个学时（按一学期4个月，每月不少于2次活动，下乡一天按8学时计算，半天按4学时计算）制定详细大学生思想政治教育课程计划，其中理想信念教育不少于8个学时，农事大课堂不少于8个学时、进村入户社会调查不少于16个学时，"五大行动"不少于32个学时，结对班级学生一学期参与活动不少于16个学时。在此基础上，各高校结合自身实际，将学时转化为一定数量大学生社会实践综合素质学分。

（二）做好活动指导

作为大学生思想政治教育的重要载体，"新青年下乡"活动的指导教师参与是确保活动效果提升的重要组成部分。尽管大部分"新青年下乡"活动都有指导老师带队，但真正能积极参与"新青年下乡"活动指导工作并能给学生以实际有效的指导和帮助的不多，这样就造成了学生在参加"新青年下乡"活动过程中因为缺乏经验，又缺乏教师及时指导，致使出现服务内容和实际需求不匹配,既不规范,又十分盲目,缺乏时代气息和专业内涵,活动效果也不尽如人意。建议高校作为活动实施主体,进一步发挥好"主导作用",更加合理统筹院系学工、团委力量、更加细化带班教师工作责任,更加高效组建一支由高校思政老师、专业教师、辅导员"三位一体"工作队伍,随大学生服务队进村入户,引导大学生深入农村开展各项活动,不断提升引导大学生深入农村开展各项活动的能力,真正使每次活动取得实实在在的收获。

(三)做好社团结对活动

大学生社团专业特色、实践特色、服务特色鲜明,人员结构优势突出,凝聚力、执行力强,群众基础好,影响力大。在以班级为建制开展结对活动的同时,积极发挥大学生社团的优势,开展"农村＋社团"结对活动。高校发挥社团的优势,深入开展群众喜闻乐见、贴近生活实际的文艺活动,丰富基础群众文化生活,广泛开展形成样板、打造亮点,为全面推进活动积累可复制、可推广经验。如温州大学廉政知行社在龙湾纪委的大力支持下与状元街道龙腾社区结对,组织社区居民开展廉洁知识猜谜、观看廉洁主题影片、廉洁知识辩论赛、演讲比赛、参观廉政教育基地等"送廉下乡"活动,向广大人民群众传播廉洁知识。

(四)引导硕博研究生下乡

硕博学生下乡人数不足,一方面会严重影响"新青年下乡"活动"硕博服务惠农计划"的实施,另一方面无法满足科技支农的需求。高校硕博士学生下乡,可以利用专业和科研优势,开展服务惠农、科技支农、理论育农等服务项目,开发农村资源,扩展农副产品销售市场,改善农民生产水平。如温州大学生命与环境科学学院硕博服务惠农行动,以"科技服农"为特色,以农村实际需求为导向,充分利用国家科技重大专项"分散式污水就地处理和利用技术研究与示范"课题研究成果,结合学院环境专业特色和水环境重点实验室科研优势,积极引导硕博学生下乡,为结对村居提供水处理相关的工艺技术开发、设备研发、方案设计、方案评审咨询、施工技术指导、水质分析检测、运行维护等高科技、高水平服务,受到了地方政府和企业的欢迎。①

二 地方政府进一步加强组织领导

(一)进一步强化后勤保障

调研过程中,据大学生、指导老师和村干部反映,由于下乡队伍人数比较多,有些结对乡村路途比较远,在实际活动过程中,往来交通、餐饮等费用都要实践队员自掏腰包,这种既出力又出钱的项目,往往会削弱实践队员的积极性。同时,实践队员在开展活动中没有相应的安全保障措施,存在人身安全隐患。建议教育、财政部门召集高校商议"新青年下乡"活动经费问题,统筹做好学生下乡过程中用餐饮水、交通安全、人身财产保险等资助保障工作。

(二)建议成立大学生下乡公共服务中心

调查过程中发现,在"新青年下乡"活动中普遍存在高校供给端和农村需求端之间供给不匹配、下乡项目与农村需求结合不紧密的现象。建议可由各地团委、教育、农业、科技部门等党委政府职能单位牵头,依托各地高校成立大学生下乡公共服务中心,大学生下乡服务中心可与当地涉农服务机构、研究机构合署办公或合作开展活动,施行实体化运作,在高校与乡村之间搭建起一座真正畅通的桥梁,从而更好地解决大学生社会实践和当地需求"不对称、不匹配"问题,让下乡服务的大学生们更有针对性地服务乡村,同时还可以以此为招商引才的平台,吸引更多的社会资金、高校师资和研发团队,为"乡村振兴"提供财力、智力支持。

(三)加强返乡大学生参与"新青年下乡"活动

"新青年下乡"按"一所高校联系一个县(市、区)、一个学院(系)联系一个乡镇(街道)、一个班级联系一个村居(社区)"的结对方式进行,但是不同县(市、区)、街道、村(居)和文化礼堂数量不一样,高校的专业也不尽相同,服务项目和质量往往取决于结对高校的资源。因此,一个县(市、区)单纯跟就近的一所高校联系,下乡队伍和

---

① 金海艳、白炳贵:《"新青年下乡"活动模式创新实践研究——以温州大学硕博科技服农为例》,《重庆电子工程职业学院学报》2017年第4期。

服务项目还不能完全满足基层需求。"新青年下乡"活动在"一校一县、一系一乡、一班一村"的基础上，可以借助返乡大学生，共同参与"新青年下乡"活动。2018年瑞安市启动"新青年下乡"暑期集中行动暨"家燕归巢"项目，设立"青春建功、青春奉献、青春调研"三个实践体验项目，青春建功岗是为回乡大学生提供面向各机关企事业单位，社会公益组织暑期社会实践岗位，让青年学子在基层岗位实践中奉献力量，建功立业。青春奉献岗是组织青年志愿者结对农村留守儿童，在专业社工的引导下，开展为期两个月的定期走访和结对帮扶活动，奉献青春，为农村留守儿童带来暑期常态化的关心关爱。青春调研岗旨在为关注当下瑞安社会各方面状况并有兴趣对其进行调查、研究的大学生团队提供必要的资金支持和实操合作，以促进大学生对瑞安经济、文化、科技、乡村发展等现实的深入接触和思考。"家燕归巢"项目让饱满青春正能量的瑞籍返乡大学生以及其他在温高校大学生心系家乡，关心家乡发展，常念乡情，关爱回报社会，是对返乡大学生参与"新青年下乡"活动的有益探索。"家燕归巢"项目既解决"一校一县、一系一乡、一班一村"资源不足、队伍数量不够等问题，还能提升返乡大学生爱乡情怀，弘扬志愿服务精神，为毕业回乡就业创业奠定基础。

三 地方政府、高校共同推进大学生农村社会实践基地建设

大学生社会实践基地是高校实践育人、提升"新青年下乡"活动实效的重要平台，实施基地化管理，可以为"新青年下乡"活动提供稳定场所，助推大学生社会实践长期坚持、合理安排、滚动推进。地方政府作为承接大学生下乡活动的责任主体，加强大学生社会实践基地建设（原则上每个涉农街道、乡、镇建一个基地），实行规范管理、专项保障，进一步完善基地功能。高校配备必要的大学生下乡兼职实践导师，定期与结对乡镇对接，让大学生真正沉得下去、扎得下根、干得起来；建议各高校每个院（系）对口一个实践基地，确保大学生下乡活动规范组织、有序推进、取得实效。

（一）建立大学生农村创业实践基地

2018年中央一号文件《关于实施乡村振兴战略的意见》指出：在中国特色社会主义新时代，乡村是一个可以大有作为的广阔天地，迎来了

难得的发展机遇。在国家政策向农村倾斜、农村社会结构转型再加上农村独特的创业资源，农村将蕴含的巨大创业机会与创业潜力。[1] 建立农村创业基地就是把"新青年下乡"活动与"大众创业，万众创新"相结合，在实践中激发学生的创新精神、在服务中提升创业能力，努力将青年学生培养成为未来引领农村发展的中间力量。如龙湾区建立企业"反哺"高校机制，探索"青年导师制"，聘任优秀企业家作为青年学生的校外导师，开展"与青年企业家对话""青春创业沙龙"等活动。永嘉县团委实施创业创新指引项目，开展青年创业经验分享、青年企业家对话、青春创业主题沙龙等系列活动，增强创业创新意识。鹿城区团委开展的"创新创业·点燃梦想"活动成为"新青年下乡"活动六大品牌之一，通过整合资源举办创客沙龙、"青春创业创新故事汇"、闾宅巷青年创业实践基地建设等。创业实践基地可以结合"互联网+农业"模式，拓展当地农产品销售渠道；帮助当地做好乡村生态休闲旅游发展规划，促进农村现代服务业发展；结合当地实际，开发营销特色菜品，引导农家乐特色化，标准化建设。

（二）建立"校地合作"实践教育基地

地方的发展需要高校的配合，高校的发展需要地方的支持，在"新青年下乡"活动的谋划上，应当进一步加强校地合作，按照"优势互补、互惠互利、共进共赢"的原则，深化校地合作实践教育基地建设。建立校地合作实践教育基地，不断深化校地合作，有利于双方充分发挥各自优势，进一步整合资源，释放人才、资源等创新要素的活力，增强校地协同创新能力，实现高校和乡村的双赢发展。一是地方政府要全力支持高校开展活动，实行地方政府与高校全方位、无缝对接，尤其是活动基地的建立上给予充分保障。二是要完善工作机制，包括校地合作联席会议制度等，保持校、地沟通顺畅，更好更快地推动校地合作。三是要更加注重思想引领，突出实践育人，在活动的组织上，不能局限于开展志愿服务，要主动加强统筹，细化工作分工，突出活动实效。四是要在结对村的选择上，从大学生受教育的需求出发，扩大辐射范围，使大学生更加全面了解农村、服务农村、接受教育。

---

[1] 《中共中央国务院关于实施乡村振兴战略的意见》，《人民日报》2018年2月5日。

（三）建立农村教学实践基地

《关于进一步加强和改进大学生思想政治教育的意见》指出，要积极探索和建立社会实践与专业学习相结合、与服务社会相结合、与择业就业相结合、与创新创业相结合。高校要充分结合学校思政课课程性质、特点以及当地社会资源状况建立农村高校教学实践基地。首先要做好实践教学基地建设的长远规划、长期建设和定期合作，尤其是要注重乡村振兴专业化人才培养。其次是要充分整合各类"红色"和"绿色"资源，利用爱国主义教育、社情民情教育展示、新农村建设、生态发展方面等方面素材，建立一个融社会资源、校内资源在内的开放的、立体的、多元的"大实践"教学基地。最后，要注重发挥农村教学实践基地对于大学生就业、创业的实践指导作用。[①] 学生在农村教学实践基地通过听讲解、看实物、访农民，与村干部交流等方式，对村级管理理念、发展模式有更进一步的理解，为将来到农村就业、创业做充分准备。

---

① 《关于进一步加强和改进大学生思想政治教育的意见》，《光明日报》2004 年 10 月 15 日。

附录一

"新青年下乡"学生调查问卷

亲爱的同学：

您好！为全面了解温州市"新青年下乡"活动实施及成效状况，我们进行此次抽样调查。本次调查严格按照《统计法》的要求进行，不用填写姓名，对个人情况严格保密，所有回答只用于统计分析，请您根据自己的实际情况和真实想法如实填写。每一个问题，如果没有特别说明，请只选一项。您的参与是对我们工作和"新青年下乡"工作极为重要的支持！

再次致以诚挚的谢意，并祝学业进步，安康幸福！

教育部高校思想政治工作专项课题"新青年下乡"调研组

一 您个人的基本信息

1. 您的性别：[单选题]

   A. 男

   B. 女

2. 您的受教育程度：[单选题]

   A. 专科生

   B. 本科生

   C. 硕士生

   D. 博士生

3. 您的政治面貌：[单选题]

   A. 中共党员（含预备党员）

   B. 共青团员

C. 群众

D. 其他

4. 您的专业类型：[单选题]

   A. 理工科

   B. 文科

   C. 医科

   D. 农科

   E. 其他

5. 您的生源地：[单选题]

   A. 城镇

   B. 农村

6. 您是否担任过学生干部？[单选题]

   A. 是

   B. 否

7. 您现在就读的学校：[单选题]

   A. 温州大学

   B. 温州医科大学

   C. 温州肯恩大学

   D. 温州商学院

   E. 温州大学瓯江学院

   F. 温州医科大学仁济学院

   G. 温州职业技术学院

   H. 浙江工贸职业技术学院

   I. 温州科技职业学院

   J. 浙江东方职业技术学院

   K. 浙江安防职业技术学院

   L. 温州城市大学

二 "新青年下乡"活动状况调研

8. 您是否了解"新青年下乡"活动？[单选题]

   A. 非常了解

B. 了解一些

C. 不太了解

D. 不了解

9. 您认为参加"新青年下乡"活动对于自身成长是否重要？［单选题］

　　A. 非常重要

　　B. 比较重要

　　C. 没考虑过

　　D. 不太重要

　　E. 不重要

10. "新青年下乡"开展以来，您共参加了几次活动？［单选题］

　　A. 1 次

　　B. 2—3 次

　　C. 4—6 次

　　D. 6 次以上

11. 您参加"新青年下乡"活动的主要原因是？［多选题］

　　A. 自己一直都希望参加

　　B. 同学、朋友的鼓动

　　C. 学校院系的大力宣传

　　D. 综合测评、奖学金评定的需要

　　E. 专业教学实践的需要

　　F. 评优入党可以加分

　　G. 学校强制要求的

　　H. 其他

12. 您参加过哪些"新青年下乡"活动？［多选题］

　　A. 体育赛事等大型活动志愿服务

　　B. 扶贫济困活动

　　C. 文化助残活动

　　D. 艾滋病预防、环保、节能等主题的公益活动

　　E. 法律维权援助

　　F. 敬老院服务

G. 支教活动

H. 社区建设活动

I. 医疗卫生保健服务

J. 其他

13. 您所参加的"新青年下乡"活动通常围绕什么主题进行？［多选题］

A. 理论育农

B. 科技支农

C. 文化乐农

D. 爱心助农

E. 生态兴农

F. 其他

三 大学生对社会主义核心价值观的认知调查

14. 您对社会主义核心价值观的总体关注和熟悉状况［单选题］

A. 非常关注

B. 比较关注

C. 一般关注

D. 不太关注

15. 您对社会主义核心价值观的总体了解情况［单选题］

A. 形成较高印象阶段

B. 初步印象阶段

C. 保持记忆阶段

D. 初步接触阶段

E. 不了解

16. 当代大学生核心价值观，您认为应该包括哪些内容？（按重要性选四个）［多选题］

A. 热爱祖国，服务人民

B. 志存高远，坚定信念

C. 诚实守信，严于律己

D. 明礼修身，团结友爱

E. 勤俭节约，艰苦奋斗

F. 勤奋学习，自强不息

G. 崇尚科学，开拓创新

H. 不清楚

17. 您是通过哪些方式了解社会主义核心价值观？［多选题］

    A. 网络

    B. 学校课程

    C. 广播/电视

    D. 报纸/书籍/杂志

    E. 海报/宣传栏

    F. 讲座/讨论会/听报告

    G. 日常交谈

    H. 家庭教育

    I. 其他

18. 您认为社会主义核心价值观与您个人价值观之间的联系［单选题］

    A. 差异很大

    B. 差异比较大

    C. 存在一定差异

    D. 差异较小

    E. 无差异

19. 您认为社会主义核心价值观与您个人日常学习生活联系的程度情况［单选题］

    A. 联系密切

    B. 有联系，但不多

    C. 没有联系

    D. 说不清楚

20. 您认为是否有必要对社会主义核心价值观进行宣传［单选题］

    A. 非常有必要

    B. 很有必要

    C. 必要性一般

D. 必要性不大

E. 没有必要或者说不清楚

四 "新青年下乡"活动与社会主义核心价值观关系调研

21. 您在参加"新青年下乡"的活动过程中,当地的社会主义核心价值观的学习文化氛围如何?［单选题］

    A. 非常好

    B. 很好

    C. 一般

    D. 说不清楚

22. 当地通过什么方式进行社会主义核心价值观的宣传?［多选题］

    A. 组织培训学习

    B. 聘请专家报告会

    C. 绘制墙贴

    D. 组织看宣传片

    E. 其他

23. 您认为影响大学生认同社会主义核心价值观的主要因素?［多选题］

    A. 网络文化的冲击

    B. 社会的整体道德风尚

    C. 多元价值观的冲击

    D. 个人的主观意愿

    E. 价值观的教育方法

    F. 个人的切身利益影响

    G. 大学生群体之间的影响

    H. 西方社会思潮冲击

    I. 其他

24. 学校思想政治教育和下乡实践,哪一个对您的核心价值观养成的作用更大?［单选题］

    A. 思想政治教育的影响更大

    B. 下乡实践影响更大

C. 差不多

D. 不清楚

25. 参加的"新青年下乡"活动对您个人的作用 [多选题]

    A. 有助于我深入了解国情、社情、民情的认识

    B. 能够增强我的社会责任感

    C. 能够提高我的专业知识与技能

    D. 有利于增强我的团队合作能力

    E. 有利于我开阔视野，丰富人生阅历

    F. 有利于增强我的适应社会的能力

    G. 能够培养我的吃苦耐劳精神

    H. 没多大作用，浪费时间

26. 引导大学生确立社会主义核心价值观的最有效途径是 [多选题]

    A. 开展辩论、演讲比赛活动

    B. 观看相关视频

    C. 开展社会实践

    D. 组织道德模范或者知名学者讲座

    E. 组织红色旅游

    F. 课堂讲授

27. 您所在学校组织的"新青年下乡"活动中是否有体现到上述方法？[单选题]

    A. 很多

    B. 比较多

    C. 一般

    D. 不太多或者说不清楚

28. 您的指导老师在推进"新青年下乡"的活动中有没有对团队进行社会主义核心价值观的教育培训？[单选题]

    A. 每次都有，要求我们在活动中传播和践行社会主义核心价值观重要思想

    B. 有，会在活动前对我们提出要求

    C. 偶尔有

    D. 一般没有，只要求我们完成下乡任务

29. 您认为参加"新青年下乡"活动对培育大学生的社会主义核心价值观是否有用？［单选题］

   A. 非常有用

   B. 很有用

   C. 一般

   D. 用处不大，就是一次志愿服务活动

   E. 说不清楚

"新青年下乡"村干部调查问卷

亲爱的朋友：

您好！为全面了解温州市"新青年下乡"活动实施及成效状况，我们进行此次抽样调查。本次调查严格按照《统计法》的要求进行，不用填写姓名，对个人情况严格保密，所有回答只用于统计分析，请您根据自己的实际情况和真实想法如实填写。每一个问题，如果没有特别说明，请只选一项。

向您致以诚挚的谢意，并祝工作顺利，幸福安康！

教育部高校思想政治工作专项课题"新青年下乡"调研组

一、个人基本信息

1. 您的性别：[单选题]

    A. 男

    B. 女

2. 您的受教育程度：[单选题]

    A. 高中及其以下

    B. 专科生

    C. 本科生

    D. 硕士生

    E. 博士生

3. 您的政治面貌：[单选题]

    A. 中共党员（含预备党员）

    B. 共青团员

C. 群众

4. 您的出生地：[单选题]

   A. 城镇

   B. 农村

二、"新青年下乡"活动状况调研

5. 您是否了解"新青年下乡"活动？[单选题]

   A. 非常了解

   B. 了解一些

   C. 不太了解

   D. 不了解

6. "新青年下乡"开展以来，您村里一年内有举行过几次活动？[单选题]

   A. 1 次

   B. 2—3 次

   C. 4—6 次

   D. 6 次以上

   E. 0 次

7. 您村里希望"新青年下乡"活动在哪些方面开展？（可以多选）[多选题]

   A. 体育赛事等大型活动志愿服务

   B. 扶贫济困活动

   C. 文化助残活动

   D. 艾滋病预防、环保、节能等主题的公益活动

   E. 法律维权援助

   F. 敬老院服务

   G. 支教活动

   H. 医疗卫生保健服务

   I. 社区建设活动

   J. 其他

8. 您是如何评价"新青年下乡"活动的？[单选题]

A. 是大学生持久性的志愿服务活动

B. 学生下乡锻炼自我的机会

C. 学校的学习任务

D. 说不清楚

9. 您与周围的人是否欢迎大学生到您这里进行下乡活动？［单选题］

A. 非常欢迎

B. 欢迎

C. 看情况，如果与我需要相关的，比较欢迎

D. 说不清楚

10. 您是否参与到"新青年下乡"活动中来？［单选题］

A. 每次都参加

B. 大部分参加

C. 看情况，偶尔参加

D. 不参加

11. 您认为"新青年下乡"活动最好围绕什么主题进行？［单选题］

A. 理论育农

B. 科技支农

C. 文化乐农

D. 爱心助农

E. 生态兴农

F. 其他

三、村干部对社会主义核心价值观的认知调查

12. 您对社会主义核心价值观的总体关注和熟悉状况［单选题］

A. 非常关注

B. 比较关注

C. 一般关注

D. 不太关注

13. 您对社会主义核心价值观的总体了解情况［单选题］

A. 形成较高印象阶段

B. 初步印象阶段

C. 保持记忆阶段

D. 初步接触阶段

E. 不了解

14. 当代大学生核心价值观，您认为应该包括哪些内容？（按重要性选四个）[多选题]

A. 热爱祖国，服务人民

B. 志存高远，坚定信念

C. 诚实守信，严于律己

D. 明礼修身，团结友爱

E. 勤俭节约，艰苦奋斗

F. 勤奋学习，自强不息

G. 崇尚科学，开拓创新

H. 不清楚

15. 您是通过哪些方式了解社会主义核心价值观的呢？[多选题]

A. 网络

B. 学校课程

C. 广播/电视

D. 报纸/书籍/杂志

E. 海报/宣传栏

F. 讲座/讨论会/听报告

G. 日常交谈

H. 家庭教育

I. 其他

16. 您认为社会主义核心价值观与您个人价值观之间的关系 [单选题]

A. 差异很大

B. 差异比较大

C. 存在一定差异

D. 差异较小

E. 无差异

17. 您认为社会主义核心价值观与您个人日常生活之间的关系 [单选题]

A. 关系很大

B. 有关系

C. 关系不紧密

D. 说不清楚

18. 您认为是否有必要对社会主义核心价值观进行宣传？［单选题］

    A. 非常有必要

    B. 很有必要

    C. 必要性一般

    D. 必要性不大

    E. 没有必要或者说不清楚

四、"新青年下乡"活动与社会主义核心价值观关系调研

19. 您当地的社会主义核心价值观的学习文化氛围如何？［单选题］

    A. 非常好

    B. 很好

    C. 一般

    D. 说不清楚

20. 当地通过什么方式进行社会主义核心价值观的宣传？［多选题］

    A. 组织村民培训学习

    B. 聘请专家报告会

    C. 绘制墙贴

    D. 组织看宣传片

    E. 其他

21. 您认为"新青年下乡"对农村社会主义核心价值观的培育是否有影响？［单选题］

    A. 影响很大

    B. 影响较大

    C. 影响一般

    D. 说不清楚

22. 您认为参加"新青年下乡"活动对于学生的成长是否重要？［单选题］

    A. 非常重要

B. 比较重要

C. 没考虑过

D. 不太重要

E. 不重要

23. 您认为参加"新青年下乡"活动对培育大学生的社会主义核心价值观是否有用？［单选题］

A. 非常有用

B. 很有用

C. 一般

D. 用处不大

E. 不清楚

24. 大学生参加"新青年下乡"活动与个人价值观成长的关系［多选题］

A. 有助于大学生深入了解国情、社情、民情的认识

B. 能够增强大学生的社会责任感

C. 能够提高大学生的专业知识与技能

D. 有利于增强大学生的团队合作能力

E. 有利于大学生开阔视野，丰富人生阅历

F. 有利于增强大学生的适应社会的能力

G. 能够培养大学生的吃苦耐劳精神

H. 没多大作用，浪费时间

25. 引导大学生确立社会主义核心价值观的最有效途径是［多选题］

A. 开展辩论、演讲比赛活动

B. 观看相关视频

C. 开展社会实践

D. 组织道德模范或者知名学者讲座

E. 组织红色旅游

F. 课堂讲授

26. 您认为影响大学生培育和践行社会主义核心价值观的主要因素［多选题］

A. 网络文化的冲击

B. 社会的整体道德风尚
C. 多元价值观的冲击
D. 个人的主观意愿
E. 价值观的教育方法
F. 个人的切身利益影响
G. 大学生群体之间的影响
H. 西方社会思潮冲击

附录二

"新青年下乡"文件汇编

温州市"新青年下乡"活动文件汇编

温州市 2015 年"新青年下乡"活动实施计划

为更好地搭建"校院+农村实践基地"共建教学平台，深化实践育人工作，服务新农村建设，根据《关于加强和改进高校思想政治工作的实施意见》（温委办发〔2015〕82号）文件精神，决定开展"新青年下乡"活动。现制定2015年度实施计划如下：

一 目的意义

以文化礼堂为主阵地，组织以大学生为代表的新青年深入基层开展实践活动，推动广大学生在基层实践中"受教育、长才干、做贡献"，激发爱国爱乡情怀、认识农村发展实际、锻炼动手实践能力。同时，充分利用大学生在文化、文艺、体育等方面的特长，为基层广大群众送服务、送文化，巩固壮大基层思想文化阵地，培育农村文明新风尚。

二 活动内容

（一）实施科学理论引领计划。组织大学生进农村，在文化礼堂讲新知识新文化。结合"七讲"活动，发挥大学生优势，深入村民群众，宣传宣讲"中国梦""四个全面"战略布局和习近平总书记系列重要讲话精神，普及国情省情市情，针对社会热点和群众关注的问题解疑释惑，加强政策解读和新知识普及。

（二）实施文艺送演乐民计划。充分发挥高校各类社团的作用，积极参与"四演四赛"活动，并以春节、端午、中秋等节日为契机，开展送歌舞、送戏曲、送书画等系列活动，将群众喜闻乐见、贴近基层生活实际的文艺节目送到农村文化礼堂，巩固农家书屋建设，丰富基层群众文化生活，让更多群众"唱起来、跳起来、乐起来"。

（三）实施志愿服务接力计划。立足服务农民群众，通过专题讲座、公益服务、爱心助学、技能培训等形式，广泛开展关怀老人、关爱儿童、就业帮扶、扶贫帮困、权益维护、科技支农、医疗义诊等系列志愿服务活动，真正把关心关爱送到基层。

（四）实施文化传承星火计划。发挥大学生专业优势，深入农村基层，开展传承优秀传统文化活动，帮助农村加强村落文化、乡贤文化、最美系列等乡风乡愁的深入挖掘和充分展示，并积极推动成人礼、启蒙礼等礼仪礼节的传承传扬，使社会主义核心价值观在农村落地。挖掘和开发当地文化资源，开展乡土文化保护、非遗项目传承和保护等工作。

（五）实施硕博服务惠农计划。组建硕博研究生为骨干的服务团队，发挥智力优势和专业特长，在发展现代农业、创意农业、观光农业等方面提供智力支撑，促进科研成果转化；开展农业科普讲座、先进农技推广，为春耕备耕、秋收冬种等生产实践提供专业指导。

三　活动安排

（一）组织发动（7月上旬）。按照每所高校联系一个县（市、区），每个学院（系）联系一个乡镇（街道），每个班级联系一个村（社区）的工作要求，开展高校与农村结对活动。各高校按照《在温高校结对重点农村（社区）计划表》（详见附件）的安排，结合院系专业设置和基层实际需求，进一步细化结对要求，确定二级院系、学生社团或班级与乡镇（街道）、农村（社区）进行"一对一"结对名单。

（二）对接入驻（7月中旬）。由市委宣传部、团市委统筹，各高校、县（市、区）委宣传部、团委参与，乡镇（街道）党（工）委支持，举办"新青年下乡"活动启动出征仪式，组织各高校院系、学生社团或班级入驻结对的村开展服务活动。

（三）活动开展（7月至次年6月）。按照"集中活动＋常态服务"

相结合模式，在寒暑假集中开展大学生社会实践服务基层专项行动，平时利用周末或节假日深入结对村开展常态化服务，实现每学年服务接力，保持服务内容和服务项目的长效性。

（四）总结表彰（次年6月）。组织开展"新青年下乡"活动先进集体和个人的评选活动，经各高校、县（市、区）推荐，高校思想政治工作联席会议评审，对取得突出成绩的单位和个人等进行表彰和奖励。

四 活动要求

（一）加强领导，强化责任落实。高校思想政治工作联席会议要加强对"新青年下乡"活动的统一规划、统筹协调和督促检查。高校思想政治工作联席会议成员单位要根据工作职责，认真落实并不断完善"新青年下乡"活动的支持政策和工作措施。团市委、市学联负责此项活动的牵头抓总，具体负责团学组织发动、集中活动开展、培训指导和志愿者派遣；市教育局负责政策保障、荣誉激励；各高校负责团队组建、指导教师派遣、课时和学分认定、结对活动实施和日常服务。各县（市、区）、乡镇（街道）、村（社区）要大力支持"新青年下乡"活动，积极对接结对的学校、院系、班级（社团），加强沟通联系，做好服务工作，及时解决活动开展过程中存在的困难和问题。

（二）多元投入，强化经费保障。市财政局要落实"新青年下乡"活动相应经费，各县（市、区）要根据地方工作实际，安排配套经费给予支持，并根据各高校结对情况、活动开展成效和评价考核结果，进行相应的资金补助。各高校要将此项活动作为实践育人、实施成长成才助推工程的重要内容，纳入学院及各部门的年度预算，制定相关经费使用和管理办法，为工作开展提供强有力的资金保障。各县（市、区）、乡镇（街道）、村（社区）要积极动员社会力量，多渠道吸纳民间资金，通过成立基金会等方式，支持并组织社会力量广泛参与"新青年下乡"活动。

（三）注重评估，强化考核激励。高校思想政治工作联席会议要以日常检查、专项督查、突击抽查等方式，定期不定期地对各高校"新青年下乡"活动开展情况进行督查指导。制定"双向"考核评价体系，在高校思想政治工作联席会议开展评价评估的同时，把"老百姓满意不满意"作为重要考核内容，在此基础上评优评先，及时总结表彰，形成互学互比、先进示范的良好局面。

（四）加大宣传，强化氛围营造。各级新闻媒体要用好电视、报刊、网站等传统媒体及微博、微信等新媒体，加大力度宣传报道"新青年下乡"活动的重要举措、开展情况、亮点成效，扩大活动影响；各高校要注意总结挖掘活动过程中的典型经验和典型人物，上下联动、合力推进，共同推出一批"叫得响、立得住、推得开"的以实践育人促进高校思想政治工作的新成果、新经验。

温州市关于开展"新青年下乡"暖冬行动的通知

各县（市、区）委宣传部、团委，全市"新青年下乡"活动领导小组成员单位，在温各高校党委：

为进一步深化"新青年下乡"活动，做好寒假期间的集中服务工作，经研究，决定开展"新青年下乡"暖冬行动，组织和引导高校大学生深入基层集中开展服务实践活动，切实服务基层群众生产生活，实实在在地帮助他们安全温暖过冬、平安快乐过年。现就有关情况通知如下：

一　活动内容

围绕"科学理论引领、文艺送演乐民、志愿服务接力、文化传承星火、硕博服务惠农"五大计划，以春节、元宵等节日为契机，重点开展"四送"活动。

一是送文化。发挥大学生的自身优势，与基层举办的农村文化节、艺术节、"村晚"等文艺活动相结合，广泛开展送歌舞、送戏曲、送书画等系列活动，将群众喜闻乐见、贴近基层生活实际的文艺节目送到农村文化礼堂，巩固农家书屋建设，丰富基层群众文化生活。同时，积极利用农历年底外出务工人员返乡、在外温商回归、冬季农闲等时机，积极开展形势政策、安全知识、生态环保等各类讲座活动，把党的声音传递到基层，把绿色生态健康的生活理念传递到基层。

二是送温暖。充分发挥大学生志愿者的积极作用，深入开展节日慰问、爱心陪护、心理援助等志愿服务活动，特别是针对"五保户"、老党员、老干部，以及孤寡、留守、空巢等困难老人、儿童等特殊群体，要通过定点入户开展慰问、探望陪伴活动，为社会弱势群体送去温暖和关爱。同时，要积极利用各类大学生志愿者团体的专业特长，广泛开展家电维修、医疗义诊、扶贫帮困、权益维护等各类公益服务活动，真正把关心关爱送到基层。

三是送平安。针对年底违法案件高发、安全维稳形势严峻的特点，积极组织开展防骗防盗、安全生产、食品安全、消防知识、反邪教、青少年安全及家庭防灾等主题宣传活动，通过分发宣传册、案例宣讲、公益宣传等方式，向广大基层群众讲解与日常相关安全知识，提醒群众积极做好年底安全防范工作，增强自我保护意识，营造和谐稳定的社会氛围。

四是送祝福。突出"年味"这个主题，以弘扬中华民族传统文化为主线，将社会主义核心价值观、马克思主义宗教观、最美家风家训等融入送春联、猜灯谜、观花展等传统民俗活动中，融入新春祈福、敬老孝老等礼仪礼节中，融入为基层群众拍全家福、征集微心愿、建设笑脸墙等公益服务中，切实增强与基层群众之间的感情，营造欢乐喜庆、文明祥和、温馨和谐的节日氛围。届时，温州文化礼堂微信公众号将开展"祝福文化礼堂"活动，引导大学生晒晒这一年来参与"新青年下乡"活动的收获、感受及对文化礼堂的祝福。

二 活动时间

2016年1月15日至2月15日，集中开展为期一个月的暖冬活动，各地各高校也可结合本地单位的实际情况分批开展。

三 工作要求

（一）加强组织领导。各地各高校要制订"新青年下乡"暖冬行动计划、方案，加强组织领导，统筹安排部署，抓好工作落实，深化沟通交流，切实推动这项活动持续深入开展。特别是要做好温籍返乡大学生志愿者招募及其他高校志愿服务队的项目对接等工作，不断壮大"新青年下乡"暖冬行动的活动主体，扩大服务内容。

（二）注重工作实效。各地各高校要结合实际，在活动载体设计上要突出与基层群众的需求相结合，与服务团队的专业特长相结合，与当地的实际情况相结合，切实做好团队组建、指导教师派遣、供需协调、资金扶持、后勤保障等工作，确保"新青年下乡"暖冬行动取得实实在在的效果。

（三）营造浓厚氛围。各地各高校要注意总结挖掘活动过程中的典型经验和典型人物，认真做好信息报送和媒体报道工作，日常活动信息报（"温州文化礼堂"公共微信号）；新闻报道统一联系温州日报记者邮箱及温州广电传媒集团瓯江先锋频道邮箱。

关于实行"新青年下乡"
常态服务共青团员系统月报制度的通知

为贯彻市委"新青年下乡"常态服务的有关要求，准确及时掌握共青团员系统每月进展情况，加强过程督导、强化工作落实，经研究决定，自 2015 年 11 月起，实行"新青年下乡"常态服务共青团员系统月报制度。现将有关事宜通知如下：

一 报送对象

1. 在温高校（不包括独立学院）团委、温州医科大学仁济学院团委、温州大学城市学院团委、温州大学瓯江学院团委；
2. 县（市、区）团委、温州经济技术开发区团委。

二 报送内容

1. 各高校、县（市、区）"新青年下乡"常态服务方案；
2. 二级院系与乡镇（街道）、服务队与农村（社区）的结对情况（除"新青年下乡"活动中新结对的外，还包括近些年校地建立结对关系、活动有常态开展的）；
3. 本月参与学生数、开展活动场次、服务群众数。

三 报送要求

1. 加强领导，明确工作职责。高校、县（市、区）团委要严格执行月报制度，将其作为"新青年下乡"常态服务的重要工作来抓，指定专人负责报送工作。要本着求真务实、认真负责的态度逐项填报表格，所涉及的数据要仔细核对，确保真实有效。高校、县（市、区）团委填写常态服务方案（附件1），于11月16日前上报。

2. 统筹协调，明确统计口径。高校、县（市、区）团委要加强沟通协调，共同做好数据报送工作。其中，高校团委填写附件2，负责统计服务队在结对县和原有社会实践基地的活动情况；县（市、区）团委填写附件3，负责统计结对高校和其他高校服务队在本县区域内的活动情况。

3. 把握进度，明确时间节点。首次报送内容的时间范围为今年9月至10月，于11月16日前上报。从12月开始每月1日（如逢节假日则顺延到节假日后上班第一天）报送上一月度的月报表。对需详细汇报的重大活动、重大举措、重要成果可另外单独成文，不受报送时间限制。

龙湾区全面深化"新青年下乡"活动实施方案

为加强基层宣传思想文化工作，推进高校育人实践工作，引导在校青年在深入农村、服务基层的过程中增长才干、奉献青春，探索"新青年下乡"工作长效机制，根据《百所高校结对县（市、区）暨百万大学生走进基层、走进群众活动实施方案》（浙宣〔2015〕58号）和《温州市"新青年下乡"活动2015年度实施计划》（温委办发〔2015〕83号）等文件精神，决定在全区范围内全面深化"新青年下乡"活动。现制定实施方案如下：

一 目的意义

以文化礼堂为主阵地，通过开展"新青年下乡"活动，引导广大青年学生投身"美丽龙湾"建设的具体实践中，了解区情村情，增长知识才干，激发爱乡情怀，磨炼意志品质。同时，充分发挥青年学生在文化、文艺、体育、专业技能等方面特长，为广大基层群众送服务、送文化，培育农村文明新风尚，巩固壮大基层思想文化阵地。

二 活动机制

结合高校和大学生实际情况，紧贴基层和百姓所需，科学设计、合理安排、统筹推进，重点打造7大机制。

（一）实施"班级驻村"服务机制。按街道划分为六组，每组设一名组长，高校以班级为单位组建团队，每队设一名指导老师，分别与53个重点村居进行结对驻村，每期驻村时间不少于6个月（详见附件1）。建立"一班一村"微信群，及时发布上级文件，播报活动信息，提供各种表格下载，实现资源共享。

（二）建立企业"反哺"高校机制。充分挖掘我区资源，联系区内有关企业，与温州城市大学对接，建立校外实践基地，采取"1+1"挂钩联系方式（即班级（专业）与校外实习基地结对），开展"青春助岗实践"系列活动，帮助青年学生在基层实践中受教育、长才干。探索"青年导师制"，聘任优秀企业家作为青年学生的校外导师，开展"与青年企业家对话""青春创业沙龙"等活动。

（三）确立"礼堂星期日"志愿机制。以文化礼堂为主阵地，开展星期日记愿活动。高校各班级根据结对礼堂的需求和自身专业特长，制定"星期日记愿服务计划"，周日到文化礼堂开展志愿服务，并把活动开展情况列入对班级和学生个人评优评先的考核，促进志愿服务工作的制度化和规范化，形成长效机制。

（四）推进"双阳志愿队"帮扶机制。依托城市大学"双阳志愿服务"特色，结合龙湾社会帮扶工作，深化"朝阳+夕阳"志愿服务模式，以青年志愿服务者为主力带动老年志愿者共同参与服务，广泛开展关爱老人、关爱特殊青少年、关爱失独家庭的"三关爱"行动，向重点苦难人群提供生活照料、生产帮扶、精神慰藉等服务。充分发挥城市大学温州学习网和温州老年教育网优势，送新媒体技术进老年群体，送数字化学习进社区居民，送扫盲教育进弱势人群，送新知识新文化进文化礼堂。让群众能学会如何使用微信、IPOD等新媒体技术，让社区居民能在家享受优质终身学习资源，让弱势人群能就近接受扫盲教育。

（五）探索"思政课实践教学"协作机制。结合学校思政课课程性质、特点以及当地社会资源状况，注重实践教学基地建设的长远规划、长期建设和定期合作。整合各类"红色"和"绿色"资源、国情教育展示、新农村建设、生态发展方面等，建立一个融社会资源、校内资源在内的开放的、立体的、多元的"大实践"教学基地。

（六）打造"一街一品"运行机制。六个街道形成各具特色的服务品牌，立足龙湾实际，把高校的创新创业、志愿服务等特色与"新青年下乡"活动紧密结合，注重各街道服务需求、活动特色的挖掘以及品牌的培育，形成"一街一品"的工作格局，探索创建一批龙湾本土特色"新青年下乡"活动长效品牌。（见附件2）

（七）推进"1+X"品牌优化机制。在"一街一品"的基础上，提升优化原有服务品牌，将永中街道镇中社区的幸福学堂、河泥荡公园的幸福志愿站，蒲州街道蒲三社区的放学后书吧，状元街道状元桥社区的状元亭等服务品牌纳入"新青年下乡"服务体系中，壮大服务队伍，丰富服务内容，拓展服务受众面，提升服务实效。

三 活动方式

在"百校联百镇"工作基础上，对接温州城市大学到龙湾区开展"新青年下乡"活动，学校1个专业对接1个街道、1个班级对接2—3个村，按照"集中活动+常态服务+个性服务"相结合的模式，在寒暑假集中开展大学生社会实践服务行动，平时利用周末、节假日深入结对村开展常态化服务，实现每学年服务接力，保持服务内容和服务项目的长效性。

（一）集中活动。主要利用暑假、寒假，结合大学生社会实践、"三支一扶"、农村扫盲等现有活动载体，开展时间长一些、服务相对集中的活动。原则上，高校学生在校期间参加集中式社会实践不少于1次。

（二）常态服务。在暑假集中组织基础上，利用周末、节假日等课余时间，以就近就便原则，到结对社区（村）、文化礼堂、实践基地开展以班级（专业）为单位的小型多频次志愿服务活动。

（三）个性服务。组建"青春速递"服务联盟，由村居、街道、部门、高校合力共建微信公众服务平台，通过微信平台推出"自选菜单"+"个性菜单"。下乡结对学生将自身特长制成"自选菜单"，统一公开在微信平台上；村民将需求和意愿反馈给村级负责人，村级负责人向街道宣传委员、街道团工委负责人沟通后，定制"个性菜单"提交到公众平台，下乡结对学生按照"个性菜单"各取所需迅速开展订单式服务，实现线上点单、线下服务的O2O模式，打造信息"秒发布"、对接"无障碍"、沟通"零距离"的"互联网+"个性化服务品牌。

四 活动要求

（一）强化责任落实。建立一周一统计、半月一督查、一月一会商的督导协调机制，确保形成最大的合力。成立"新青年下乡"活动工作领导小组，由区委常委、宣传部长王人杰担任组长，成员单位由区文明办、区委农办（农林局）、区教育局、区科技局、区财政局、区环保局、区文广新局、团区委、区科协等组成；领导小组下设办公室，由区委宣传部分管副部长担任办公室主任，团区委书记担任第一副主任，区教育局分管宣传的同志、高校分管宣传工作的同志担任副主任。区委宣传部牵头，负责统筹协调相关部门组织开展各项活动，团区委负责此项活动的具体实施；区教育局负责相关政策保障、荣誉激励；城市大学负责团队组建、指导教师派遣、课时和学分认定、结对活动实施和日常服务；各街道、村（社区）要大力支持"新青年下乡"活动，积极对接结对的学校、专业、班级（社团），加强沟通联系，做好服务工作，及时解决活动开展过程中存在的困难和问题。

（二）强化典型引路。加强对活动过程中涌现出来的先进集体和个人的评选表彰力度，由区委宣传部、区教育局及团区委联合予以表彰鼓励。举办"新青年下乡"分享会，邀请优秀青年代表上台，为大中学生分享下乡过程中的经验所得。

（三）强化宣传造势。整合区委宣传部、区教育局以及团区委等部门的宣传渠道，用好电视、报刊、网站等传统媒体和微博、微信等新媒体资源，对"新青年下乡"活动中涌现出来的优秀活动项目和服务团队进行宣传和经验推广；加大宣传报道力度，充分展现高校师生的良好形象，为活动营造舆论氛围。

（四）强化经费保障。区财政、结对高校要将"新青年下乡"所需经费列入相应年度财政预算，按时拨付，确保到位。经费主要用于活动期间的交通、伙食、培训、保险、耗材教具购置等方面，切忌铺张浪费。

温州职业技术学院"新青年下乡"活动实施方案

为进一步发挥社会实践在加强和改进大学生思想政治教育中的积极作用，更好地搭建"高校+农村实践基地"共建育人平台，服务新农村建设；根据上级党委要求，经学院研究决定，深入开展"新青年下乡"活动。现将有关事项通知如下：

一　指导思想

深入贯彻落实中央党的群团工作会议精神和习近平总书记系列重要讲话精神，全面贯彻落实全省高校思想政治工作会议精神，深入推进高校实践育人工作，引导我院大学生走进基层，走进群众，结合专业特长，广泛开展政策宣讲、文艺表演、社会调研、创新研究、科技推广、环境保护等实践活动，使广大学生在社会实践中接受生动的思想政治教育，深刻认识国情社情民情，激发爱国爱乡情怀，磨炼意志品质，锻炼综合素质。

二　参加对象

全院师生

三　活动内容

根据市委、市政府关于"新青年下乡"活动部署，在学院党委、院长室的领导下，"新青年下乡"活动以"送理论、送文艺、送服务、送文化、送技术"为主要内容，结合"包村、蹲村、强村"计划和"百校联百镇"等工作，稳步有序、持续渐进地开展。

（一）实施科学理论引领计划。选拔组织优秀大学生组成理论宣讲队，在农村的文化礼堂讲新知识新文化。结合"七讲"活动，发挥大学生优势，深入村民群众，宣传宣讲"中国梦""四个全面"战略布局和习近平总书记系列重要讲话精神，普及国情省情市情，解读时事政策。同时，针对社会热点和群众关注的问题解疑释惑，普及新知识，让农民了解"互联网+"知识，引导农民文明上网和科学用网。

（二）实施文艺送演乐民计划。选拔组织优秀大学生组成文艺表演队，充分发挥校园各类社团的作用，以春节、端午、中秋等节日为契机，开展送歌舞、送戏曲、送书画等系列活动，将群众喜闻乐见、贴近基层生活实际的文艺节目送到农村文化礼堂，巩固农家书屋建设，丰富基层群众文化生活，让更多群众"唱起来、跳起来、乐起来"。

（三）实施志愿服务接力计划。选拔组织优秀大学生组成实践服务队，结合温州市"共建美丽浙南水乡""五水共治"等工作部署，立足服务农民群众，通过专题讲座、公益服务、爱心助学、技能培训等形式，广泛开展就业帮扶、扶贫帮困、权益维护、科技支农等系列志愿服务活动。定期入户开展探望陪伴老人活动，特别是在中秋节、重阳节等重要节日，开展与老人一起包饺子、看文艺表演、谈心等活动，为老人送去温暖和关爱。关爱留守、单亲、残疾等特殊青少年，定期开展学业辅导、情感呵护、自护教育等活动。关爱失独家庭，定期组织开展精神慰藉、生产帮扶、生活照料等关爱活动，为其提供必要支持和帮助，真正把关心关爱送到基层。

（四）实施文化传承星火计划。发挥大学生专业优势，深入农村基层，开展传承优秀传统文化活动，帮助农村加强村落文化、乡贤文化、最美系列等乡风乡愁的深入挖掘和充分展示，并积极推动成人礼、启蒙礼等礼仪礼节的传承传扬，使社会主义核心价值观在农村落地。挖掘和开发当地文化资源，开展乡土文化保护、非遗项目传承和保护等工作。运用音视频、微博、微信等媒介，寻访基层先进典型，深入农村基层，了解农民生活，体验农耕文化，学习农村工作经验，开展农业和农村微视角记录。

（五）实施专业技术对接计划。组建专业技术服务团队，发挥智力优势和职业院校专业技术特长，走进农村、走进企业，在发展现代农业、创意创新、企业转型等方面提供智力支撑，促进专业技术成果转化；开展专业技术项目惠民活动、专业技术讲座、咨询等，为企业生产实践提供专业指导；同时，利用信息技术平台做好地方特色农副产品的宣传、推介、销售工作，助力农民增收、农业转型、农村发展。

四 活动方式

根据上级要求，我院对接苍南县，学院八个系对接十个镇（具体名单附后），采用"集中化实践+常态性服务"与"相对固定+适当流动"相结合的模式，既利用暑假等开展集中化的实践活动，又利用周末等业余时间开展小型多频次的实践活动；即使系镇结对地点相对固定，又可以使各系服务项目适当灵活流动。

（一）暑期社会实践服务。利用暑假，进一步拓展我院大学生暑期社会实践等现有活动载体，开展时间长一些、服务相对集中的活动。原则上，全院大学生在校期间参加集中式社会实践不少于1次，每系必须组织至少两支进社区、进农村暑期社会实践队，实践基地以苍南县为主。

（二）经常性社会实践服务。在暑假集中组织基础上，利用周末、节假日等课余时间，以就近就便原则兼顾结对地方开展以系部、班级（社团）为单位的小型多频次志愿服务活动，推进大学生深入基层开展常态化长效化社会实践活动。原则上，每名大学生（不含毕业班）每学年至少参加1次常态性服务活动，鼓励有条件的适当增加服务次数。

五 活动安排

每学年为一个实施周期，具体分三个阶段：

（一）调查摸底阶段（9月），主要做好需求排摸与人员组织工作。学院和苍南县主动对接联系，加强沟通，做好服务工作，及时解决实施过程中存在的困难和问题。各系结合专业设置和基层实际需求，进一步细化、修订定结对方案。

（二）组织实施阶段（10月至次年9月），主要做好服务实施和相关保障工作。按照"集中化实践+常态性服务"相结合模式，各系确定各自的特色服务项目，在结对镇重点开展相应的实践活动。此外，各系之间应加强合作，增强服务项目的多样性和灵活性，形成"一队一品牌""一镇一品牌"等品牌项目，实现每学年服务接力，保持服务内容、项目的持续性和长效性，以便持续深入地开展"新青年下乡"活动。

（三）总结表彰阶段（次年12月），主要做好宣传总结与考核评定工作。各系要深化活动影响，充分利用微博、微信等新媒体和大众传媒、校园媒体等媒介，加强对活动中涌现出的优秀个人和集体的宣传报道；要总结经验成果，完善工作机制，探索健全实践育人新机制。

六 活动要求

（一）实践活动的基本要求

1. 活动的申报与备案

实践团队要求实行申报制，填写并提交《"新青年下乡"活动申报书》，经系工作小组审批，学院审查合格登记备案后，作为正式派出团队和经费拨付的基本依据。各系于每学期开学初，将《"新青年下乡"活动申报书》报送至院团委，由院领导小组办公室统筹协调确定。

2. 团队安全

要高度重视实践团队的安全保障工作，进一步加强安全意识教育，每次实践活动，各系均需配备至少一名带队老师，负责实践团队路上及活动过程中的安全。

3. 实践成果

实践团队主要以项目实践报告、调研报告和实体成果等形式参加实践成果评价，并参考结对镇的群众反馈满意度、社会影响及组织宣传等因素。实践团队要求每月提交一份实践总结等成果。

4. 活动考评

各系工作小组要在社会实践活动结束后及时对学生的实践情况进行评议，同时要做好总结工作，做好本学年实践个人的活动报告汇总及成绩评定等工作。学院将根据各系上报材料、宣传报道的数量以及质量、结对镇的群众反馈满意度，并结合各系开展社会实践的实际情况进行审核，评选出优秀系部和先进个人奖项。

5. 总结交流

学院领导小组将组织召开"新青年下乡"总结交流会，分析问题，总结经验，进一步推进与专业相结合的活动深入开展。各系也要结合系部实际，以主题班会、座谈会、成果展示会等形式开展"新青年下乡"总结交流活动。

（二）组织实施

1. 加强领导、强化责任落实。为加强对"新青年下乡"的组织和领导，协调解决工作推进中的各项问题，成立校"新青年下乡"领导小组（简称领导小组），统筹协调相关部门组织开展"新青年下乡"活动。领导小组下设办公室，负责日常工作的组织和协调。各系应建立相应的"新青年下乡"活动工作小组（以下简称系工作小组），负责系部实践方案落实。

2. 制度保障。将"新青年下乡"活动作为各系年度工作考核和党建工作考核的重要内容。同时，将"新青年下乡"纳入人才培养计划，学生参加"新青年下乡"活动纳入思想政治理论课实践教学学分、评优评先的德育分考核之中，教师参与"新青年下乡"活动纳入教学工作量及教师职称评审的认定序列。

3. 注重结合、统筹资源配置。活动开展过程中，要注重抓好结合，把"新青年下乡"活动与大学生思想政治教育工作相结合，与"双百双进活动""百校联百镇"活动相结合，与学院志愿服务活动，创业教育，专业实践等工作相结合；要充分发挥专业教师的积极性，引导广大教师通过思政理论课实践教学、专业课程教学实践、专业实习等环节，以担任指导教师等形式指导大学生开展"新青年下乡"活动；要注重充分利用各系的品牌项目、主题活动及各类资源，有效进行资源整合，确保工作顺利进行。

4. 多元投入、强化经费保障。学院落实专项经费，设立专项资金；各系所需经费列入相应年度预算，制定相关经费使用和管理办法，为工作开展提供强有力的资金保障。财政拨付经费主要用于大学生志愿服务期间的交通、食宿、培训、保险、耗材教具购置等相关费用，切忌铺张浪费。

武汉市"新青年下乡"活动文件汇编

2017年武汉市"新青年下乡"活动方案

为深入贯彻习近平总书记关于高校思想政治工作的重要讲话精神，进一步加强新形势下大学生思想政治工作，鼓励和支持高校大学生在基层成长成才、建功立业，决定开展武汉市"新青年下乡"活动。现制订具体方案如下：

一 指导思想

全面贯彻党的十八大和十八届三中、四中、五中、六中全会精神，深入贯彻习近平总书记系列重要讲话精神，学习贯彻市第十三次党代会精神，统筹推进"五位一体"总体布局和协调推进"四个全面"战略布局，加强和改进高校思想政治工作，深入开展社会主义核心价值观宣传教育，引导和帮助广大青年学生深入基层受教育、长才干、做贡献，努力做到有理想、有追求，有担当、有作为，有品质、有修养，为高水平全面建成小康社会，加快建设现代化、国际化、生态化大武汉贡献智慧力量。

二 工作目标

重点围绕我市2017年精准扶贫工作和美丽乡村建设，实施"双百"计划，即百余支高校大学生服务队与蔡甸区、江夏区、黄陂区、新洲区等新城区107个村（社区）开展结对帮扶活动。

三 工作内容

积极发挥大学生群体的才智优势与专业特长，重点开展理论育农、科技支农、文化乐农、爱心助农、生态兴农等五大行动。同时，鼓励各高校立足办学特色与学科优势，自主开展各类帮扶支持项目，积极为广大基层群众送理论、送科技、送文化、送服务。

（一）开展理论育农行动。组织动员高校青年马克思主义者培养工程骨干学员深入开展中国特色社会主义和中国梦宣传教育活动，全面宣讲市第十三次党代会精神。以理论授课、座谈讨论、网上学习的方式，组织农村群众学习了解三农政策，引导其坚定信心、把握发展形势、树立机遇意识、用好惠农政策，为推进农业现代化建设做贡献。

（二）开展科技支农行动。组建专业服务团，与农民群众一同在"田间地头"开展生产实践。重点在蔬菜种植、水产养殖、苗木花卉、茶叶种植、农产品加工、农业科技创新示范等方面提供智力支持和骨干队伍。与当地农业部门或农广校合作，开展先进农技推广、"扶贫夜校"、科普宣传志愿服务等活动。推动"互联网＋品牌农业"发展，寻访"领头雁"，把农村致富带头人和大学生村官等作为重点对象，努力实现"一村一电"，推广以民俗文化、特色旅游、农特产品为主体的电子商务服务新模式。

（三）开展文艺乐农行动。依托各高校大学生艺术团和文艺社团，传承中华优秀传统文化和革命文化，弘扬社会主义先进文化，充分挖掘和开发当地文化资源和非遗项目，组织开展"田园大舞台"、"家风宣传进万家"、欢歌乐舞乡村行等活动。以春节、端午、中秋、国庆等传统节日为契机，利用周末及寒暑假，送文体活动、送文化书籍、送电影下乡，丰富广大农村群众精神文化生活，提升乡风文明水平。

（四）开展爱心助农行动。在各高校师范、艺术、社会工作等院系招募组建专业服务队，以农村留守青少年、残疾人和农村老年群体为重点服务对象，以基层党员群众服务中心和青少年空间为阵地，开展假期托管、课业辅导、心理辅导、素质拓展、安全自护教育等服务项目。广泛动员社会组织、爱心人士等力量，通过爱心支教、爱心助学、援建"希望书屋"、"希望厨房"、医疗义诊、微心愿认领、"一对一"结对关爱等帮扶活动，把社会爱心送到农村基层，扩大扶贫帮困工作的覆盖面。

（五）开展生态兴农行动。组织动员高校环保社团围绕推进"四水共治"开展社会调查研究和收集"金点子"。定期开展增绿护绿、"美丽乡村·清洁家园"等志愿服务活动，帮助村民养成健康、文明、生态的生活方式和行为习惯。争当"青年爱湖护湖先锋"，成立"青春护水基地"，开展"饮水思源·不忘初心"水源保护活动，营造"青年助力四水共治"的良好氛围。

四　推进步骤

（一）组织发动阶段（2月中旬至3月初）。原则上1—2所高校结对帮扶一个新城区，一个班级或学生社团组建1支服务队长期联系一个村（社区）。各高校按照《武汉市属高校结对重点村（社区）计划表》（附后）的安排，结合原有工作基础、院系专业设置和基层实际需求，进一步细化结对要求，确定院系、班级、学生社团与乡镇（街道）、村（社区）进行"一对一"结对名单。

（二）入驻结对阶段（3月初至3月中旬）。由团市委统筹，市委宣传部、市农委、市文明办、市教育局和各新城区支持，各高校团委、区委宣传部、区农委、区文明办、团区委参与，"三五"学雷锋纪念日前夕举办启动仪式，组织各高校院系、班级或学生社团陆续入驻结对村（社区）。

（三）活动开展阶段（3月中旬至12月）。按照"集中活动+常态服务"相结合模式，寒暑假期集中开展大学生社会实践服务基层专项行动，平时利用周末或节假日深入结对村开展常态化服务，实现每学年服务接力，保持服务内容和服务项目的长效性。

（四）总结提升阶段（12月）。组织开展专项考核评比工作。加大宣传力度，注重挖掘活动过程中先进集体与个人，总结提炼经验和做法，推出一批"叫得响、立得住、推得开"的服务项目。

五　工作保障机制

（一）加强组织领导。成立市"新青年下乡"推进工作领导小组。由市委分管副秘书长任组长，团市委主要负责人任副组长，市委宣传部、市文明办、团市委、市农委、市教育局、市财政局、各新城区、市属高校等单位分管领导为成员。领导小组下设办公室，在团市委办公，由团市委分管书记兼任办公室主任，成立工作专班，确保各项工作有力推进。

（二）明确责任分工。按照"党委领导、团委牵头、高校主导、市区联动、青年参与"的工作机制，定期召开工作联席会，加强组织部署、统筹协调和督促检查。团市委牵头抓总，具体负责团学组织发动、集中活动开展、培训指导和日常管理；市委宣传部、市文明办具体负责活动的氛围营造，将此项工作作为高校思想政治工作和文明创建工作的重要内容；市农委负责将此项工作纳入精准扶贫和新农村建设总体部署和考评体系；市教育局负责相关政策保障、评价激励、措施落实；各高校负责团队组建、指导教师和青年大学生派遣、"第二课堂实践成绩单"课时和学分认定、结对活动实施；各新城区、街道（乡镇）、村（社区）要大力支持，做好沟通联系工作，及时解决活动开展过程中存在的困难和问题。

（三）落实经费保障。市财政局负责落实此项工作专项费用；各区根据工作实际，安排配套经费给予支持；各高校要将此项工作作为新时期加强高校思想政治工作的重要内容，纳入学校、学院及各部门年度计划，制定工作预算和经费使用管理办法。积极动员社会力量，多渠道整合各方资源，广泛调动社会力量参与"新青年下乡"活动。

（四）确保活动实效。做好做足前期调研工作，服务内容和形式要切合基层实际和需要，保障学生人身和财产安全。强化考核激励机制，市、区两级要定期开展检查督导，及时总结通报，把"农村群众满意不满意"作为重要考核标准，根据各高校结对情况、活动开展成效进行相应的资金补助。要注重活动过程中的典型经验和典型人物的宣传报道，积极营造良好氛围。

2018年武汉市"新青年下乡"活动方案

武汉市"新青年下乡"活动开展一年来，取得了阶段性成果，形成了一定声势和影响。为深入学习宣传贯彻党的十九大和市第十三次党代会精神，进一步加强新形势下大学生思想政治工作，引导和帮助更多青年学生在基层受教育、增才干、做贡献，2018年决定持续推进武汉市"新青年下乡"活动。现制定具体方案如下：

一　指导思想

坚持以习近平新时代中国特色社会主义思想为指导，学习宣传贯彻党的十九大精神，全面贯彻党的教育方针，落实立德树人根本任务，培养德智体美全面发展的社会主义建设者和接班人。贯彻落实市委十三届四次全会精神，服务"百万大学生留汉创业就业工程"，进一步深化"新青年下乡"活动，持续探索创新，努力成为武汉加强大学生思想政治工作的"新名片"，教育引导更多江城青年学子勤学笃行、练好本领，热爱武汉、扎根武汉，在实现中国梦的生动实践中放飞青春梦想、成就事业华章！

二　工作目标

在巩固2017年结对主体不变的基础上，新增百支大学生服务队进农村、进社区、进企业，搭建"校院＋基层实践基地"教育平台，引导青年学生到田间地头、城市社区、生产一线体验国情社情民情，实现"新青年下乡"活动拓面提质。

三　工作内容

（一）进农村。重点围绕乡村振兴战略，开展"理论育农、科技支农、文化乐农、爱心助农、生态兴农"五大行动，助力"三乡工程"和精准脱贫工作。继续按照"一校一区、一院系一街道、一班一村（社区）"的结对联系制度，在原有结对的基础上，各市属高校新增结对50个精准扶贫村、特色村镇和都市田园综合体。各大学生服务队要按照"结对有方案、进村有队伍、入户有重点、帮扶有项目、下乡有收获"的"五有"工作法，组织开展"参加一次田间劳动、结对一批困难群众、参加一次基层党团组织生活、开展一个富有成效的帮扶项目、为基层发展献一策、阅读一套《习近平的七年知青岁月》和《习近平关于青少年和共青团员工作论述摘编》等丛书""六个一"活动。争当"懂农业、爱农村、爱农民"的青年先锋，积极培育文明乡风、良好家风、淳朴民风，丰富农村精神家园。

（二）进社区。充分利用区校共建基础，中心城区（功能区）与在汉省部属高校结对，重点围绕"红色引擎工程"，引导"新青年"参与"红色物业"，争当"红色细胞"。各高校组建不少于5支大学生服务队深入各结对社区和"两新"基层党组织，入户调查、了解民生、宣传政策，利用自己所学所长，结合基层所需所急，在便民服务、助残敬老、社区青少年假期托管、社会调查研究等领域设计项目，开展活动，打通联系服务群众"最后一百米"。同时，助力文化强市建设，进一步丰富基层群众精神文化需求，组织开展"进社区（村）文艺演出活动"。引导大学生正确认识时代责任和使命，树立扎根基层、服务社会的人生志向，更好地服务和联系基层群众，促进社区治理创新。

（三）进企业。围绕创新型城市建设，深化"大学+"发展新模式，促进先进制造业和现代服务业发展，重点在东湖新技术开发区、武汉开发区、临空港经开区，每校组建不少于5支大学生服务队，深入技术先进、制度完善、成长性好、前景广阔的大型企业或独角兽企业等开展课题调研、就业见习、创业实践。结合各高校的学科优势与专业特长，积极搭建人才培养平台，提升大学生社会实践能力，不断激发大学生留汉创业就业热情，积极为企业发展出力献策，为城市创新驱动注入新活力。

四 推进步骤

（一）组织发动阶段（3月中下旬前）。制订《2018年武汉市"新青年下乡"活动方案》，及时调整活动领导小组名单，召开工作部署会。市属高校在去年结对数不变的基础上，新增班级，确定2018年结对重点村（社区）计划（详见附件1）。各中心城区（功能区）与各省部属高校按照结对名单（详见附件2）迅速组建活动领导小组及工作专班，确定重点服务社区或企业名单，组建大学生服务队，建立健全工作机制，形成工作合力。

（二）入驻结对阶段（3月下旬至4月初）。坚持调研先行，区校联合，通过座谈、问卷、入户访谈等多种形式，深入农村、社区、企业开展调研，进一步明确基层需求、活动定位、目标任务，细化活动方案。组织各高校院系班级或学生社团等陆续入驻结对村、社区、企业，适时举办进驻仪式活动。

（三）活动实施阶段（4月中旬至11月）。按照"集中活动+常态服务"相结合模式，暑假集中开展大学生社会实践服务基层专项行动，平时利用周末或节假日深入结对村（社区）开展常态化服务，深入企业开展就业见习，实现每学年服务接力，保持服务长效性。

（四）总结提升阶段（12月）。组织开展专项考核评比工作。加大宣传力度，注重挖掘活动过程中先进集体与个人，总结提炼经验和做法，推出一批富有成效的服务项目。

五　工作保障机制

（一）加强组织领导。市"新青年下乡"活动领导小组统筹活动推进，领导小组办公室负责日常工作。各市属高校和新城区要进一步完善领导机构，配强工作力量，深入扎实地推进工作。各省部属高校及中心城区（功能区）要统一思想、提高认识，重视做好"新青年下乡"活动，进一步扩大工作覆盖面和影响力。

（二）细化责任分工。始终坚持"党委领导、团委牵头、高校主导、校区联动、青年参与"的工作机制，加强组织部署、统筹协调和督促检查。团市委牵头抓总，具体负责团学组织发动、集中活动开展、培训指导和日常管理。市委宣传部、市文明办具体负责活动的氛围营造，并将此项工作作为年度高校思想政治工作的重要考核内容。市农委负责将此项工作纳入全市农村工作的总体部署和考评体系。市教育局负责人才培养激励等方面的政策完善和高校思政教育模式创新的督导指导。各高校负责团队组建、指导教师和在校大学生派遣，设定"新青年下乡"活动学时学分，纳入学生综合素质"第二课堂成绩单"，运用活动实效，作为评先评优推优入党的重要依据。各城区（功能区）、街道（乡镇）、村（社区）要准确把握工作定位，及时解决活动开展过程中存在的困难和问题。

（三）创新思政教育机制。探索"政治理论学习+第二课堂实践"培养模式。重点把党的十九大精神和习近平新时代中国特色社会主义思想作为教学内容，将"新青年下乡"活动纳入《认识武汉》通识教育选修课实践教学计划，推广"在基层一线上活思政教育课"教学模式，壮大

"团干辅导员＋思政教师＋基层党（团）员干部"师资队伍。在课时学分安排上，各校可根据实际灵活设定1—2学分，每学期开展16—32学时，原则上要求青年学生在校上课期间完成课程学习。注重实践教育与理论创新相结合，推动各高校立项研究"新青年下乡"课题，原则上每学年每校申报不少于1篇校级理论文章，力争形成一批理论创新成果。

（四）落实服务保障机制。市财政局负责落实此项工作专项费用，加强资金管理，确保资金使用更加科学规范。各区根据工作实际，安排配套经费给予支持。各市属高校要将此项工作作为新时期加强高校思想政治工作的重要内容，纳入学校、学院及各部门年度计划，制定工作预算和经费使用管理办法，在合法合规范围内落实好参与活动师生的下乡补助、人身保险等。

（五）确保活动实效。注重调查研究，以基层为本，以群众为师，确保服务内容和形式不走过场、不搞形式主义。注重加强基层组织力量，原则上下乡服务队团学骨干兼任结对村（社区）团支部副书记。注重巩固阵地建设，充分整合结对区域内红色资源、产业资源、生态资源，丰富青年学生社会实践场域空间，同时要求在各新城区结对村（社区）挂牌"新青年下乡"工作室。注重制度化管理，严格实行"周周有活动、一月一通报"制度，运用好信息化管理平台，完善考核评价制度，强化日常检查与实地督导。注重做好宣传造势工作，定期开展青春分享会、下乡日记交流展示等活动，形成"互学互比"工作局面，积极营造良好舆论氛围。

关于深入推进武汉市"新青年下乡"活动的工作通知

市"新青年下乡"活动领导小组各成员单位：

今年7月底，市委十三届三次全会进一步明确坚持以"四大资智聚汉工程"为抓手，创造大学"＋"新模式，打造"青年之城、梦想之城、创新之城、活力之城"，要求抓住新一届新生入学期、老生毕业季契机，系统谋划覆盖全学年的"走进去、走下去、留下来、干起来"活动，让大学新生尽快融入武汉、毕业生更多留在武汉。为进一步深化"新青年下乡"活动，加强新形势下高校思想政治工作，引导和帮助广大青年学生在基层受教育、长才干、做贡献,做到亲近武汉、心仪武汉。在新学期里,希望各成员单位严格按照《2017 年武汉市"新青年下乡"活动方案》(武办文〔2017〕4 号)要求,坚决落实"双百"工作目标,积极开展"五大行动",选树先进典型,探索创新机制,营造浓厚氛围,现将近期工作安排如下:

一 抓紧做好前期的活动总结推报工作

今年 3 月"新青年下乡"活动开展以来,各成员单位高度重视,积极配合、把握重点、发动广泛、组织有序,取得了一定成效。新学期开学之际,请各成员单位尤其是各校继续发挥好主体作用,紧扣目标任务,善于总结提炼,做到优质增效。重点从校地共建机制、大学生思政教育创新模式、班村结对服务"五大行动"实效、进村入户社会调研成果、先进下乡服务团队及个人、优秀日记或下乡故事以及宣传推广成果等方面,对前一阶段"新青年下乡"活动进行全面深入地回顾总结,认真填写武汉市"新青年下乡"示范团队申报表(附件1),并请于 9 月 25 日(周一)前将表格报送至团市委学校与志愿者工作部。原则上报送比例不超过各校结对班级总数的 40%,做到按序统计报送。同时,请结对各区借鉴新洲区经验,进一步加强"新青年下乡"活动阵地建设,建档案、亮身份、强标识,积极营造浓厚活动氛围;需借鉴黄陂区的经验,进一步加强"新青年下乡"校外"思政导师"队伍建设。有条件的街道乡镇可加大对市级评定的"新青年下乡"示范团队给予项目资金支持与物资保障。

二 积极探索"新青年下乡"活动创新发展

坚持活动开展与制度创新相结合。结合当前高校共青团员改革要求,推行"第二课堂成绩单"制度,课程化设计安排一学期"新青年下乡"系列主题活动,保障活动有计划、有实效;信息化客观记录学生参与"新青年下乡"活动的经历,保障活动有考核、有痕迹;学分化认证学生参与"新青年下乡"活动的成果,保障活动有激励、有动力。拟于 2017 年秋季新学期里,首批试点高校按照不少于 64 个学时(按一学期 4 个月,每月不少于两次活动,下乡一天按 8 学时计算,半天按 4 学时计算)制订详细"校地+农村实践基地"大学生思想政治教育课程计划,其中理想信念教育不少于 8 个学时，农事大课堂不少于 8 个学时、进村入户社会调查不少于 16 个学时，"五大行动"不少于 32 个学时。在此基础上，各高校结合自身实际，将学时转化为一定数量大学生社会实践综合素质学分。原则上，结对班级学生一学期参与活动不少于 16 个学时，至少撰写两篇日记。

三　重视做好宣传氛围营造工作

各成员单位要结合前期"新青年下乡"活动实效，进一步重视做好"喜迎十九大，讲好下乡故事"宣传氛围营造。积极做好新闻宣传工作。通过暑期集中行动总结分享会、座谈会、主题团日等活动，校地协同、师生同堂交流经验、总结成果，邀请中央、省级以上媒体关注聚焦"新青年下乡"活动。广泛运用新媒体做好舆论引导。充分利用区级、校级"青春系"官方微博、微信、电子广告屏、校园广播台等媒体平台进行宣传和舆论引导，鼓励和支持大学生通过日记、图片、H5、微信、微博、校园媒体等方式，充分展示大学生社会实践风采，突出下乡服务成长收获。重视提升"新青年下乡"活动的品牌形象。下乡期间，强调要求各高校大学生服务队统一佩戴团徽、服务牌证（贴好照片），统一穿着"新青年下乡"活动服装（按照市级活动领导小组办公室制作的春夏绿 T 恤、春秋绿马甲样式）和白帽子，打出学校或院系旗帜，带好下乡日记本，积极打造"下乡工作室"，做好结对村的活动氛围宣传和档案痕迹管理，充分展示当代大学生良好精神风貌。

武汉市"新青年下乡"
活动结对班级进村入户工作指导意见

今年 3 月初武汉市"新青年下乡"活动启动以来，"党委领导、团委牵头、高校主导、市区联动、青年参与"的工作格局基本形成，"五大行动"系列活动蓬勃开展。为全面落实、严格执行"一校一区、一院（系）一街道（乡镇）、一班一村（社区）"的结对联系制度，现制定指导意见，具体内容如下：

一　活动意义

引导青年大学生深入到田间地头、农户家中、社区街头巷尾了解农村基层群众生产生活状况，近距离体验乡风民情，增进与农民群众的感情；在条件允许的情况下参与农村劳动，掌握一定的农业知识和工作技能；为构建农村精神文化家园，传播新思想、新文化、新理念，用所学知识帮助农民，解决农村发展中的实际问题，成为"三农"工作的一支新生力量。

二　重点参与对象

4 所市属高校 49 个院系的 107 个优秀班级与蔡甸、江夏、黄陂、新洲四个新城区 22 个街道（乡镇）107 个村（社区）结对开展制度化、常态化、长效性结对联系（具体见各高校结对表格）。

三　活动内容

在校团委的统筹下，在院系分团委的指导下，在指导教师的带领下，"新青年下乡"大学生服务队进农家门、知农家情、结农家亲，切实做到"结对有方案、进村有队伍、入户有重点、帮扶有项目、下乡有收获"。

（一）结对有方案。"新青年下乡"大学生服务队在村（社区）党员干部的指导下，结合所在村（社区）基本情况（常住人口、村级经济、重点困难户、自然地理条件等），科学制定涵盖重点联系对象、走访安排、特色服务项目、管理激励制度等内容的工作计划。

（二）进村有队伍。每支大学生服务队以班级学生为主要成员，进村入户开展活动，并指定 1 名带队教师（辅导员）和 1—2 名学生干部作为联络员，加强日常与村干部沟通联系，形成村班衔接、协同共赢的工作合力。注重做好大学生服务队进村入户工作的相关培训，在思想认识、理论政策、群众工作方式方法等方面符合下乡要求。

（三）入户有重点。在村（社区）委会的指导下，确定贫困户、残疾人、五保户、留守青少年、老党员、老干部、返乡农民工、农村致富带头人等为重点联系对象，建立重点联系帮扶花名册，走访任务细化到每月、每周，落实到每个村民小组（片区、网格），分解到每班数个小组学生中。可围绕家庭情况、思想状况、困难诉求、邻里情况、对村级管理和发展稳定的意见建议、对大学生下乡服务队的希望等方面深入细致访民情,力所能及帮助打扫卫生、做农活等。

（四）帮扶有项目。做到调研先行,供需对接,根据实地走访了解掌握的农村需要什么,明确青年下乡可干什么、能干什么,发挥青年学生主体地位,引导学生党员（预备党员）参加每月一次的村党支部组织生活,鼓励大学生参与村务信息化管理,开展"美丽村湾"村容村貌美化整治,协助组建村腰鼓队、广场舞、老年操队伍,丰富村民业务文化生活等。同时,鼓励支持结合院系专业资源优势,围绕理论育农、科技支农、文艺乐农、爱心助农、生态兴农等方面开展特色服务项目。

（五）下乡有收获。各区、各校活动领导小组要尤其加强大学生思想引领工作。引导青年学生在下乡过程中体民情、察民意,亲身感受以习近平同志为核心的党中央治国理政,建设社会主义新农村的新成果,收集倾听基层群众拥护党的领导和中国特色社会主义道路的真情实感,坚定理想信念,增强道路自信、理论自信、制度自信和文化自信,激发留汉干事创业的热情和积极性。每次下乡后,班级开展"下乡好日记"互评互学活动,选拔3—5篇向校团委推荐,及时向长江日报社投稿。

四　工作要求

（一）各区"新青年下乡"活动领导小组切实做好相关村（社区）委会党员干部的组织发动工作,务必使基层干部群众统一思想、提高认识,明确"新青年下乡"活动对大学生思想政治教育的重要意义,理解、支持、参与此项活动。

（二）各校"新青年下乡"活动领导小组要切实统筹做好学生下乡过程中餐补饮水、交通安全、保险等后期保障事宜。

（三）进村入户过程中,"新青年下乡"大学生服务队要统一佩戴团徽、服务牌证,身着"新青年下乡"绿马甲和白帽子,举出学校或院系旗帜,带好下乡日记本,其他穿着形象要符合下乡要求,充分展示当代大学生良好精神风貌。

武汉市"新青年下乡"活动工作制度

为进一步加强武汉市"新青年下乡"活动工作管理，完善各项工作制度，提高服务质量，特制定如下工作制度：

一　考核制度

（一）服务时间。原则上各高校每周安排不少于 1 次到结对村（社区）开展服务，每月组织不少于 1 次主题集中行动，在寒暑假期集中开展大学生社会实践服务基层专项行动，平时利用周末或节假日深入结对村开展常态化服务。

（二）结对排班。在团区委的配合指导下，各高校团委对接街道社区，细化明确大学生数量、服务村（社区）、项目设置等任务内容。各高校要细化结对方案，确定具体院系、班级、学生社团轮流或长期与乡镇（街道）、村（社区）进行"一对一"结对名单。若遇到临时突发事件、特殊事宜由团市委学校与志愿者工作部、团区委、结对街道党工委、高校团委共同协商决定。

（三）考勤管理。为了进一步推进高校共青团员改革，探索实施"第二课堂实践成绩单"课时和学分认定，通过"志青春"信息化管理平台实现学生招募、排班、每日签到、评价考核、交流等功能。通过手机端微信登录，点击考勤二维码，将二维码交学生进行扫描记录考勤时间。学生服务当天扫码两次，进行签到和签出，二者时间差即为该学生的当日服务时长。组织方填写项目记载表、学生参与情况信息统计表，并完成活动开展情况书面记录。

（四）督导工作。为进一步保障"新青年下乡"服务工作水平和质量，由活动领导小组成员单位组建工作督导团，督促校地结对工作和培训工作，每周不定期、不定点督导大学生服务队开展帮扶情况。加强大学生服务实践过程管理工作，填写每周实地考核督查表，对大学生服务队（团）服务质量、活动开展情况及群众评价进行系统评估。

（五）请假要求。因课因事需请假，必须提前一天递交请假申请表，报告院系领队老师；因病或其他特殊原因临时请假的，由各高校院系领队老师备案登记。做好安排机动学生补充上岗的预案。

二 培训制度

（一）培训内容

武汉市第十三次党代会精神、社会主义新农村建设政策形势解读、农村基层群众工作方式方法、"志青春"平台信息管理操作方法等。

（二）培训方式

采取分级分类培训的原则。"基础培训"由团市委学校与志愿者工作部、市团校指导，各高校团委组织为主，对"新青年下乡"活动内容提供基础知识培训。"骨干实务培训"由市"新青年下乡"活动领导小组办公室处统一对各高校团委、基层团委负责人、大学生服务队负责人进行培训。"岗前实训"由市"新青年下乡"活动领导小组办公室在出征前组织下乡学生对实际工作内容、流程及相关信息开展培训、服务内容、现场指导。具体内容为：新城区概况、村（社区）路线和交通情况；了解结对服务项目情况；熟悉结对村（社区）附近小卖店、医疗急救点和社区党员群众服务中心的位置，以及公交交通站点情况。

三 激励表彰制度

（一）成长激励制度：通过服务时长量化、日常综合表现评定，纳入高校共青团员"第二课堂成绩单"范畴，各高校具体制定评价管理制度。通过此项活动，不断提升大学生参与服务的获得感、参与感、成就感，激发他们爱党、爱国、爱武汉的热情，做到亲近武汉、心仪武汉，为育才留才奠定工作基础。

（二）考核奖励制度：督导组将对各高校结对帮扶活动开展每周实地考核督查、月度统计通报、每季度评选大学生"服务之星"，年底联合成员单位开展专项考核工作，表彰先进、选树典型、总结经验、宣传推广。

（三）奖项设置：年底考核通报分为个人奖项和集体奖项两大类，同时梳理一批优秀服务项目。

四 服务保障制度

（一）文化标识。注重此次活动的文化包装，制作工作证、宣传海报、服装、旗帜等文化产品，各高校、各新城区团委及其他参与社会组织需按统一标准对外宣传、配备服装、展示形象。

（二）交通乘车。原则上以学校为单位，提供接送车辆，交通费用由组织方集中开支。在学校指定地点集中上车出发，在结对村（社区）碰头地点会合。下乡服务过程中，全体师生需听从指挥，按时集合，统一上下车。注重做好离校出发和返程到校的人员清点统计工作，强调组织纪律。

（三）就餐饮水。按照统一餐补标准，货币化补贴给学生。原则上学生自带干粮和水杯下乡服务，不得在当地村民家吃饭留宿。

（四）购买保险。按照《武汉志愿服务条例》规定，依法保障志愿者人身安全，在专项工作经费中明确保险经费开支，原则上确定一家商业保险公司，量身定做活动险种保费，落实志愿者权益保障工作。

（五）安全制度。加强学生人身安全防护意识，校方强化安全管理工作，带队团干或教师切实履行职责，指定小组长，以小分队形式入村（社区）开展各类服务项目或活动，原则上女生不得单独进村入户开展服务，注意返程天气、交通等不可控安全因素。特别注意轮换院系学生之间的上岗培训、轮训和更替衔接环节。负责督促每次服务的大学生进行武汉青年志愿者协会官方微信上岗打卡。

五 每周实地考核督查制度

为了进一步促进"新青年下乡"活动制度化、规范化、常态化，把"农村群众满意不满意"作为重要的考核督查标准，特制定本制度。

（一）督查时间：每周不定期开展

（二）督查对象：大学生服务队（支部、班级、社团、创业团队）

（三）督查内容

1. 单位党团组织负责人对工作是否足够重视。

2. 带队老师是否认真负责，是否全程参与指导，工作思路是否开阔。

3. 大学生安排是否合理，在活动中能否结合自身专业优势开展服务。

4. 大学生服务队（支部、班级、社团、创业团队）制度是否健全，活动方案是否合理，安全预案是否及时，活动成效是否显著，是否存在"为开展活动而开展活动、为迎接检查而开展活动"现象。

5. 结对村（社区）及大学生服务队（支部、班级、社团、创业团队）对接、合作是否满意。

6. 针对实地考核督查中存在的问题是否足够重视，是否进行有效整改的整改。

7.《手册》填写是否翔实、及时、规范。

（四）督查方式

采取自查完善和督查评估相结合的方式。结对村（社区）及大学生服务队（支部、班级、社团、创业团队）在每次活动前后按要求开展自查，及时自我完善。团市委、团区委、校团委将不定期进行专项督查，通过进村入户、现场考察、查阅资料、听取汇报等方式进行督查评估（考核督查表见附件）。

（五）督查要求

结对村（社区）及大学生服务队（支部、班级、社团、创业团队）对照督查内容认真进行自查，针对存在的问题进行自查自纠，避免自查工作流于形式，通过自查、督查，促进高校服务工作上台阶。考核督查的结果，将进行通报，作为年终考核的一项重要参考依据。

六　月度统计通报制度

一是实行"月主题"制度。各大学生服务队（支部、班级、社团、创业团队）立足办学特色与学科优势，自主开展理论育农、科技支农、文化乐农、爱心助农、生态兴农等月度主题行动。通过这些实实在在、群众乐于接受的活动主题，引领精神文化建设，不断增强大学生在基层地服务社会能力，促进了社会新风尚的形成。

二是实行"月统计"制度。各大学生服务队（支部、班级、社团、创业团队）结合自身特色，围绕"新青年下乡"活动主题，每月至少开展一次主题服务行动。团市委、团区委、校团委对各项大学生服务活动的开展情况进行信息收集（通报表见附件）、数据统计、分析对比，提出合理的意见和建议，推进活动的有效开展。

三是实行高校服务活动"月通报"制度。团市委对统计情况每月底（30日）一汇编、每月一整理，每月初（3日）一通报，每月印发一次活动简报，挖掘活动过程中的重要举措、开展情况、亮点成效，推出一批

"叫得响、立得住、推得开"的新成果、新经验，积极营造良好氛围。并将活动情况反馈区、校党委领导，作为年终考核的一项重要参考依据。

七 大学生"服务之星"考核办法

为积极鼓励大学生发挥才智优势与专业特长，积极参与"新青年下乡"活动，特制定每季度大学生"服务之星"考核办法：

（一）入选资格

"新青年下乡"参与大学生均可参加评选。

（二）评选比例

每季度评选20%的大学生"服务之星"。

（三）评选条件

1. 服从安排，自觉遵守服务时间，按质完成各项服务工作。

2. 对待服务对象热情周到，态度谦和，尊重服务对象的合理意见，满足服务对象的合理要求。

3. 积极主动完成既定任务，发扬不怕苦不怕累的精神，认真做好本职工作。

4. 维护武汉大学生形象，树立团队意识，发扬集体主义精神，加强相互间的交流与合作。

5. 文明礼貌，尊重地方风俗，遵守社会公德，爱护公共财物，节约活动经费。

6. 参加服务次数多，服务时间长，效率高，质量好，服务态度积极。

7. 积极协调周边资源，发挥自身优势，为服务提供支持与帮助。

8. 为结对村或团队做出了巨大贡献。

（四）评选方式

由院系团委推荐，结对村、团区委、校团委联合评议为主，大学生自行申报为辅，及时填写推荐表（见附件）、准备评选材料。要求表格信息填写完整，事迹材料确保真实。上交5张服务期间照片和800字第三人称事迹简介。

（五）评选要求

1. 团区委、校团委、各团队和结对村要以对"新青年下乡"活动高度负责的态度和扎实细致的作风，做好此项考核工作的推荐、申报、评审工作。

2. 要真正把积极性高、贡献多、作用大的先进典型推荐出来，同时做好典型的培育、筛选，达到鼓励先进、激励后进、整体促进的作用。

3. 若发现被推荐人资格材料与实际情况不符，或违反相关法规，将取消被推荐人资格，评选过程将公开、透明。

武汉市"新青年下乡"活动暑期集中行动指导意见

为进一步加强新形势下高校思想政治工作，引导和帮助广大青年学生在社会实践中受教育、长才干、做贡献，做到亲近武汉、心仪武汉，根据《2017年武汉市"新青年下乡"活动方案》（武办文〔2017〕4号）要求，在2017年暑期即将到来之际，市"新青年下乡"活动领导小组决定在首批试点高校及部分省部属高校中开展"新青年下乡"集中行动。特制定此方案，具体内容如下：

一　活动时间

2017年6月25日至8月31日

二　活动主题

下乡归来话成长，青春喜迎十九大

三　指导思想

高举中国特色社会主义伟大旗帜，全面贯彻党的十八大和十八届三中、四中、五中、六中全会精神，以邓小平理论、"三个代表"重要思想、科学发展观为指导，深入学习贯彻习近平总书记系列重要讲话精神和治国理政新理念新思想新战略，贯彻全国高校思想政治工作会议精神，坚持以"新青年下乡"活动为总揽，以思想政治教育为根本，以基层群众需求为导向，以培育和践行社会主义核心价值观为主要内容，按照"目标精准化、工作系统化、活动项目化、传播立体化"的工作原则，组织开展形式多样的活动，为大学生深入基层、了解国情、服务社会，探求真知、提升认知、增长才干搭建平台，帮助他们度过一个充实、有意义的假期，引导广大青年学生更加坚定跟党走中国特色社会主义道路的理想信念，积极投身现代化、国际化、生态化大武汉建设，以优异成绩和良好面貌迎接党的十九大胜利召开。

四 活动原则

（一）坚持党委领导，校地协同。加强校、区"新青年下乡"活动领导小组对暑期集中行动工作的统筹领导，突出高校主导，结对区服务的工作定位，切实发挥工作联席会议机制，充分沟通、形成合力，提前做好项目论证、机制保障、后勤服务等筹备事宜，确保暑期集中行动打好"漂亮仗"。

（二）坚持青年为本，服务基层。广泛地动员组织结对班级及各高校大学生积极参与武汉市"新青年下乡"活动暑期集中行动，提升大学生参与感、获得感。坚持基层导向、需求导向，做到"按需设项、据项组团"，实现"新青年下乡"活动项目化、基地化管理。

（三）坚持班村结对，充实力量。进一步巩固夯实首批试点高校107个班村结对成果，充分利用暑期，以"班级＋社团"模式，深入结对农村开展服务。积极策划开展校级"新青年下乡"思想政治理论研究课题、社会实践立项项目，热忱为广大基层群众送理论、送科技、送文化、送服务。同时，鼓励支持省部属高校大学生服务队进社区、进企业、进农村开展活动。

（四）坚持因地制宜，突出亮点特色。鼓励校地协作，立足自身办学特色、学科优势、区域发展目标、基础条件，积极发挥大学生群体的才智优势与专业特长等实际，确定"新青年下乡"活动暑期集中行动整体方案、推进项目和保障举措，实现指导意见与基层实施方案有机结合，加快形成符合工作要求体现创新特色的项目成果。

五 重点内容

深化"理论育农、科技支农、文化乐农、爱心助农、生态兴农"五大行动，以结对班级、学生社团、爱心团队、课题调研组等组织形式，以扶贫、济贫、扶老、救孤、恤病、助残、救灾、助医、助学、禁毒、防艾等为发力点，重在引导广大青年学生"走下去"、"干起来"，形成一批内容丰富多样、形式灵活务实的服务项目。

（一）进村入户访民团。按照"一校一区、一系一乡、一班一村"的结对联系制度，在前期结对基础上，分批分组驻村开展"一堂红色党（团）课、一次革命遗址寻访、一次田间劳作、一批入户访民、一份调研报告、一份'五大行动'菜单、一场思想分享会、一项特色服务"不少于"八个一"系列活动安排，深入观察和了解农业生产、农民物质与文化生活、农村社会管理等方面的基本情况，做到与村民同吃同住同劳动，接地气、访民生、知国情、强信念。

（二）依法治国宣讲团。重点在高校法律院系和政法类社团组建由专业教师和学生组成的实践团队，围绕习近平总书记"5.3"视察中国政法大学重要讲话精神，深入到城镇乡村、社区街道宣传宣讲习近平总书记关于全面推进依法治国的重要论述，深刻观察和体会党的十八大以来建设社会主义法治国家，发展社会主义市场经济，推动社会主义文明进步所取得的新变化新成就。

（三）田园使者服务团。围绕科技支农行动，以"新青年下乡"活动大学生体验田或"田间地头"为教学阵地，将大学生社会实践活动与实践教学相结合，利用大学生课堂所学的专业知识，在专业老师、村民的指导下，帮助村组、农业合作社等开展"互联网+农业"、助力"美丽乡村""生态小镇"建设、农技推广等服务项目，推进前期调研成果转化，服务地方农村经济社会发展。

（四）文化艺术服务团。围绕文艺乐农行动，依托高校学生艺术团和各类文化文艺类社团，以弘扬时代精神、倡导文明新风为目标，采取"文化大篷车""田园大舞台"等形式，精心编排基层人民群众喜闻乐见、贴近基层生活实际的文艺节目，到乡镇农村开展巡回演出。围绕文化寻根、非物质遗产保护等社会实践课题，形成社会调研报告，并积极开展继承和发扬中华民族传统文化保护项目。

（五）教育关爱服务团。围绕爱心助农行动，以关爱弱势青少年、关爱残疾人、关爱空巢老人为重点，组织大学生爱心服务队，送医送药送爱心。重点围绕暑期青少年空间托管项目，在结对区托管点，实施关爱农村留守儿童"心灵陪伴"计划，为当地中小学生特别是农民工留守子女提供思想教育、学习辅导、兴趣培养、习惯养成、心理健康、普法自护等服务。

（六）美丽武汉实践团。围绕生态兴农行动，结对班级及高校环保社团、青年志愿服务队，到农村乡镇、城市社区，围绕爱绿植绿、环境污染、水资源保护、垃圾处理、环境整治、资源利用等，特别是"四水共治"等中心工作，开展科普知识宣讲、社会调查研究、发展建言献策、"光盘行动"等活动。

同时，为落实"百万大学生留汉就业创业计划"，鼓励和支持广大高校参与武汉市"新青年下乡"活动，深入企业、农村、社区，开辟社会实践基地、就业实习见习基地，开展专业课题调研、暑期社会实践、创业创新计划，了解武汉市情、社情，掌握市委市政府留才引才政策，参与"红色引擎"基层党建，实习见习经济建设一线，引导大学生扎根武汉、立业武汉创造更好的条件和更优的环境。

六　活动安排

（一）调查摸底阶段（6月中旬—25日）。各区、各高校需要做好需求排摸与人员组织工作，设计好项目内容，做好不少于三周暑期集中行动项目实施方案，结合高校院系专业设置和基层实际，进一步细化实践项目方案。

（二）组织实施阶段（7月初—8月中下旬）。市活动领导小组办公室将于7月初开展暑期集中行动培训班及进驻活动。各高校可自行组织开展进驻活动及项目务实施工作，按照"集中化实践＋常态性服务"相结合模式，各立项项目持续深入开展暑期集中行动，保持服务内容、项目的持续性和长效性。

（三）总结评比阶段（9—10月）。开展"新青年下乡"活动暑期集中行动评审工作，收集各项总结材料并进行审核评选，评比选出优秀团队、优秀指导老师、先进个人等荣誉。各高校对各学院暑期集中行动项目进行考核评定，对活动期间涌现的先进集体和"大学生服务之星"予以评比表彰。

七　活动要求

（一）加强领导，组织保障。各区、校活动领导小组要推动"新青年行动"活动提升组织动员效能，完善各项工作保障制度。争取各高校、院系党政领导的重视关注，争取各区、街道、结对村的服务支持。原则上下乡期间项目开展、食宿交通保障等具体问题，从校地双方实际出发，制订可操作性方案。请各学校于6月27日（周二）前，将附件1、附件2、附件3信息表上报市"新青年下乡"活动领导小组办公室进行备案。

（二）务实有效，确保安全。各区、各高校要在活动组织实施中规范化完成"既定动作"，结合学校学科专业特色前期服务项目，创新开展"自选动作"。开展必要的思想动员和能力提升培训，组建由思政教师、专业老师及团学骨干构成的工作队伍，提供理论支持和专业指导。突出过程管理，市、区、校活动领导下小组要对项目进行跟踪考核，建立工作人员值班制度和信息上报管理制度。要始终把保障学生人身安全放到各项工作的首位，高度关注洪水、暴雨等极端气候变化和服务地区的自然条件，强化学生自我安全意识教育，制定安全应急预案，切实排除安全隐患。要切实做好"新青年下乡"暑期集中行动带队教师津贴、学生食宿、交通、保险等各项保障工作，并配备配足防暑降温用品、药品。

（三）广泛宣传，营造氛围。为进一步提升"新青年下乡"活动的品牌形象和社会影响力，下乡期间要求"新青年下乡"大学生服务队要统一佩戴团徽、服务牌证（贴好照片），身着"新青年下乡"绿马甲、文化衫和白帽子，打出学校或院系旗帜，带好下乡日记本，其他穿着形象要符合下乡要求，充分展示当代大学生良好精神风貌。各区、各学校要鼓励支持大学生通过文字、图片、视频等方式，及时将下乡过程中的所见所闻、所思所想、所作所为进行展示、分享，充分利用区级、校级"新青年下乡"工作简报以及团组织微博、微信、手机报等新媒体和大众传媒、校园媒体等。市活动领导小组办公室将联合中央、省、市各级新闻媒体开展专题宣传报道。

百万大学生留汉创业就业计划实施方案

为贯彻落实市第十三次党代会精神，大力推进招才引智工作，促进创新驱动发展，为建设现代化、国际化、生态化大武汉提供有力人才支撑，现就实施百万大学生留汉创业就业计划，制订如下工作方案。

一 总体要求

深入贯彻习近平总书记系列重要讲话精神和关于青年成长成才的重要论述，着眼统筹推进"五位一体"总体布局和协调推进"四个全面"战略布局在武汉的创新实践，按照市第十三次党代会的战略部署，坚持感情留人、事业留人、环境留人、待遇留人，以在汉高等院校和科研院所为重点，以"走进去""走下去""留下来""干起来"为抓手，确保5年留下100万大学生在武汉创业就业，把武汉打造成为大学之城、青年之城、梦想之城、创新之城，为高水平全面建成小康社会、全面复兴大武汉贡献智慧和力量。

二 专班推进

成立武汉市百万大学生留汉创业就业计划领导小组，由市委副书记、政法委书记任组长，市委常委、常务副市长，市委常委、宣传部部长，市委常委、组织部部长任副组长。领导小组下设"走进去""走下去""留下来""干起来"四个专班，由相关部门负责牵头组织实施。

（一）"走进去"工作专班

牵头单位：市委宣传部

工作职责：紧密结合大学生的成长发展实际，走进大学校园，采取线上线下相结合的方式，大力宣传市第十三次党代会精神，宣传武汉发展的宏伟蓝图和美好前景，阐释武汉的国家战略优势、产业基础优势、科教人才优势、交通区位优势、水资源优势，讲好武汉故事，传播武汉形象，增进大学生对武汉的市情认知和情感认同，让大学生了解武汉、热爱武汉。

（二）"走下去"工作专班

牵头单位：团市委

工作职责：以"新青年下乡"活动为载体，组建高校大学生服务队到农村、企业、社区，开展结对帮扶活动，积极为基层群众送理论、送科技、送文化、送服务，推动高校思想政治工作与武汉经济社会发展有机结合，引导大学生走出象牙塔，走进社会大课堂，接受教育、增长才干、奉献社会，让大学生亲近武汉、心仪武汉。

（三）"留下来"工作专班

牵头单位：市委组织部

工作职责：研究制定大学生留汉创业就业的政策措施，优化吸引大学生的政策环境，把企业作为留住大学生的主战场，同时鼓励大学生到社区、到农村等基层单位创业就业，引导大学生到创业街区园区、环高校创新带、众创空间创业就业。进一步完善大学生创业就业服务体系，加强大学生留汉的数据监测与分析，健全社会保险、住房保障、职业发展的联动机制，让大学生留在武汉、安家武汉。

（四）"干起来"工作专班

牵头单位：市政府办公厅

工作职责：政府及其部门加强创业就业指导和服务，激发市场主体的主动性和积极性，大力发展众筹、众创、众享经济，加大产业、项目、资金、人才等支持力度，切实解决大学生落户难、安居难、创业融资难、创业服务跟进难、将大学生引导到新城区就业难等痛点问题，建立健全大学生创业就业信息监测系统，创造更好的条件和更优的环境，让大学生扎根武汉、立业武汉。

三 推进步骤

2017年大学生留汉创业就业计划分为三个阶段推进：

第一阶段：研究部署（2月中旬至3月中旬）

成立领导小组，组建工作专班，研究制定具体工作方案，对计划实施进行安排部署。

第二阶段：全面推进（3月中旬至11月中旬）

各工作专班迅速行动，推动有关部门采取有力措施，确保各项工作有序推进，力争实现2017年大学生留汉率显著提高。

第三阶段：总结提高（11月中旬至12月底）

领导小组和各工作专班总结有效做法和典型经验，巩固工作成果，健全长效机制，推动计划深入实施。

四 有关要求

（一）高度重视，加强领导。实施百万大学生留汉创业、就业计划，是推进招才引智的有力抓手，是提高武汉未来竞争力的核心战略举措，意义重大而深远。各区、各有关部门和单位要站在抓未来、抓长远、抓竞争胜势的高度，充分认识实施百万大学生留汉创业、就业计划的重要性和紧迫性，把计划推进摆上重要议事日程，加强组织领导，强化工作措施，从严从实确保各项工作落到实处。

（二）统筹协调，强力配合。各工作专班及各区、各有关部门和单位要在市委市政府统一领导下，各负其责、主动作为，相互配合、形成合力，打好整体战。要在常态化推进的同时，围绕应届大学毕业生择业就业阶段和新生入学阶段，形成计划实施的高潮。

（三）创新思路，健全机制。要遵循大学生的心理特点及成长规律，坚持问题导向，聚焦创业就业，积极创新理念思路、方法手段、载体渠道、工作路径，在推进中不断完善。要加强督导检查，健全长效机制，促进百万大学生留汉创业、就业计划深入有效地实施。

致"新青年下乡"活动大学生服务队的一封信

亲爱的大学生朋友们：你们好！

"解民生之多艰，育天下之英才。"今年以来，为贯彻落实市第十三次党代会精神，进一步加强新形势下高校思想政治工作，发挥大学生在新农村精神家园建设中的积极作用，市委市政府开展了"新青年下乡"活动，号召青年大学生走出学校象牙塔，奔赴社会大熔炉，向农民群众学习，在农业劳动中成长，在农村大课堂受教育、增才干、做贡献！

武汉市"新青年下乡"活动重点围绕全市精准脱贫和美丽乡村建设，由江汉大学、武汉商学院、武汉软件工程职业学院和城市职业学院作为试点高校，与蔡甸区、江夏区、黄陂区、新洲区107个贫困村结对帮扶。按照"一校一区、一院（系）一街道（乡镇）、一班一村（社区）"的结对联系制度，以班级为单位组建大学生服务队，要求进村入户，结合当地实际，开展理论育农、科技支农、文化乐农、爱心助农、生态兴农等"五大行动"。

走下去，干起来。希望你们利用课余时间、周末或节假日，与班级小伙伴们一起到结对村，走村入户访民情。在村委会和精准扶贫驻村工作队的指导下，进老乡家中拉家常、知民生，到田间地头干农活、学技能，到村湾社区，体乡风恤民情。积累基层实践经验，增进与农民群众情感。发挥专业所长，从能够做、做得好的小事出发，为实现农村集体强、农民富、生态美、面貌新、出点子、想办法。

明真理，强信仰。奉献才智、服务社会，是时代赋予大学生的历史使命。希望大家真正把"新青年下乡"活动作为了解国情社情民情的思想政治教育课。自觉做中国特色社会主义共同理想的坚定信仰者，做社会主义核心价值观的忠实实践者，做先进思想、先进理念、先进文化的积极传播者。激发爱国热情，高扬理想旗帜，及时准确深入地把党的声音传递到基层，宣讲文明新风、民主法治，为发展农村精神文明，建设农村精神文化家园注入新的动力和活力。

留武汉，促发展。武汉是一座宜业、宜居、宜留的城市。为打造"大学之城""青年之城""梦想之城""创新之城"，市委市政府提出"百万大学生留汉就业创业计划"。希望你们通过"新青年下乡"活动，感受新农村建设成就和武汉城市发展成果，不断增强城市自信和干事创业热情。努力做一粒"金种子"，扎根江城广袤天地，生根发芽，开花结果。

亲爱的大学生朋友们，以梦为马，不负韶华。让我们携手共进，积极参加"新青年下乡"活动，用坚实的行动亲近武汉、心仪武汉，用不息的奋斗扎根武汉、建设武汉，为武汉的美好未来谱写更加壮丽的青春篇章！

致全市广大农民朋友的一封信

"农桑者，衣食之根本来源。"长期以来，你们辛勤耕耘在田野，播种劳作在乡间，默默奉献在农业生产一线，为城市经济社会发展奠定了物质基础和基本保障。在此，特向你们表示亲切的慰问，并致以崇高的敬意！

今年以来，为贯彻落实市第十三次党代会精神，进一步加强新形势下高校思想政治工作，发挥大学生在新农村精神家园建设中的积极作用，市委市政府开展了武汉市"新青年下乡"活动。围绕精准脱贫和美丽乡村建设，江汉大学、武汉商学院、武汉软件工程职业学院和城市职业学院的大学生服务队与蔡甸区、江夏区、黄陂区、新洲区107个贫困村结对帮扶，开展理论育农、科技支农、文化乐农、爱心助农、生态兴农等活动。

高校大学生服务队利用周末或节假日，集中在寒暑假，深入到田间地头、农户家中，近距离体验乡风民情，受教育、增才干、做贡献。希望农民朋友结合当地实际，协助大学生服务队了解农村生产生活状况，掌握各村所需的有关服务信息。在条件允许的情况下，带领他们参加农业劳动、村务管理、村容整治。同时，注重发挥大学生的才智优势，用新思想、新文化、新理念改变村风村貌，用所学知识为大家做好事、办实事、解难事，共谋扶贫开发、创业致富的服务项目，使"新青年下乡"活动的服务更加贴近农村、贴近群众、贴近实际，精准施策、精准发力。

农民朋友们，感谢你们对"新青年下乡"活动的理解和支持！感谢你们对大学生服务队的关爱、帮助和教育！愿大学生与你们共同携手，在党和政府的领导下，坚定致富信心，增强自我发展能力，早日脱贫奔小康。以实际行动为我市高水平全面建成小康社会做出积极的贡献！

参考文献

一 政策、文件类

[1]《1956年到1967年全国农业发展纲要》，人民出版社1956年版。

[2]《关于进一步加强和改进大学生思想政治教育的意见》，《光明日报》2004年10月15日。

[3]《中宣部、中央文明办、教育部、共青团中央关于进一步加强和改进大学生社会实践的意见》，中青联发〔2005〕3号。

[4]《教育部等部门关于进一步加强高校实践育人工作的若干意见》，教思政〔2012〕1号。

[5]《中共教育部党组、共青团中央关于在各级各类学校推动培育和践行社会主义核心价值观长效机制建设的意见》，教党〔2014〕40号。

[6]《中共教育部党组关于深入学习贯彻习近平总书记有关教育工作和青年成长成才重要指示精神开展"五四"系列主题教育活动的通知》，教党〔2016〕19号。

[7]《关于开展2017年全国大中专学生志愿者暑期文化科技卫生"三下乡"社会实践活动的通知》，2017年6月13日，中国青年网（http://sxx.youth.cn/zytz/sxxtz/201706/t20170613_10053732.htm）。

[8] 中共中央办公厅：《关于培育和践行社会主义核心价值观的意见》，《党建》2014年第1期。

[9]《中共中央关于推进农村改革发展若干重大问题的决定》，人民日报2008年10月12日。

[10]《教育部关于深入推进学生志愿服务活动的意见》，教思政〔2009〕9号。

[11]《中共中央宣传部、中共教育部党组关于加强和改进高校宣传思想工作队伍建设的意见》，教党〔2015〕31号。

[12] 中共中央办公厅：《关于培育和践行社会主义核心价值观的意见》，《党建》2014年第1期。

[13]《中共教育部党组、共青团中央关于在各级各类学校推动培育和践行社会主义核心价值观长效机制建设的意见》，教党〔2014〕40号。

[14] 中国教育改革和发展纲要，中发〔1993〕3号。

[15]《国家教委关于实施〈中华人民共和国教育法〉若干问题的意见》，《人民教育》1995年第9期。

[16]《中共中央 国务院关于深化教育改革全面推进素质教育的决定》，《人民教育》1999年第7期。

[17]《国家中长期教育改革和发展规划纲要（2010—2020）》，《人民日报》2010年7月30日。

[18]《中共中央国务院关于实施乡村振兴战略的意见》，《人民日报》2018年2月5日。

[19]《关于进一步加强和改进大学生思想政治教育的意见》，《光明日报》2004年10月15日。

二 论文、著作类

[1] 中央党校采访实录编辑室编：《习近平的七年知青岁月》，中共中央党校出版社2017年版。

[2] 梁家河编写组编：《梁家河》，陕西人民出版社2018年版，第36页。

[3] 习近平：《在同各界优秀青年代表座谈时的讲话》，《人民日报》2013年5月5日。

[4] 李文姬：《习近平最难忘的经历：至少7次回忆插队往事》，《法制晚报》2015年10月22日。

[5] 习近平：《在知识分子、劳动模范、青年代表座谈会上的讲话》，《人民日报》2016年4月30日。

[6] 张彦：《论大学生暑期"三下乡"社会实践的育人功能》，《西华大学学报》（哲学社会科学版）2005年第12期。

[7] 邹元元：《柳礼泉．论"三下乡"社会实践活动对大学生综合素质的培养》，《湖南人文科技学院学报》2007年第4期。

[8] 梁木：《大学生志愿活动与成长关系的基本逻辑——基于暑期"三下乡"社会实践活动的一个案例》，《西安邮电学院学报》2010年第11期。

[9] 姜秀华：《教书育人视域下的大学生"三下乡"社会实践活动》，《教书育人（高教论坛）》2014年第4期。

[10] 李生萍：《大学生暑期"三下乡"社会实践活动的育人功能探析》，《劳动保障世界》2015年第12期。

[11] 许德雅：《暑期"三下乡"社会实践活动中大学生志愿精神培育体系构建探析》，《法制与社会》2015年第9期。

[12] 李均凤：《大学生"三下乡"在高校思想教育中的作用——以90后大学生为例》，《湖北科技学院学报》2015年第8期。

[13] 谭毅：《中长期青年发展规划（2016—2025年）的政策学解读》，《中国青年研究》2017年第9期。

[14] 徐春夏：《90年代国内关于"知青运动"研究综述》，《当代中国史研究》2000年第4期。

[15] 托马斯·伯恩斯坦，李枫等译：《上山下乡》，警官教育出版社1993年版。

[16] 朱文静、毕晓敏：《知青学术研究座谈会综述》，《青年学报》2014年第3期。

[17] 顾海良：《高校思想政治理论课程建设研究》，经济科学出版社2009年版。

[18] 胡树祥：《大学生社会实践教育理论与方法》，人民出版社2010年版。

[19] 李亚杰：《全国大中专学生志愿者"三下乡"活动十年巡礼》，《精神文明》2006年第11期。

[20] 冉林：《新时期大学生三下乡社会实践活动刍议》，《四川文理学院学报》（社会科学版）2008年第3期。

[21] 金海艳、白炳贵：《"新青年下乡"活动模式创新实践研究——以温州大学硕博科技服农为例》，《重庆电子工程职业学院学报》2017

年第 4 期。

[22] 曲小远、白炳贵：《基于温州高校"新青年下乡"的志愿服务机制研究》，《教育理论与实践》2017 年第 30 期。

[23] 白炳贵：《"新青年下乡"培育和践行社会主义核心价值观的典型做法与经验启示》，《桂林师范高等专科学校学报》2017 年第 4 期。

[24] 安保国：《高校思想政治理论课开发利用地方文化资源的新举措——以温州"新青年下乡"实践活动为例》，《温州职业技术学院学报》2017 年第 2 期。

[25] 杨道忠、洪怡：《高校与农村两个舆论场的双赢对接模式研究与实践——以温州"新青年下乡"为例》，《世纪桥》2017 年第 5 期。

[26] 刘懿：《新时代新青年下乡：武汉市"新青年下乡"活动的实践探索》，《学习月刊》2018 年第 4 期。

[27] 杨家喜：《试论大学生思想政治教育实践活动新形式——以武汉"新青年下乡"活动为例》，《开封教育学院学报》2018 年第 4 期。

[28] 韩俊：《农业供给侧结构性改革是乡村振兴战略的重要内容》，《中国经济报告》2017 年第 12 期。

[29] 习近平：《把培育和弘扬社会主义核心价值观作为凝神聚气强基固本的基础工程》，《人民日报》2014 年 2 月 26 日。

[30] 习近平：《青年要自觉践行社会主义核心价值观——在北京大学师生座谈会上的讲话》，《人民日报》2014 年 5 月 5 日。

[31] 石猛、蔡云、王一涛：《市级行政区域高校分布的基本特征和规律》，《教育评论》2016 年第 11 期。

[32] 安保国：《高校思想政治理论课开发利用地方文化资源的新举措——以温州"新青年下乡"实践活动为例》，《温州职业技术学院学报》2017 年第 5 期。

[33] 官翠娥：《论社会实践在推进大学生社会主义核心价值观教育中的作用》，《湖北省社会主义学院学报》2017 年第 2 期。

[34] 袁满：《温州：三万新青年志愿者常态化服务农村》，2016 年 3 月 15 日，中国文明网（http：//www.wenming.cn/syjj/dfcz/zj/201603/t20160315_3211507.shtml）。

[35] 风笑天：《定性研究：本质特征与方法论意义》，《东南学术》2017

年第 3 期。

[36] 中国社会科学学院语言研究所：《现代汉语词典》，商务印书馆 1997 年版。

[37] 李建成：《成长，教育的一种定义》，《人民教育》2010 年第 8 期。

[38] 宋萌荣：《科学社会主义的核心价值与人的全面发展》，《当代世界与社会主义》2007 年第 4 期。

[39] 张利华：《试析中国特色社会主义核心价值体系的结构与内涵》，《中国特色社会主义研究》2007 年第 8 期。

[40] 孙武安：《共同富裕是现阶段中国特色社会主义的核心价值》，《毛泽东邓小平理论研究》2006 年第 6 期。

[41] 范强威：《论"中国模式"的社会主义价值核心》，《马克思主义研究》2006 年第 2 期。

[42] 任玉秋：《社会主义价值观的历史唯物主义考究》，《科学社会主义》2005 年第 4 期。

[43] 李忠杰：《构建中国特色社会主义核心价值观》，《科学社会主义》2005 年第 2 期。

[44] 吴向东：《社会主义价值观的当代建构》，《科学社会主义》2005 年第 4 期。

[45] 董玉刚：《大学生志愿活动中存在的问题与对策》，《沈阳大学学报》（社会科学版）2012 年第 4 期。

[46] 赵希斌、邹泓：《美国服务学习实践及研究综述》，《比较教育研究》2001 年第 8 期。

[47] 习近平：《做党和人民满意的好老师》，《人民日报》2014 年 9 月 10 日。

[48] 习近平：《在北京大学师生座谈会上的讲话》，《人民日报》2018 年 5 月 3 日。

[49] 郭文斌：《知识图谱理论在教育与心理研究中的应用》，浙江大学出版社 2015 年版。

[50] 杜楠楠、宗乾进、袁勤俭：《我国管理科学与工程学科研究主题领域及趋势》，《情报杂志》2012 年第 12 期。

[51] 李建华：《立德树人之道——大学生社会主义核心价值观的培育和

践行研究》，人民出版社 2015 年版，第 115 页。

［52］赵果：《创新大学生社会主义核心价值观培育机制的路径探析》，《思想教育研究》2013 年第 11 期。

［53］靳玉军：《论社会主义核心价值观教育的实践要求》，《教育研究》2014 年第 11 期。

［54］邓凯文：《情感认同：培育社会主义核心价值观的着力点》，《广西社会科学》2016 年第 12 期。

［55］陈勇、武曼曼、李长浩：《增强认知认同：培育和践行社会主义核心价值观的关键》，《思想理论教育导刊》2014 年第 10 期。

［56］侯劭勋：《互联网环境下大学生认同与践行社会主义核心价值观的思考》，《思想理论教育》2018 年第 4 期。

［57］习近平：《把思想政治工作贯穿教育教学全过程》，《人民日报》2016 年 12 月 9 日。

［58］高峰：《正确把握个人价值观与社会主义核心价值观的关系》，《理论研究》2015 年第 4 期。

［59］吴静、颜吾佴：《把社会主义核心价值观日常化、具体化、形象化、生活化》，《红旗文稿》2017 年第 7 期。

［60］习近平：《从小积极培育和践行社会主义核心价值观》，《人民日报》2014 年 5 月 31 日。

［61］林培雄、王玉周：《社会主义核心价值观根在实践》，《求是》2013 年第 10 期。

［62］教育部思想政治工作司：《高校培育和践行社会主义核心价值观创新案例》，知识产权出版社 2015 年版，第 169 页。

［63］柳礼泉、汤素娥：《劳动实践助推社会主义核心价值观落地生根的功能论析》，《湖南师范大学社会科学学报》2016 年第 5 期。

［64］葛慧君：《打造弘扬核心价值观新阵地——关于浙江省农村文化礼堂建设的实践与思考》，《人民日报》2014 年 8 月 17 日。

［65］李菡、李静：《弘扬传统节日文化，践行社会主义核心价值观》，《江苏省社会主义学院学报》2010 年第 5 期。

［66］姜长宝、任俊霞：《志愿服务：大学生践行社会主义 核心价值观的有效载体》，《思想理论教育导刊》2016 年第 3 期。

[67] 胡建：《红色资源：大学生社会主义核心价值观教育的重要载体》，《思想理论教育导刊》2016年第1期。

[68] 冯刚：《辅导员队伍专业化建设理论与实务》，中国人民大学出版社2010年版，第216页。

[69] 《马克思恩格斯选集》第3卷，人民出版社1972年版，第273页。

[70] 杜殿坤：《劳动教育和个性全面发展》，《外国教育资料》1980年第4期。

[70] 《毛泽东选集》第5卷，人民出版社1991年版，第385页。

[72] 任映红、谢建芳：《人的全面发展视阈中的温州大学生创业教育》，浙江大学出版社2014年版，第31页。

[73] 胡树祥、吴满意：《大学生社会实践教育理论与方法》，人民教育出版社2010年版，第52页。

[74] 《邓小平论教育》，人民教育出版社2004年版，第69页。

[75] 中共中央文献研究室：《关于建国以来党的若干历史问题的决议注释本》，人民出版社1983年版。

[76] 《中共中央关于制定国民经济和社会发展十年规划和"八五"计划的建议》，人民出版社1991年版。

[77] 《程庄农业劳动大学纪实》，《人民教育》1975年第7期。

[78] 刘圣兰：《职业教育中的教劳结合理论与实践——以江西共产主义劳动大学为例》，《职教论坛》2013年第11期。

[79] 彭月英：《"五个统一"：青年毛泽东社会实践的主要特点》，《求索》2015年第4期。

[80] 《毛泽东选集》第7卷，人民出版社1999年版，第1页。

[81] 《邓小平文选》第2卷，人民出版社1994年版，第107—108页。

[82] 江泽民：《必须坚持教育优先发展的战略》，《人民日报》1994年6月20日。

[83] 中共中央文献研究室：《江泽民论有中国特色社会主义》（专题摘编），中央文献出版社2002年版。

[84] 习近平：《在中央党校建校80周年庆祝大会暨2013年春季学期开学典礼上的讲话》，《人民日报》2013年3月3日。

[85] 习近平：《习近平谈治国理政》，外文出版社2014年版，第51页。

[86] 陈岭:《"顶级资料":日记开发与历史研究新境》,《理论月刊》2018年第2期。

[87] 李凤阁、陈云登:《决心在劳动大学里锻炼成长》,《中国农垦》1965年第10期。

[88] 梁家河编写组:《梁家河》,陕西人民出版社2018年版,第2页。

[89] 胡旭微:《经管类创新创业人才素质能力知识结构研究》,《江西教育学院学报》2008年第4期。

[90] 黄成亮:《我国大学课程的"知识化"倾向:原因及其扭转思路》,《中国高教研究》2016年第11期。

[91] 周海涛:《大学课程目标与内容调查报告——对三所综合性大学本科课程的调查分析》,《教育研究》2004年第1期。

[92] 别敦荣、张征:《世界一流大学的教育理念》,《高等工程教育研究》2010年第4期。

[93] 任映红、谢建芬:《人的全面发展视阈中的温州大学生创业教育》,浙江大学出版社2014年版,第32页。

[94] 黄济:《教育哲学通论》,山西教育出版社1998年版。

[95] 朱开锋:《当代大学生"三下乡"社会实践育人问题研究综述》,《农村经济与科技》2016年第8期。

[96] 范晨:《"新青年下乡"为古村编制十年蓝图发展有参考书》,《温州晚报》2015年8月6日。

[97] 赵用:《平阳县冯宅村:小村十年变身"世外桃源"》,《温州日报》2015年11月11日。

[98] 蒋亦丰:《温州三万大学生奔赴农村一线》,《中国教育报》2015年12月4日。

[99] 韩长赋:《从江村看中国乡村的变迁与振兴》,《上海农村经济》2018年第7期。

三 外文类

[1] Yarong Jiang and David Ashley, *Mao's Children in the New China: Voices from the Red Guard Generation*, London and New York: Routledge, 2000.

[2] Lester M. Salamon, "*The Rise of Non profit Sector*". Foreign Affairs, Vol. 74, No. 3, 1994.

[3] Ajzen, Icek. "*From Intentions to Actions: A Theory of Planned Behavior*", In Kuhl, J., and Beckman, J., (Eds.). Action Control: From Cognition to Behavior, Heidelberg: Springer, 1985, pp. 11 – 39.

[4] Newmann, F. A., & Rutter, R. A., *The Effects of High School Community Service Programs on Students' Social Development: Final Report*. Wisconsin Center for Educational Research, 1983.

[5] Harrison, C. H., *Student Service: The New Carnegie Unit*, The Carnegie Foundation for the Advancement of Teaching, NJ: Princeton University Press, 1987.

[6] Kirby, K., *Community Service and Civic Education Sponsoring agency*, Washington, DC: Office of Educational Research and Improvement, 1989.

后 记

本书是我主持的教育部人文社会科学研究专项任务项目（高校思想政治工作）：《"新青年下乡"与大学生社会主义核心价值观培育》（项目批准号：17JDSZ3037）的最终成果。2012年我在《青海社会科学》第二期发表了《社会主义核心价值体系融入大学校园文化建设路径探研》论文，开始关注大学生社会主义核心价值体系、社会主义核心价值观的研究。2015年温州市政府提出了在温州高校开展"一校一县、一系一乡、一班一村"的"新青年下乡"活动，我就开始关注"新青年下乡"与大学生社会主义核心价值观培育的研究，经常利用带领学生下乡文艺演出、下乡支教、下乡社会实践等机会，开始大量收集"新青年下乡"活动的第一手资料。在此要感谢龙湾宣传部林郁郁主任、平阳县委宣传部蔡政伟、洞头区纪委曾加以及在鹿城区团委挂职的靳颖同事，为课题研究提供详细的第一手资料。2017年武汉开始"新青年下乡"活动，我开始关注和收集武汉的"新青年下乡"活动材料，在此要感谢湖北大学《当代继续教育》邓明静编辑，湖北师范大学张力老师为课题研究提供了武汉"新青年下乡"活动的第一手资料。在理论和实证研究过程中，参考查阅了大量前人研究成果和"新青年下乡"的实践案例、活动总结，以及各级领导的讲话精神，书中参考引用了他们的许多观点，在此，表示由衷的感谢。

在文献综述、问卷调查、问卷统计方面，文献综述方面要感谢浙江师范大学的王庆超老师向我传授BICOMB2.0研究方法；在质性材料分析方面要感谢宁波大学李硕研究生向我传授NVivo11.0软件的使用。在调查问卷的设计、组织发放和统计工作方面，要感谢温州科技职业学院的曲小远老师参与问卷的设计，浙江师范大学行知学院楼航芳、温州大学校办副主任杜友坚教授、温州职业技术学院陈冬瑞主任、温州大学杨效泉参与课题的调研。学生问卷调查方面要感谢温州医科大学校办叶少芳主任、浙江工贸学院陈碎雷副院长、温州安防职业技术学院学生处陈体令处长、温州东方职业技术学院团委书记金晶、温州商学院人事处万小洁、温州大学金海艳科长、白延虎科长等大力支持。在村干部的问卷调查方面要感谢瓯海区委组织部项凝露副部长，平阳县委组织部王友健委员、苍南灵溪镇渎浦社区书记施成义、平阳县鳌江梅溪社区书记洪成龙、乐清教育局陈世凯，以及我任课教过在乡村工作的学生，为本课题的问卷调查付出辛勤的劳动。在访谈方面要感谢平阳县冯宅村郑有才书记、冯智喜副书记多次接受我们的面对面访谈或者微信、电话的访谈，同时要感谢温州大学超豪学区"新青年下乡瓯·韵文化"实践队、"青春相冯"新青年下乡实践队、"新青年下乡"助力治水剿劣实践队、"新青年下乡"精准扶贫实践队和"新青年送廉下乡"实践队等队员为访谈和收集资料，付出辛勤的劳动。

　　本书的完成还要感谢温州市教育局高教处黄万统处长，委托我做"'新青年下乡'活动理论与实践研究"横向课题，在研究过程中提供了细致周到的帮助和指导，让我积累了丰富的第一手资料。同时要感谢胡记芳院长、周剑平书记、张有全副书记以及我的同事，对我一直以来的鼓励和支持，尤其周剑平书记经常提到的"床头书""阅读光明日报"让我受益匪浅。感谢中国社会科学出版社张林编辑和其他工作人员为书稿的编辑、文字润色和出版付出辛勤的劳动。最后要感激的是我的双亲和妻儿，年迈的母亲经常打电话提醒我不能坐太久，不能太劳累，暑期两次住院的父亲经常叮嘱我不用太担心他的身体；感谢妻子对儿子学习和我生活的照顾，能让我在烦琐的工作之余还有时间和精力，静下心来思考和完成这部专著。

　　今年是实施乡村振兴战略的开局之年，"新青年下乡"活动在助推乡村振兴战略中发挥了比较重要的作用，但在全面参与方面还略显不够。随着乡村振兴战略的不断推进，相信"新青年下乡"活动越来越完善，吸引更多的高校参与活动中来。囿于本人理论水平不足和经验有限，书中难免有疏漏和不足之处，敬请各位专家、学者和广大读者批评指正。

白炳贵

2018 年 8 月于温州大学